U0498201

浙江省哲学社会科学规划课题资助（项目号：20NDJC109YB）

浙江省自然科学基金一般项目资助（项目号：LY20G020009）

国家自然科学基金青年项目资助（项目号：71502166）

中国上市公司
企业社会责任
行为研究

ZHONGGUO SHANGSHI GONGSI
QIYE SHEHUI ZEREN
XINGWEI YANJIU

万 鹏 陈翔宇◎著

西南财经大学出版社
Southwestern University of Finance & Economics Press
中国·成都

图书在版编目(CIP)数据

中国上市公司企业社会责任行为研究/万鹏,陈翔宇著. —成都:西南财经大学出版社,2021.7

ISBN 978-7-5504-4873-5

Ⅰ.①中… Ⅱ.①万…②陈… Ⅲ.①上市公司—企业责任—社会责任—研究—中国 Ⅳ.①F279.246

中国版本图书馆 CIP 数据核字(2021)第 088794 号

中国上市公司企业社会责任行为研究

ZHONGGUO SHANGSHI GONGSI QIYE SHEHUI ZEREN XINGWEI YANJIU

万鹏　陈翔宇　著

责任编辑:王利
封面设计:墨创文化
责任印制:朱曼丽

出版发行	西南财经大学出版社(四川省成都市光华村街55号)
网　　址	http://cbs.swufe.edu.cn
电子邮件	bookcj@swufe.edu.cn
邮政编码	610074
电　　话	028-87353785
照　　排	四川胜翔数码印务设计有限公司
印　　刷	成都市火炬印务有限公司
成品尺寸	170mm×240mm
印　　张	13.25
字　　数	244 千字
版　　次	2021 年 7 月第 1 版
印　　次	2021 年 7 月第 1 次印刷
书　　号	ISBN 978-7-5504-4873-5
定　　价	78.00 元

1. 版权所有,翻印必究。

2. 如有印刷、装订等差错,可向本社营销部调换。

前言

自 20 世纪 90 年代以来，企业社会责任问题引起了世界范围的极大关注。近年来，我国政府和社会公众对企业社会责任问题关注度较之前有所提升，中国企业履行社会责任情况有所改善。但总体来看，我国企业的社会责任履行意愿不强，实际履行水平不高，与发达国家相比仍有一定的差距。如何增强我国企业履行社会责任的意愿、提升企业履行社会责任的水平值得我们深入研究。虽然学术界已经有学者探讨我国企业履行社会责任行为的影响因素，但较少考虑企业所处制度环境的影响，尤其较少探讨非正式制度环境对企业履行社会责任行为的影响。为此，在本书第三章和第四章，我们将考察企业所处的社会信任环境、企业的诚信文化这两个非正式制度因素对企业履行社会责任行为的影响。通过实证研究，我们发现，社会信任与企业履行社会责任正相关。进一步分析发现，社会信任与企业履行社会责任之间的正向关系在国有企业中表现得更为显著。这一研究结果表明社会信任作为一种社会规范力量，促使企业管理者通过履行社会责任来维护利益相关者的利益。此外，我们还发现，企业诚信文化和企业履行社会责任之间也有着显著的正相关关系，这表明诚信导向的企业文化有助于企业主动履行社会责任。进一步分析发现，CEO（首席行政官或总经理）与董事长两职合一的领导结构加强了企业诚信文化和企业履行社会责任的关系，而证券分析师关注这一外部环境则减弱了上述关系。

我国的机构投资者在公司治理过程中发挥着越来越重要的作用，它们比以往任何时候都更关心企业社会责任问题。传统的信息获取方式往往不能满足机构投资者对企业履行社会责任信息的需求。实地调研是获取信息的重要渠道，可以使机构投资者和其他利益相关者更全面、更真实地了解公司的经营管理情况，从而使机构投资者能够更准确地评估公司的社会责任履行情况。基于此，我们考察了机构投资者对被调研公司履行社会责任的影响。研究发现机构投资者可以通过实地调研来监督和推动企业履行社会责任。进一步的分析发现，在执法水平较低、宗教氛围淡薄的地区，机构投资者实地调研和企业履行社会责任之间的正向关系更强。

作为对现有企业社会责任经济后果研究文献的补充，本书研究了企业履行社会责任对管理层盈余预测质量的影响，拓展了企业履行社会责任的经济后果研究。通过实证检验，我们发现企业履行社会责任的表现与管理层盈余预测精确度之间呈显著正相关关系，表明社会责任履行越好的企业越有可能提供精确的盈余预测信息。我们的发现证实，企业社会责任导向对管理层盈余预测的质量有着积极影响。这一结果符合我们的透明预测假设，即管理层为保持公司的声誉和社会形象，会披露更精确的预测信息，从而展现出透明和负责任的形象。

作为 CSR（企业社会责任）的新型呈现方式，ESG（环境、社会、治理）报告更加关注企业在环境、社会、公司治理方面的可持续发展能力，也对企业提出了更高的信息披露和风险管理要求。上市公司发布 ESG 报告对于促进公众和投资者获取公司非财务信息、了解公司业务的社会和环境影响、实现价值投资有重要意义。目前许多上市公司已经形成每年定期发布 ESG 报告的惯例。完善的 ESG 信息披露可以让市场对上市公司的可持续发展能力以及风险防范水平做出更准确的判断，并鼓励更多企业全面、深度履行社会责任和维护社会公共利益。在本书的最后一部分，我们结合现有关于非财务信息披露的文献对 ESG 披露的理论体系进行整合，并选取吉利汽车公司作为案例对象，对其 ESG 披露的内在动因和经济后果进行探讨，以丰富现有企业履行社会责任披露领域的文献。此外，通过对 ESG 披露动因及其经济后果的挖掘，为我国 ESG 披露制度的建立提供一定的借鉴。目前我国 ESG 披露相关制度尚不健全，并未建立完整的 ESG 披露相关指引，企业 ESG 披露可比性较低，不利于企业进行横向与纵向的比较。因此，有必要构建一套适合我国国情的 ESG 披露制度，从而促进我国资本市场的进一步健康发展。

本书为万鹏副教授主持的浙江省自然科学基金项目"会计信息可比性、社会信任与管理层超额在职消费"（批准号：LY20G020009）研究的阶段性成果。本书由万鹏副教授和陈翔宇博士共同负责总体框架设计、写作大纲拟定、研究工作组织和主要章节撰写与总纂定稿。柯云助理教授、Muhammad Safdar Sial 博士和周晓明硕士对部分章节亦有贡献，在此对他们表示感谢。最后，还要感谢西南财经大学出版社编辑为本书出版付出的大量辛勤劳动。

限于笔者水平，本书可能存在许多不足之处，敬请有关专家和广大读者批评指正。

万鹏　陈翔宇

2021 年 7 月

目 录

第一章 导论

第一节 研究背景与意义

改革开放以来，我国经济高速发展，在经济建设上取得了巨大成就，从一个积贫积弱的落后国家发展为世界第二大经济体。与此同时，我国不少地方粗放式的经济增长方式，以牺牲资源环境为代价，引发了一系列的社会问题，例如环境污染、产品质量、安全生产等。企业社会责任（corporate social responsibility，CSR）日益成为学术界与实务界关注的热点话题。企业社会责任是指企业除关心利润指标，对股东利益负责之外，还应对员工、消费者、政府、社区等广大利益相关者的需求予以充分关注，并承担对这些利益相关者的责任（Davis，1973；Mcwilliams、Siegel，2001）。现代企业已不再是简单的财务资本投入产出函数，而是嵌入社会的一员，其最终的价值创造依赖于与利益相关者之间的合作（李海舰、郭树民，2008）。企业与利益相关者建立相互信任的合作关系有助于企业获取竞争优势（Jones、Wicks，1999），如果企业对于利益相关者的合理要求不闻不问，必将危害企业的可持续发展（Donaldson、Dunfee，1999）。因此，企业需要履行社会责任以获得稳定的社会地位和合作关系，企业才能可持续发展。自20世纪90年代以来，企业社会责任问题引起了世界范围的极大关注。近年来，我国政府和社会公众对企业社会责任问题的关注度较之前有所提升，中国企业履行社会责任情况有所改善。但总体来看，我国企业的社会责任履行意愿不强，实际履行水平不高，与发达国家相比仍有一定的差距。

近些年来，随着"三鹿集团毒奶粉事件""地沟油事件""长生生物疫苗事件"以及众多环境污染、安全生产事故频频曝光，我国企业社会责任感缺失问题呈现愈演愈烈的趋势。根据《中国上市公司社会责任能力成熟度报告

（2016）》，2015 年我国上市公司企业社会责任能力成熟度平均得分仅为 33.01 分，得分低于 60 分的公司占比竟高达 98%（肖红军 等，2016）。由此产生了一个值得我们深思的问题：在我国企业社会责任感缺失引发各界关注的背景下，如何增强中国企业履行社会责任的意愿、提升其履行社会责任的质量。基于此，我们从企业外部的社会信任环境、企业内部的诚信文化这两个非正式制度视角探讨其对企业履行社会责任的影响。研究发现，社会信任作为一种社会规范力量，可以促使企业管理者通过参与社会责任活动来维护利益相关者利益。此外，以诚信为导向的企业文化有助于企业主动履行社会责任，验证了企业诚信文化作为引导企业履行社会责任的重要非正式制度的作用。同时，我们还从机构投资者实地调研的角度，揭示了机构投资者在提高企业履行社会责任水平中的治理作用。我们还从管理层盈余预测质量的视角，研究了企业履行社会责任的经济后果。研究结果表明，具有社会责任感的公司会通过披露高质量的盈余预测信息来遵守较高的道德标准，从而维持其良好的社会形象和声誉，丰富了现有关于企业履行社会责任经济后果的文献。

作为 CSR 的一部分，ESG 更关注企业在环境、社会、公司治理方面的可持续发展，也对企业提出了更高的信息披露和风险管理的要求。在新时代，金融机构、企业、政府、投资者都开始重视 ESG，全球范围都对上市公司的 ESG 要求日趋严格。中国的上海证券交易所在科创板股票注册时加入了对 ESG 相关信息的强制性披露要求，明确要求上市公司披露保护环境、保障产品安全、维护用工与其他利益相关者的合法权益、履行社会责任的情况。基于此，我们运用案例研究法，以吉利汽车公司为研究对象，探讨了我国上市公司 ESG 信息披露的内在动因及其经济后果，深入剖析了企业进行 ESG 披露的动因，进一步研究企业 ESG 披露的经济后果，丰富了现有企业社会责任披露领域的文献。

第二节　研究思路与方法

本书围绕企业履行社会责任的影响因素及其经济后果，总结了企业社会责任的概念、内容构成，并梳理了企业社会责任的观点演进。在此基础上，我们回顾了企业履行社会责任影响因素及其经济后果的相关文献，总结了现有研究的不足，进而引出本研究的必要性。

本书的实证研究分为五部分。在实证研究的第一部分，在已有文献的基础上，我们结合中国的制度背景，从企业所处的社会信任环境视角探究这一重要的非正式制度对企业履行社会责任的影响机理，并采用大样本实证检验的方法来验证我们提出的社会信任和企业履行社会责任关系的研究假设。为了确保实证结论的可靠性，我们又做了一系列的稳健性检验并控制了可能的内生性问题。在此基础上，我们又进一步分析了社会信任和企业履行社会责任的关系在国有企业和非国有企业中是否存在差异。

在实证研究的第二部分，我们基于企业文化这一非正式制度视角，考察了诚信导向的企业文化是否会对企业履行社会责任行为产生积极影响。以制度理论和组织文化的功能观为理论基础，我们分析了企业诚信文化影响企业履行社会责任的机理，再通过大样本实证检验我们提出的企业诚信文化和企业履行社会责任关系的研究假设。同样地，为了确保实证结果的稳健可靠，我们做了一系列的稳健性检验，包括控制了执法水平和社会信任的影响，使用企业履行社会责任的其他测度方法，使用工具变量法、Heckman 两阶段法以及倾向得分匹配法来缓解潜在的内生性问题。此外，我们还分别考察了公司两职合一（董事长兼任总经理或 CEO）的领导结构以及外部证券分析师关注对企业诚信文化和企业履行社会责任关系的调节作用。

在实证研究的第三部分，我们从利益相关者参与的角度，考察机构投资者的实地调研是否能对企业履行社会责任行为产生积极影响。在该部分，我们试图通过深圳证券交易所披露的投资者实地调研数据来对上述问题进行实证检验。此外，我们还检验了地区执法水平和宗教氛围对机构投资者实地调研和企业履行社会责任之间关系的调节效应。

在实证研究的第四部分，我们从管理层盈余预测质量的视角考察了企业履行社会责任的经济后果。具体而言，利用我国上市公司的盈余预测数据，我们主要探究了履行社会责任的公司是否提供了更高精确度的管理层盈余预测信息，从财务信息披露质量的视角丰富了企业履行社会责任的经济后果研究。考虑到我国的制度背景，我们继续考察了企业的所有权性质对企业履行社会责任和管理层盈余预测精确度之间关系的影响，深化了我们对所有权性质影响企业履行社会责任作用发挥的理解。

在实证研究的第五部分，我们主要研究了公司 ESG 信息披露的动因及其经济后果。我们在回顾非财务信息披露相关文献以及梳理国内外 ESG 披露现状的基础上，结合信号传递理论、合法性理论、制度理论与利益相关者理论，对 ESG 披露的动因及其经济后果进行系统的整合分析，并选取具有代表性的

A+H 股上市公司——吉利汽车公司作为案例公司，挖掘其进行 ESG 披露的实际动因，再依据市场模型、剩余收益（GLS）模型、Tobin-Q 与融资计划模型等量化工具探讨吉利汽车公司进行 ESG 披露后在市场反应、资本成本、企业价值等方面的变化，最后根据实际分析结果对目前 ESG 体系的建立与完善提出相关建议。

第三节　本书的贡献

与以往的研究相比，本书的贡献归纳起来主要有以下几个方面：

第一，本书为企业履行社会责任的影响因素研究提供了新视角。现有文献大多忽略了企业履行社会责任的社会因素影响，社会因素经常被学者们当成一个黑箱。我们通过检验社会信任对企业履行社会责任的影响，在一定程度上打开了这一黑箱。因此，我们的研究识别出了社会规范力量的影响并阐明了它如何影响微观企业履行社会责任行为，从而对新制度理论有所贡献。

第二，本书关于企业诚信文化与企业履行社会责任的研究，丰富了企业文化对企业行为影响的文献。现有研究主要关注了企业文化对企业绩效的影响，很少关注企业文化对企业行为的影响，因此，用企业文化来解释企业的决策和行为是一个新兴的研究领域。我们从崭新的视角考察了企业诚信文化对企业履行社会责任行为的影响，从而为企业文化和企业行为的研究提供了有价值的经验证据。同时，该研究植根于组织内部的一种重要的非正式制度——企业文化的视角来研究企业履行社会责任行为，从而拓展了企业履行社会责任影响因素研究。此外，该研究的理论贡献在于指出新制度理论缺乏内在视角的局限性。现有研究忽视了企业履行社会责任行为的内部制度驱动因素。本研究揭示了企业诚信文化这一内部非正式制度如何影响企业履行社会责任行为，从而拓展了新制度理论关于制度因素对企业行为影响的研究。

第三，本书关于机构投资者实地调研与企业履行社会责任关系的研究，一方面拓展了投资者实地调研的经济后果的研究，并为我国监管机构颁布的上市公司实地调研相关政策提供了有力的证据支持；另一方面，本研究从利益相关者参与的角度，提供了一种新颖且更直接的方式来促进企业履行社会责任。

第四，本书关于企业履行社会责任与管理层盈余预测精确度之间关系的研究，丰富了企业履行社会责任经济后果的相关文献，尤其增加了企业履行社会责任影响公司信息披露质量的新证据。现有的关于企业履行社会责任和公司信息披露的文献关注的是企业履行社会责任对公司历史财务信息质量的影响。与以往的研究不同，本书关注的是企业履行社会责任对企业预测性财务信息质量的影响。预测信息比历史信息往往更具有决策相关性，对利益相关者的决策也发挥着更重要的作用。因此，本研究也为有关企业履行社会责任和财务信息披露质量关系的研究提供了新思路。本研究融合企业社会责任、新兴经济体和管理层盈余预测三个研究领域，发现中国企业的社会责任取向对公司预测性信息披露质量的积极影响，从而为引导和规范新兴市场中上市公司的信息披露行为提供了可能的路径。

第五，基于公司 ESG 信息披露的重要性和 ESG 投资理念兴起的背景，在本书的最后一章，我们通过案例研究法分析了上市公司 ESG 披露的动因及其经济后果，分析 ESG 体系在我国企业中实施的必要性与迫切性，丰富了现有企业履行社会责任披露领域的文献，通过实例为企业 ESG 体系构建提供指导和借鉴，同时为我国 ESG 披露制度的建立与完善提供决策参考，以促进我国资本市场的进一步健康发展。

第二章　文献回顾

第一节　企业社会责任的内涵

Sheldon（1924）最早提出了企业社会责任的概念，随后美国学者 Bowen 和 Johnson 在其 1953 年出版的著作《商人的社会责任》中给出了企业社会责任的最初定义，即企业社会责任是指企业除了通过合法的生产与经营获取利润以外，还应当将企业的发展与社会联系在一起，还应该回报社会，承担社会义务，满足社会对企业的期望。随着企业社会责任相关理论研究不断深入与发展，相关学者将企业社会责任按照多个维度进行了划分。Carroll（1979）提出了著名的金字塔社会责任模型，该模型把企业社会责任分成了四个层面，分别是经济责任、法律责任、伦理责任和自发责任（自由裁量责任）。首先，经济责任是企业的首要责任，其他责任都以此为基础；其次，企业应在法律法规的约束下运营并达到目标；再次，公众对企业可能有高于法律要求的期望，即道德责任；最后，自发责任是自发的非强制性责任，如慈善捐赠。

在后来的研究中，相关学者普遍认同 Carroll 对企业社会责任的定义。Clarkson（1991）认为，企业社会责任除了要考虑满足社会的期望外，还要关心利益相关者的现实需求，并开始对企业履行社会责任的程度进行分级。Burke 和 Logsdon（1996）研究认为，企业社会责任应该是在企业长期发展战略指导下展开的社会活动。综合已有研究关于企业社会责任的内涵描述，我们将企业社会责任定义为：在企业总体战略指导下，通过合法的生产与经营赚取利润，以企业道德和社会服务为导向，履行对利益相关者应尽的企业责任和社会义务。

随着企业社会责任相关理论研究的逐步深入，John Elkington（1997）提出了企业社会责任三重底线（triple bottom line）模型，即经济底线、环境底线和社会底线。在他看来，企业社会责任可以分为经济责任、环境责任和社会责任。他认为企业的第一要务是通过合法生产与经营来实现利润从而为公司创造价值，这与 Carroll 的观点保持一致；环境责任就是企业的生产与经营必须符合环境保护要求，企业的生产与经营行为不能给自然和周边环境造成负面影响；社会责任则要求企业的所有行为要对社会各方利益相关者负责，承担对利益相关者的责任。

在我国特殊的转轨经济背景下，关于企业社会责任的内容构成，相关学者在继承国外基本理论贡献的同时，结合我国经济体制与经济运行的实际，提出了我国企业社会责任的内容构成体系。徐尚昆和杨汝岱（2007）在研究中延续了西方社会责任的基本思想，同时以利益相关者理论为依据，加入了面向客户的责任、对企业员工的责任和公益事业三个维度。陈昕（2013）基于社会契约的角度分析了企业社会责任的构成，认为企业社会责任是由社会契约方决定的。李国平和韦晓茜（2014）继续深化了企业社会责任的内容构成体系，他们认为企业社会责任在包括经济责任、法律责任和环境责任的同时，还加入了对股东的责任、社区的责任、利益相关者的责任和社会服务等内容。姚海琳（2012）、戴艳军和李伟侠（2014）、彭钰和陈红强（2015）、陈丽等（2016）在吸取和借鉴前人研究的基础上，认为企业社会责任的内容构成应该随着时代发展的变化而逐步完善。

第二节　企业履行社会责任的影响因素

现有的关于企业社会责任影响因素的研究主要从以下三个方面展开：①以制度理论为基础的企业外部环境；②以组织理论为基础的企业特征；③以高层梯队理论为基础的企业高管特征。

一、企业外部制度环境

企业外部制度环境一直被认为是影响企业履行社会责任的重要因素。制度环境包括法律、法规、政策等制度因素，也包括媒体监督、竞争环境和市场状况等环境因素。企业的社会责任活动本身是制度化的过程，体现了制度环境对企业的影响，以及企业对制度环境的适应过程（Oliver，1991），因此我们必须从企业所嵌入的制度环境去理解企业履行社会责任行为。在这方面，新制度主义理论为理解企业履行社会责任的动机提供了坚实的理论基础。

新制度主义理论提出了与传统效率机制迥然不同的合法性机制对组织结构和实践的影响，认为在有限理性理论的影响下，组织不仅追求适应所处的市场环境，也受制于所处的制度环境；组织行为不仅为竞争逻辑所驱使，也源于组织在制度环境约束下保障生存发展的合法化需要（Meyer、Rowan，1977；DiMaggio、Powell，1983）。Scott 和 Meyer（1983）明确界定了组织环境中的市场维度和制度维度，指出市场环境是产品和服务交换所需的技术性和工具性环境；而制度环境是组织为了获取合法性和外界支持所必须遵守的规则和要求。这些规则和要求来自规制、规范和认知制度，其中规制对应于正式约束，规范和认知制度对应于非正式约束（Scott，1995）。规制压力是通过制定规则、监督承诺和奖惩行动来规制企业行为，它更多地体现为正式颁布的法律法规和各种行业标准。规范压力更多地通过道德支配的方式来约束企业的适当性行为，体现为价值观和行为规范。认知压力是指企业通过对同行中已经存在和较为流行的各种经验与行为方式的认知，采取模仿等行为以使自身的行为稳定化。制度环境由规制性、规范性和认知性三大支柱建构，制度环境通过这三大支柱作用于企业行为。制度环境常常对企业产生制度压力，这些压力驱使企业履行社会责任。一般来说，制度压力越大、越集中，企业就越倾向于主动履行社会责任（郝云宏，2012）。

受制度合法性视角影响的学者们强调企业履行社会责任是为了获得社会合法性而遵循制度要求（Campbell，2007；Galaskiewicz，1997；Weaver，1999）。Campbell（2007）认为制度条件，包括政府规制性制度、NGO（非政府组织）和其他一些独立组织的存在，社会上存在的关于什么是适当的企业社会行为的规范等，都影响了企业履行社会责任的原因和方式。Sarkis et al.（2011）发现来自中国政府和产业组织的制度性压力，来自社区和媒体的非正式压力，以及来自非营利组织的压力共同组成了中国企业独特的外部环境，影响着企业社会责任履行实践。媒体关注可以作为企业的外部监管手段，通过声誉压力对企业履行社会责任产生积极影响（Brammer、Pavelin，2004；Kang、Kim，2013；Adhikari，2016）。

另外，学者们从竞争环境、制度背景、政府干预以及政治联系等方面研究了企业履行社会责任的影响因素。Besley 和 Prat（2006）、Campbell（2007）研究认为，企业所在地区的市场化程度决定了该地区的市场竞争环境公平性。市场化程度越低，该地区越容易出现投机主义行为，社会责任缺失越普遍。也有不少学者基于市场化进程，从区域法律环境角度分析其对企业履行社会责任的影响。肖作平和杨娇（2011）研究认为，完善的地方法制有利于促进上市公司（企业）履行社会责任，企业履行社会责任被看成一种合规性行为，从而使公司利益相关者的权益能够受到法律的保护。周中胜等（2012）研究发现，在政府对经济干预程度越低、法律环境越完善以及要素市场越发达的地区，企业的社会责任履行状况越好。贾兴平等（2016）发现，利益相关者压力有助于企业积极履行社会责任，进而提高企业价值。李四海等（2012）发现，政府压力会对亏损民营企业的慈善捐赠行为产生重要影响。贾明和张喆（2010）发现，具有政治关联的上市公司更倾向于参与慈善捐款，且捐款水平更高，这主要是因为具备政治联系的企业往往面临着政府和社会的压力。

二、企业的组织特征

关于企业的组织特征对企业履行社会责任的影响，已有文献主要围绕企业的财务特征、董事会治理、股权结构等几个方面展开研究。

既有研究普遍认为公司的规模和财务业绩能够对企业的履行社会责任行为产生重要影响（Chih et al.，2010；Moussu、Ohana，2016；Orlitzky et al.，2003；Udayasankar，2008）。在董事会治理方面，学者们发现，相比于内部董事，外部董事更关注企业履行社会责任义务，外部董事能够推动企业履行社会责任，且更重视慈善责任的履行而非经济责任（Roberts，1992；García-Sánchez、Martínez-Ferrero，2017）。Haniffa 和 Cooke（2005）基于公司治理的层面，研究发现董事长特征、董事会的构成会显著影响企业社会责任信息披露。在企业的股权结构方面，目前的研究主要从股权集中度的角度来展开。黄珺和周春娜（2012）研究认为，控股股东、制衡股东和政府部门的监督有利于促进企业社会责任履行水平的提高。Majeed et al.（2015）实证检验发现，上市公司股权越集中，企业越重视履行社会责任，在企业履行社会责任方面的表现越好。蒋尧明和郑莹（2014）研究发现，股权集中度越高的上市公司，企业履行社会责任水平相对越高。但是，这些围绕董事会特征、股权结构特征、财务特征等公司内部治理视角的分析，对企业履行社会责任的影响的研究也存在理论上的缺陷，如基于"经济人"假设形成的"利己性"企业社会责任活动仍然属于"非自愿性"的企业社会责任范畴。

三、高管特征与企业社会责任

高层梯队理论认为，管理者在有限理性的基础上做出战略决策，在此过程中高管对信息的感知、筛选和判断受到其自身认知结构、价值观和个人特质的影响。高管是企业行为决策的重要主体，其在决策过程中起着主导作用，并能引导组织成员的认知和行为（Hambrick、Mason，1984），使企业的决策行为具有明显的管理者风格，即"管理者效应"（Bertrand、Schoar，2003）。因此，高层管理团队的认知能力、价值观和心理偏好等心理结构决定了战略决策过程和对应的绩效结果（Finkelstein、Hambrick，1996；Chatterjee、Hambrick，2007）。在高层梯队管理理论的基础上，大量文献证实了管理者因年龄、性别、受教育程度、身份特征以及价值观等差异，对其个人行为选择产生异质性影响，进而影响企业决策。伴随着行为经济学的兴起和对企业社会责任研究的不断深入，学者们发现在企业履行社会责任的战略决策和实施过程中，高管的作用不容忽视，往往起着主导作用。这是因为，企业高管在公司治理决策中扮演了重要角色，对企业的经营管理活动、维护和树立形象、资源配置等都具有重大影响。

在国内外的相关研究中，关于高管年龄对企业履行社会责任的影响，Krishna（2008）研究认为，高管团队的平均年龄分布越大，企业越会通过履行社会责任来规避风险，这也符合企业的伦理道德原则。我国学者郑冠群等（2015）通过实证研究支持了这一观点，认为随着高管年龄的增大，高管在企业政策制定与实施中的考虑会越周到和细致，越会顾及大多数的权益相关者，履行社会责任的意识也越强。关于性别对企业履行社会责任的影响，Adams 和 Ferreira（2009）研究认为，从心理学角度分析，女性高管往往具有天生的慈善心理和帮扶意识，有着较强的同情心，更能够对社会上的不幸事件或人表达自己关爱的情感，因此女性高管履行社会责任的意识更强。Fernandez 和 Romero（2012）、Harjoto 等（2015）基于企业战略角度研究社会责任问题时发现，企业高管团队中女性高管的比例越高，企业的社会责任战略越明显，社会责任履行水平越高。关于受教育程度对企业履行社会责任的影响，Manner（2010）研究认为，高管的受教育程度与企业社会责任履行水平正相关，高管的受教育程度越高，其对社会责任的认识越深刻，履行社会责任往往是其追求更高的人生目标、实现人生价值的最佳途径。我国学者王士红（2016）也通过实证研究证实了这一观点，发现高管团队成员的平均受教育程度越高，企业的社会责任意识也就越强。关于高管身份特征对企业履行社会责任的影响，高勇强等（2011）研究发现，企业家富有程度、政治身份和行业身份都对企业慈善捐赠行为和捐赠水平有显著的正向影响。王文龙等（2015）考察了私营企业主宗教信仰对企业慈善捐赠的影响，发现其宗教信仰对企业慈善捐赠行为及捐赠额度都有积极的影响。既有研究发现高管的贫困经历能够显著提高企业慈善捐赠水平（许年行、李哲，2016）。高管的海外学习或生活经历能够显著促进企业履行社会责任（Slater、Dixon-Fowler，2009；文雯、宋建波，2017）。CEO（首席行政官）的生育经历，特别是第一个孩子为女儿的经历，使其受到女性价值观的影响，并将此价值观内化为自己的价值观从而更加关心他人福利和环境发展，进而提升了所在企业的社会责任评分（Cronqvist、Yu，2017）。CEO 的学术经历能够显著提高企业的慈善捐赠水平，这是因为社会公众对学者道德角色的期待、学术职业工作内容与环境的特殊性以及长期的师德传承塑造了学者高尚的道德观和更强的社会责任感，因此学者型 CEO 推动了企业实施更多利他倾向的慈善捐赠行为（姜付秀 等，2019）。此外，Davidson 等（2019）研究了 CEO 崇尚"物质主义"（拥有较多奢侈品资产）的个人特质在解释企业社会责任得分方面的作用。具体来说，由比较奢侈的 CEO 领导的企业在社会责任表现方面得分较低，而且 CEO 的"物质主义"得分的增加与其所在公司 CSR 得分的下降显著相关。

高管个人价值观对企业履行社会责任行为的影响一直受到学术界的关注，其源头可一直追溯到 Carroll（1979）提出的企业社会责任的四种类型，其中的自由裁量责任被认为取决于管理者个人的判断和选择。Wood（1991）认为企业社会责任是对管理者作为道德代理人的期望，强调管理者个人的作用。企业社会责任伦理理论认为，掌握企业履行社会责任行为决策权的高管们的道德或伦理价值观已成为企业 CSR 实践的重要因素（Jones，1995）。虽然企业社会责任决策可能存在功利主义的成本—收益分析，但这并不意味着企业的社会责任行为没有道德驱动因素，企业也有可能仅仅因为履行社会责任是道德上正确的事情而向其投入资源（Wulfson，2001）。Angle et al.（1999）认为 CEO 的价值观影响管理者对利益相关者权利性、合法性和紧急性的认识。实证研究发现，CEO 的价值观与企业履行社会责任行为中的社区维度显著相关。Buchholtz 等（1999）发现强调为社区服务的管理者价值观与企业慈善事业正相关。Hemingway 和 Maclagan（2004）认为，经济动因并不是企业履行社会责任决策的唯一驱动因素，管理者的个人价值观和企业履行社会责任决策紧密相关，管理者的个人价值观是影响企业社会责任政策形成、采用和实施的重要因素。Choi 和 Wang（2007）从理论角度分析了具有仁爱和正直价值观的高层管理者更有可能将其对他人的内在关怀以企业慈善的形式传播到更广泛的社会中。Dennis et al.（2009）认为在企业履行社会责任的决策中，最重要的因素是 CEO 认为自己在多大程度上负有道德责任。国内学者晁罡等（2008）、辛杰和吴创（2015）发现企业家的社会责任感及其文化价值观念都会对企业的社会责任履行产生重要影响。

第三节　企业履行社会责任的经济后果

在最近的几十年里，企业社会责任问题引起了理论界和实务界的广泛关注。同时，企业履行社会责任已成为大多数企业的一项重要战略安排。鉴于企业社会责任问题的重要性，大量的学术研究探讨了企业社会责任履行对企业经济行为和经济结果的影响。以往的文献大多关注企业履行社会责任与财务绩效之间的关系，发现企业承担社会责任不仅可以提高利益相关者的满意度，获得利益相关者群体的支持，还可以提高企业声誉，从而提升公司财务绩效和企业价值（Waddock、Grave，1997；Orlitzky et al.，2003；张兆国 等，2013；Cavaco、Crifo，2014；Wang et al.，2016；李正，2006；Byun、Oh，2018；Nguyen et al.，2020）。还有一些文献研究了企业履行社会责任对盈余管理、现金持有、融资约束、融资成本、投资效率、股价崩盘风险以及内部人交易的影响（Kim et al.，2012；刘华 等，2016；Cheung，2016；Cheng et al.，2014；Goss、Roberts，2011；Benlemlih、Bitar，2018；Kim et al.，2014；权小锋 等，2015；Gao et al.，2014）。

从资本市场对于企业履行社会责任行为的认可度来看，已有研究表明资本市场对于企业履行社会责任行为给予了认可，投资者以及市场对于社会责任履行更好的企业评价更高，资本市场认可程度更高（朱松，2011；李越冬、张会芹，2010）。作为资本市场的信息中介，证券分析师越来越关注上市公司的社会责任履行表现，并将其纳入对一般投资者的建议中（Luo et al.，2015）。既有研究发现，证券分析师在促进企业社会绩效与财务绩效的关系中扮演着重要的中介角色。由于企业的社会责任绩效对普通投资者来说往往是不易确定的，而证券分析师则是经过认证的行业专家，擅长获取普通投资者不易获得的私人信息，因此其能够更好地评估企业社会责任信息的价值相关性，因此证券分析师的投资推荐评级将企业的社会绩效与股票回报联系起来（Luo et al.，2015）。Ioannou 和 Serafeim（2015）的研究表明，近年来，证券分析师对企业社会责任表现越好的企业的推荐评级越高。

在企业履行社会责任对融资成本的影响方面，既有文献大都发现企业履行社会责任不仅有利于其获取更多的融资，还能降低其融资成本。Godfrey（2005）认为企业公益性捐赠能够增加其声誉资本，良好的声誉有利于企业获得外部融资。Cheng et al. （2014）通过实证研究发现，良好的企业社会责任履行表现能够增加企业的融资渠道。这一结果可以归因于：①提高了利益相关者的参与度而降低了代理成本，②增加了企业社会绩效的透明度而减少了信息不对称。Goss 和 Roberts （2011）通过实证研究发现，社会责任履行表现优秀的企业更容易获得较低的银行贷款利率以及较长的贷款期限，从而降低了负债资本成本。国内学者也得出了类似的结论。彭镇等（2015）发现企业进行慈善捐赠能够显著降低其融资约束程度；并且捐赠金额越高，融资约束程度越低；同时慈善捐赠有助于企业获取银行长期信用贷款。冯艳丽（2016）也证实企业良好的社会责任绩效能够对融资约束起到一定的缓解作用，且信息披露质量越高，这种缓解作用越大。吴良海等（2016）实证研究发现，上市公司公益性捐赠额的增加能够显著降低其负债资本成本。

关于企业履行社会责任与财务信息披露质量关系的研究主要是基于盈余管理的视角进行的。大量研究发现，具有较好社会责任履行表现的公司往往会提供高质量的财务信息。如 Gelb 和 Strawser （2001）证实，履行社会责任更好的公司进行了更多的和更有信息含量的信息披露。Hong 和 Andersen （2011） 及 Kim et al. （2012）利用美国 KLD （现为 MSCI）数据研究企业履行社会责任与盈余管理的关系，认为承担更多社会责任的公司应计质量更高、真实盈余管理活动更少，且更不可能成为美国证监会（SEC）的调查目标。利用亚洲地区相关数据，Scholtens et al. （2013）依然发现企业积极承担社会责任会减少盈余管理行为。刘华等（2016）研究发现，强制企业披露社会责任履行报告与操纵性应计利润显著负相关，说明企业承担社会责任后显著地减少了操纵性应计，提高了会计信息的质量。然而，在代理理论的框架下，少数研究发现企业履行社会责任与盈余管理之间存在正相关关系（Prior et al.，2008；Gargouri et al.，2010）。此外，Gelb 和 Strawser （2001）证实，企业社会责任导向的企业比不重视社会责任的企业更倾向于向市场参与者披露更广泛、更有用的信息。Ben-Amar 和 Belgacem （2018）发现，在企业社会责任方面投入更多的企业更容易发布表述复杂和含意模糊的年度报告，原因是管理者为了自身利益而操纵披露的可读性。

第四节　文献述评

综上所述，从企业社会责任的研究现状来看，大部分研究建立在西方发达经济体背景下，针对新兴经济体的研究较少，这就很难将既有变量代入中国情景进行研究。与此同时，全球化和中国经济模式的结合使得政府和非市场治理成为重要的制度特征，而处在转型经济中的中国上市公司既要面对制度环境复杂性和动态性带来的合法性压力，还要遵循市场经济原则获取资源和构建竞争优势。因此，对于中国企业行为的研究，需要同时考虑情景约束和组织能动效应的共同影响。虽然制度环境是组织行为的刺激因素，但以往的研究通常将其作为一个黑箱机制从而忽略了组织在应对这些环境约束时如何激发和转换成能动效应。虽然学术界已经开始探讨我国企业履行社会责任行为的影响因素，但较少考虑企业所处制度环境的影响，尤其较少研究企业外部或内部的诸如社会规范、价值观念、文化等非正式制度环境对于企业履行社会责任行为的影响。对于任何一个组织而言，其经济行为总是嵌入其所处的社会关系和社会结构之中的，必然要受到所嵌入的社会关系结构的影响。现有企业社会责任研究的一个明显不足就是社会关系结构的"零嵌入性"思维，即目前的研究更多地强调正式制度对企业履行社会责任行为的影响，而很少考虑公司所处的非正式制度环境的影响。为此，在本书第三章和第四章，我们将考察企业所处的社会信任环境、企业的诚信文化这两个非正式制度因素对企业履行社会责任行为的影响。

已有研究发现，机构投资者通过持股对企业社会责任的改善发挥着重要作用（Harjoto et al.，2017；Kim et al.，2019；Nofsinger et al.，2019；Pucheta-Martínez、López-Zamora，2018；Dyck et al.，2019；Chen et al.，2020）。然而，由于我国上市公司的机构股东持股比例有限（Jiang、Kim，2020），机构投资者很难通过行使投票表决权来实现监督作用。因此，本书将从机构投资者实地调研的角度探究这种新颖且更直接的方式来促进企业履行社会责任。

针对现有关于企业履行社会责任经济后果研究的不足，本书聚焦企业履行社会责任和管理层盈余预测质量的关系，拓展企业履行社会责任的经济后果研究。研究结果表明，具有社会责任导向的公司倾向于披露高质量的盈余预测信息，支持了企业社会责任的透明预测假说，从而丰富了企业履行社会责任经济后果的文献。

　　作为 CSR 的一部分，ESG 更关注企业在环境、社会、公司治理方面的可持续发展能力，也对企业提出了更高的信息披露和风险管理的要求。ESG 报告是企业披露履行社会责任相关信息的进一步升级，从三个维度系统地呈现了企业在履行环境承诺、承担社会责任及加强内部治理等方面的举措。从 2009 年到 2020 年，我国 A 股上市公司发布 ESG 报告的数量从 371 份增长至 1 021 份，数量增幅稳定。到 2020 年 6 月底，约有 27% 的上市公司发布了 ESG 报告，其中沪、深 300 上市公司 2020 年有 259 家发布 ESG 报告，占比超过 86%。基于此，我们运用案例研究法，以吉利汽车公司为研究对象，探讨我国上市公司 ESG 信息披露的内在动因及其经济后果，以丰富现有企业社会责任履行披露领域的文献。

第三章 社会信任与企业履行社会责任的关系

基于新制度理论，本章考察了社会信任对企业履行社会责任的影响。本章以 2008—2015 年 788 家中国上市公司的 4 209 个数据为样本，采用普通最小二乘回归分析，实证发现社会信任与企业履行社会责任正相关。研究结果支持了社会信任作为一种社会规范力量，有助于企业管理者通过参与履行社会责任活动来维护利益相关者利益这一观点。在进行一系列稳健性测试后，我们的结果依然成立。我们进一步研究发现，社会信任与企业履行社会责任之间的正向关系在国有企业中表现得更为显著。本研究是最早关注和检验社会信任与企业履行社会责任的关系的研究之一，研究结果有助于我们理解企业履行社会责任的决定因素，突出社会信任对促进企业履行社会责任的作用。

第一节　引言

企业履行社会责任的驱动因素一直是学术界争论的焦点。现有的研究大多集中在正式制度对企业履行社会责任的影响方面，而较少探索企业外部非正式制度等驱动机制。近年来，中国政府出台了各种政策法规，敦促企业履行社会责任。但企业社会责任的缺失（如"三鹿集团毒奶粉事件""长生生物假疫苗事件"等），反映了政府法律、法规、执行机制等正式制度约束的内在局限性。这促使我们思考社会规范或伦理等非正式制度是否会影响企业履行社会责任，因为这类事件显然也是社会缺乏信任和公信力的表现。

在我国现行法律法规背景下，企业的违法成本相对较低、执法力度不够、利益相关者申诉渠道不完善等问题依然存在。因此，正式制度并不能构成企业履行社会责任的有效约束力量，即通过外部正式制度来监督企业高管承担社会责任具有很大的局限性（Li、Liu，2010）。与发达国家不同，非正式制度可能在正式制度不完备（例如法律和契约保护力薄弱）的转型经济体中占据更主要的地位并发挥更重要的作用。这一重要影响在中国尤其毋庸置疑，因为中国不同地区的社会信任水平差异很大（陈冬华 等，2013）。因此，从非正式制度的视角来探索市场经济主体的道德行为具有重要的现实意义。

非正式制度环境通过社会规范、社会文化等影响企业履行社会责任的态度。其中，一个地区的社会信任水平是该地区社会规范和价值观的重要标志，它通过社会期望和舆论压力发挥作用。学者们认为信任和信誉是市场经济最重要的道德基础（张维迎、柯荣住，2002）。社会信任被视为在一个社会中共享的一组价值观、准则或信念，它为指导和评估社会参与者的行为赋予了行为准则和评估标准（Fukuyama，1997；Gambetta，1988；Rousseau et al.，1998）。社会信任作为一种规范性的力量，长期以来一直被视为社会的"润滑剂"，它可以引导个体的行为方向，增加合作的可能性，从而更为有效地实现社会结果（e.g.，Gambetta，1988；LaPorta et al.，1997）。已有文献发现，社会信任的规范地位被广泛接受并深深植根于企业文化中（Guiso et al.，2004）。由于组织行为的合法性经常受到挑战（Marquis et al.，2007），微观企业很容易受到当地社会规范的压力。为了获得社会合法性和必要的生存资源，企业必须与周围的社会信任环境相处融洽。

社会信任作为企业所处的一种社会结构环境，必然对特定区域内的个体行为发挥基础性的引导作用。同时，信任作为一种非正式的制度也越来越受到研究者的关注。现有文献发现，社会信任会影响企业的交易成本（Wu et al.，2014）、企业股利政策（Bae et al.，2012）、企业的不当行为（Dong et al.，2018）和投资者对公司的决策（Ding et al.，2015；Pevzner et al.，2015）。然而，在企业社会责任研究领域，尚未有研究考察社会信任对企业履行社会责任的影响。特别是在中国，由于各地区的经济发展水平、市场化程度和高管们受教育程度不同，各地区之间的社会信任水平存在较大的差异（张维迎、柯荣住，2002）。这些差异对各地区的企业和个人的决策与行为有着系统性的影响（Qian、Cao，2013），具有差异性的企业履行社会责任行为标准已经嵌入了当地社会环境中（Marquis et al.，2007）。

本章通过对我国资本市场2008—2015年4 209个公司年度观测值进行实证研究，发现社会信任对企业履行社会责任具有显著的正向影响。这一发现补充了社会信任作为社会规范，能够帮助企业管理层通过参与履行社会责任活动来保护利益相关者利益的观点。此外，我们还发现，相对于非国有企业，社会信任与企业履行社会责任之间的正相关关系在国有企业中表现得更显著。

本章研究的主要贡献有：首先，我们为对企业履行社会责任的影响因素的研究提供了一个新的视角。现有的文献大多忽略了企业履行社会责任的社会因素方面的影响。社会因素经常被学者们当成一个黑箱（Brammer et al.，2012），我们通过检验社会信任对企业履行社会责任的显著影响，在一定程度上打开了这一黑箱。因此，我们的发现通过识别社会规范力量和阐明它如何影响企业履行社会责任而对新制度理论有所贡献。与此同时，本章通过从理论和实证角度分析社会信任如何影响企业履行社会责任的研究，回应了学者们对企业履行社会责任行为进行更广泛探究的呼吁（Margolis、Walsh，2003）。其次，本研究采用了基于同一国家不同地区的分析方法，而不是传统的企业或国家层面的分析方法，从而使本研究成为对企业社会责任研究的有力补充。我们的研究重点在于，企业履行社会责任行为如何受到一个国家内不同区域层面的非正式制度压力的影响，这可能在很大程度上排除了现有跨国研究中文化和制度差异的影响。再次，基于现有文献的统计，本研究是首次探索社会信任对企业履行社会责任的影响的研究，通过考察中国地区性差异的制度背景和关注企业层面的证据，补充了关于社会信任的相关经济后果的研究文献。Zak 和 Knack（2001）以及 Hausman（2002）都对社会信任在缺乏信任的环境中是否起作用表示怀疑。因此，社会信任能否在中国产生积极的影响，这本身就是一个有趣的问题。我们的研究结果表明，尽管中国社会信任的总体水平较低，但它在提升企业社会责任绩效方面确实有效。最后，虽然以前的文献提供了大量证据，表明社会信任可以促进经济增长和金融市场发展（Algan、Cahuc，2010；Guiso 等，2004；Guiso 等，2008；Knack、Keefer，1997；Zak、Knack，2001），但微观企业层面的证据仍然有限（Hilary、Huang，2015）。我们的研究结果明确了社会信任能给企业及其利益相关者带来好处。由于企业履行社会责任行为对利益相关者的福利有重大影响，本研究有助于理解社会信任在影响企业行为和利益相关者福利方面所起的重要作用。

第二节　理论框架

本章主要采用新制度理论、合法性理论和制度同构理论作为研究的理论基础。企业是一个在影响其行为和对其施加期望的一系列制度形成的环境中运作的经济单位（Roe，1991；Campbell，2007；Garcia-Sanchez et al.，2016）。根据新制度理论，制度被定义为"一个社会中的游戏规则"，或者"人类为决定人们之间互动而设定的约束"。制度包括正式制度（例如，法律、法规和政策）和非正式制度（例如，价值观和信仰、道德规范、行为准则）（North，1990）。新制度理论认为，企业要生存和发展，不仅需要在市场上提高经营效率，还需要在非市场环境中获得社会合法性（Dowling、Pfeffer，1975；DiMaggio、Powell，1983；Elsbach，1994；Deegan，2002；Scott，2008）。组织合法性被定义为组织所持有的或反映在其活动中的社会价值观与其所处的社会环境中可接受的行为规范之间的一致性（Dowling、Pfeffer，1975）。因此，合法性的核心要素包括满足和符合一个社会系统的规范、价值和规则所设定的期望（Hirsch、Andrews，1984；Deephouse、Carter，2005）。合法性的概念是制度理论的核心（DiMaggio、Powell，1983），制度理论关注的是组织如何在特定的环境中寻求合法性，并试图与制度环境同构，因为同构带来合法性（DiMaggio、Powell，1991；Tolbert、Zucker，1996；Meyer、Rowan，1977）。DiMaggio和Powell（1983）提出了"制度同构"的概念，认为来自外部环境的相似制度压力导致了组织结构和活动的同质性。他们将这一过程称为"同构"，认为它增强了组织的合法性和生存能力。他们还提出了三种同构机制：强制同构、模仿同构和规范同构（DiMaggio、Powell，1983）。基于新制度和合法性理论，组织会改变自己的行为，以满足外界对可接受的行为的期望（Deegan，2002）。因此，制度环境带来了不同的组织行为和策略，以确保组织获得社会合法性和维持生存所需的资源（Scott，2008）。

在企业履行社会责任行为方面，现有研究认为制度环境会影响企业履行社会责任的可能性，在制度环境相似的国家或地区经营的企业通过制度同构的力量在社会责任行为上表现出相似性（Campbell，2006；Marquis et al.，2007；Jackson、Apostolakou，2010；Garcia-Sanchez et al.，2016；Martínez-Ferrero、García-Sánchez，2017）。新制度理论特别强调了非正式制度的重要作用，它不仅是正式制度的延伸和补充，而且在相当程度上影响着正式制度的实施（North，1990）。在法律法规等正式制度相对薄弱的国家和地区，非正式制度因素在影响经济主体的行为方面发挥着更为明显的作用（Allen et al.，2005；Ang et al.，2015；North，2008）。因此，学者们强调，在这些转型经济体中，非正式制度的影响应该得到更多的关注（North，1990、2005；Grief，1994）。本研究试图利用新制度理论、合法性理论和制度同构理论来解释不同地区企业履行社会责任行为的差异，并认为企业履行社会责任行为是由地区层面的社会规范力量驱动的。

第三节　文献回顾与研究假设

一、社会信任及其经济后果

社会信任体现了当地的社会规范和价值观，作为一种重要的非正式制度，它在国家（地区）和社会群体中代代相传（Guiso et al.，2008）。根据 Sako 和 Helper（1998）的研究，信任反映了经济主体对其交易伙伴以双方都能接受的方式行事的期望。社会信任是经济交流的润滑剂，是经济繁荣的源泉（Fukuyama，1997）。早期文献多从宏观层面研究社会信任环境对一国经济发展的影响。从跨国数据中可以观察到，社会信任可以促进一国经济增长、金融市场和国际贸易的发展（Guiso et al.，2008；Knack、Keefer，1997；Zak、Knack，2001）。此外，在正式制度较缺乏的国家，社会信任对经济增长的作用更为显著（Ahlerup et al.，2009）。

随着社会信任研究的不断深入，学者们逐渐关注社会信任对微观企业行为的影响。研究人员发现，在社会信任水平高的地区，人们更愿意合作，进而降低了经济活动的交易风险，使企业享受到低成本的信贷模式，更容易获得期限较长的借款，借款成本也较低（Duarte et al.，2012；Wu et al.，2014）。Ding et al.（2015）的研究发现，信任环境有利于风险投资活动的发展。Pevzner et al.（2015）通过实证研究发现，在高信任水平的国家，投资者对公司的盈余公告会产生更强烈的市场反应。社会信任可以缓解审计人员对客户道德风险的担忧，从而降低审计出具非标准意见的可能性，降低审计费用（Chen et al.，2018；Jha、Chen，2015）。此外，已有研究还发现社会信任可以抑制企业不当行为（Dong et al.，2018），有助于降低股价崩盘风险（Li et al.，2017）。因此，社会信任有利于降低交易成本，促进企业间的合作，约束管理层机会主义行为。本研究认为，社会信任作为一种重要的社会规范，会促使企业从事负责任的社会活动，并抑制企业不负责任的社会行为。

二、企业履行社会责任的影响因素

随着经济的发展，企业活动对社会的影响越来越受到人们的关注，对企业社会责任的研究也成为学者们关注的焦点。学术界主要讨论企业履行社会责任的影响因素，这一领域的文献越来越多。此类研究一般分为以下四类：

首先，有大量的文献讨论了各种企业层面的因素对企业社会责任绩效的影响。例如，许多学者认为企业的规模和财务状况是影响企业履行社会责任的重要因素（Udayasankar，2008；Orlitzky et al.，2003；Campbell，2007；Chih et al.，2010；Moussu、Ohana，2016）。此外，基于企业高管在企业战略决策和执行中的核心地位，近年来一些研究者开始关注高管特征对企业履行社会责任的影响。在高管特征方面，Tang et al.（2015）发现傲慢的 CEO 不利于企业履行社会责任。Garde Sanchez et al.（2017）综合分析了管理者的各种特征（包括年龄、性别、受教育程度）对企业履行社会责任信息披露的影响。García-Sánchez et al.（2019）指出，CEO 个人意愿可以显著提高企业的社会责任绩效。此外，企业的外部治理环境（如媒体报道和证券分析师关注）也会对企业社会责任绩效产生影响（Reverte，2009；Adhikari，2016）。

其次，学者们对董事会特质与企业履行社会责任之间的关系也进行了广泛的研究。既有研究一致认为，董事会的多样性，包括董事的多样性、董事的性别多样性、董事任期的多样性和董事专业知识的多样性，可以提高企业社会责任绩效（Harjoto et al.，2015；Yasser et al.，2017；Katmon et al.，2017；McGuinness et al.，2017；Seto-Pamies，2015；Fernández-Gago et al.，2018）。董事会成员的能力和经验也是企业社会责任绩效的驱动因素，主要体现在董事会成员的受教育程度、企业社会责任委员会的专业化程度、具有国外经验的董事比例等方面（Fuente et al.，2017；Katmon et al.，2017；Lau et al.，2016）。已有研究也发现，机构投资者董事在企业履行社会责任决策中发挥着积极作用（Pucheta-Martínez、López-Zamora，2018）。此外，独立董事可以促进公司履行社会责任，尤其是在股本成本高而专有成本低的公司中（García-Sánchez、Martínez-Ferrero，2017）。

再次，学者们也关注了行业因素对企业履行社会责任的影响。以往研究表明，有效的行业自律组织和致力于促进企业履行社会责任的非政府组织对推动企业社会责任的履行起着至关重要的作用（Campbell，2007；Marquis et al.，2007；Ali、Frynas，2018）。一个行业中龙头企业和竞争对手的履行社会责任行为会激励企业实施类似的负责任措施，以获取社会合法性和生存能力，而行业类型决定了企业关注社会责任履行的不同方面（Matten、Moon，2004；Amor-Esteban et al.，2019）。此外，激烈的行业竞争可以激励企业参与履行社会责任的活动（Flammer，2015；Polemis、Stengos，2019）。

最后，我们将回顾一系列关于影响企业社会责任履行跨国差异的国家层面因素的文献。新制度理论认为，一个组织及其战略在很大程度上受到更广泛制度的影响，这些制度反映了特定国家或地区的监管力量、经济体系、社会规范力量和文化认知力量。制度主义者认识到，市场以外的制度对于保证公司响应其利益相关者的利益而言是必不可少的（Scott，2003）。在新制度理论的框架下，学者们探讨了企业社会责任的跨国差异，并识别出了影响企业社会责任的国家层面因素。Matten 和 Moon（2008）认为，各国之间企业履行社会责任实践的差异可以归因为历史制度的不同，这对企业行为规范产生了很大的影响，这意味着企业履行社会责任受到国家制度框架的制约。既有研究考察了一国法律渊源对企业履行社会责任的影响，并揭示了大陆法系国家（利益相关者导向型国家）的企业在履行社会责任方面的表现往往优于普通法系国家（股东导向型国家）的企业（Liang、Renneboog，2017；Simnett et al.，2009；Kolk、Perego，2010）。一些研究还探讨了国家制度因素对企业履行社会责任的影响，包括执法机制、金融制度、文化制度等。这些研究一致认为，强有力的法律和有效的执行机制能够促进企业履行社会责任（Chapple、Moon，2005；Campbell，2007；Ioannou、Serafeim，2012；Garcia-Sanchez et al.，2016）。在金融制度方面，美国公司主要依靠股票市场上的股权融资，这使得上市公司更加关注股东的利益；而欧洲公司大多以信用融资为特征，产生了利益相关者导向的公司治理模式（Matten、Moon，2008；Aguilera et al.，2007）。国家层面的文化制度会影响企业社会行为的形式和内容，这就使得文化制度相似的国家会出现企业社会责任同构的现象（Matten、Moon，2008；Garcia-Sanchez et al.，2016）。

此外，社会规范是理解企业行为的重要基础，地理区域内共享的文化认知和社会规范会对公司社会活动产生影响。这种共同接受的行为模式可以供现存的和新进入的企业使用，从而使它们的行为以此作为参考标准而被标准化和模式化。对于追求合法性的公司而言，就会让自己的社会活动与地理区域内被认可的社会活动保持一致。既有研究发现，在地理区域内发展起来的社会规范体系会对企业慈善活动的水平设定一定的标准。企业慈善捐赠的水平与整个地理区域内的慈善捐赠水平密切相关，当地的评价准则和社会规范是理解各区域间差异的重要原因（Galaskiewicz，1997）。因此，地理区域内企业的社会活动的水平和标准与社会规范密切相关。

总体而言，现有文献主要从企业内部因素和外部制度因素两方面来研究企业履行社会责任的影响因素，而对制度因素的讨论仍以正式制度为主，社会信任等非正式制度对企业履行社会责任的影响却很少受到关注。为了弥补这一研究缺憾，我们在研究假设中讨论了企业所处的社会信任环境如何影响企业履行社会责任，并以中国上市公司为例实证检验了公司所处的社会信任环境与企业社会责任绩效之间的关系。

三、研究假设

规范同构来源于社会规范、价值观念、职业标准和传统实践（DiMaggio、Powell，1983；Scott，2001；Garcia-Sanchez et al.，2016）。社会规范和价值观是使组织合法化的压力来源（Deephouse、Carter，2005）。正如制度既能促进行为又能约束行为一样，社会规范也能指导或约束人们的行为（Campbell，2004；Griffin、Sun，2018）。社会信任作为一种基本的社会规范，引导人们遵循这种多数人认可的行为规范。企业的伦理决策行为作为社会结构的重要组成部分，也不可避免地受到这一社会规范的影响，以使其适应当地的社会价值观。

社会信任可以通过两种方式影响管理者的道德决策。首先，根据社会规范途径，社会信任被看成一个社会所共有的一套价值观、规范或信念，它促进了合作和富有成效的行动（Gambetta，1988；Rousseau et al.，1998），它还通过社会规范直接影响企业管理者的决策和行为。要了解一个人的性格和行为，有必要研究他所属的群体以及该群体所特有的规范与价值体系；当群体的期望与个体的需要矛盾时，个体倾向于服从群体（Cialdini et al.，1991；Milgram et al.，1969）。社会规范途径表明个人和组织更愿意遵守所在地的社会规范。具体来说，在社会信任水平较高的地区，人们会遵守诚实守信的价值观，因此公司的决策者更容易把这种诚实守信的价值观内化为个人品质，进而使得公司高管在做决策时受到这些价值观的影响（Guiso et al.，2006）。诚实守信的价值观反过来又会引导管理者在企业与利益相关者的互动中更多地考虑利益相关者的利益，表现在企业通过从事公益事业、环境保护等活动来积极履行社会责任，从而获得和加强强大的利益相关者的支持和认同。此外，公司高管还受到社会信任规范的约束，当个人违反社会信任规范时，社会信任规范会对个人施加社会制裁甚至给予诉讼惩罚。学者们发现，企业对待利益相关者的方式取决于其生存和发展的制度环境，企业也会逐步修改其社会责任战略，使其更符合周围社会和制度环境的特征（Hall、Soskice，2001；Gallego-Alvarez et al.，2017）。社会信任水平越高，当地企业的利益相关者对企业履行社会责任的期望越高。个人很难违背群体的期望行事，否则会受到公众舆论的谴责和群体的制裁（Dong et al.，2018）。因此，良好的社会信任环境将约束企业管理层的行为，使其更合乎道德要求和更负责任，以确保企业的合法性及其在社会上的生存与发展。以上两个方面的分析证实了这一观点，即面对强大的社会规范力量时，企业更倾向于以对社会负责的方式行事（Campbell，2006）。因此，高信任水平地区的管理者倾向于参与更多的社会责任履行活动。

其次，社会信任也可以被视为个体可以从中受益的社会网络（Payne et al.，2011）。信任是所有交换关系的基础（Williamson，1993），因此，从整体上看，更高程度的社会信任环境可以培育出充满活力的社会网络，在这个社会网络中，利益相关者之间更有可能进行互动与合作，实现共赢（例如，实现更高的产品质量和更低的交易成本）。战略社会责任理论认为，企业社会责任有助于提高企业的战略地位，有助于获得声誉资本等战略资源，最终有助于提高企业绩效（Porter、Kramer，2002）。因此，在社会信任水平较高的地区，企业履行社会责任行为可以为当地企业带来更高的回报，从而使企业愿意承担更多的社会责任。正如已有文献所指出的那样，当规范性的制度为企业行为提供了适当的激励时，企业倾向于以一种更有社会责任感的方式行事（Galaskiewicz，1991）。相比之下，在社会信任水平较低的地区，由于社交网络较少，此类回报较小，因此企业参与社会责任履行活动的动机也较弱。

综上所述，从社会规范和社会网络途径分析，我们认为积极履行企业社会责任将使高信任水平地区的企业获得社会合法性和更多的经济效益。因此，我们期望在这种规范性制度同构力量的影响下，社会信任水平较高地区的企业会呈现出利益相关者导向的商业模式，即表现出更好的社会责任绩效。综上所述，我们提出以下假设：

H1：在其他条件相同的情况下，所在地区社会信任水平较高的公司更有可能有着较好的企业社会责任绩效。

第四节　研究设计

一、样本选取和数据来源

本研究的初始样本包括了 2008—2015 年在中国沪、深证券交易所上市的851 家公司的 4 639 个公司年度观测值。企业社会责任的数据来自润灵环球的企业社会责任评级数据库，该评级分析了 63 项企业社会责任的基本指标和行业特定指标。其他数据来源于学者们广泛使用的研究中国上市公司相关问题的国泰安（CSMAR）数据库。CSMAR 数据库在现有文献中得到了广泛的应用，为我们提供了金融、公司治理和宏观经济数据。我们对初始数据进行了筛选。首先，由于监管环境的不同，我们删除了对金融服务业的 322 个观测值。其次，我们删除了一些在年度期间受特殊交易处理公司的观测值。最后，剔除了回归分析中缺失控制变量的观测值。在应用这些数据筛选程序后，我们获得了2008—2015年在沪、深证券交易所上市的788家公司的4 209个公司年度观测值。从样本的年度分布来看，2008年有287家，2015年有663家，其增长趋势与我国上市公司数量的增加趋势基本保持一致。

二、企业履行社会责任的度量

衡量企业社会责任履行表现的变量数据来源于润灵环球责任评级数据库（RKS数据库），已有文献中多次使用RKS数据库来评价中国上市公司的社会责任履行表现（Lau et al.，2016；Marquis、Qian，2014；McGuinness et al.，2017；Pan et al.，2018）。润灵环球（RKS）是中国企业社会责任权威第三方评级机构，致力于为责任投资（SRI）者、责任消费者及社会公众提供客观科学的企业社会责任履行评级信息。该评级体系参考了最新国际权威社会责任标准ISO26000，开发了一套适合中国国情的企业社会责任报告评级体系，同时考虑了行业差异性，设立行业性指标，并按照中国证监会行业分类标准将上市公司分为22类行业。该评级体系采用指标法来衡量企业社会责任报告中反映的企业社会责任履行表现和披露情况，即从macrocosm（整体性）、content（内容性）、technique（技术性）、industry（行业性）四个零级指标出发，分别设立一级指标和二级指标对企业社会责任报告进行全面评价，设置了包括"战略""利益相关方""劳工与人权""公平运营"等15个一级指标和63个二级指标（不含行业性指标）。该评级体系采用结构化专家打分法，满分为100分，其中整体性评价M值权重为30%，满分为30分；内容性评价C值权重为45%，满分为45分；技术性评价t值权重为15%，满分为15分；行业性评价I值权重为10%，满分为10分。

企业的社会责任履行情况与专业机构的社会责任报告评级打分可能有一定的差异，后者不仅从企业社会责任履行本身，也从信息披露上进行了评价。然而，投资者对于企业社会责任履行情况的认知，一方面是从企业所做的事情上判断，另一方面这些信息必须是通过披露的形式传递给市场的。一些研究也发现，社会责任履行表现较好的企业也倾向于更加详细地披露其社会责任履行情况，这是由于对利益相关者而言，披露社会责任履行情况本身就是一项重要的社会责任履行活动。因此，本章采用专业机构的打分从社会责任事实及披露来衡量中国上市公司的企业社会责任履行表现。

三、社会信任的度量

根据以往对社会信任的研究，社会信任在一个地区经过世代相传而不容易变化。Putnam（1993）认为，社会信任是一种在几个世纪的历史中形成的人与人之间在商业和市民活动中"水平联系网络"的习惯。Guiso et al.（2006、2008）和 Sapienza et al.（2013）认为，社会信任不仅是一国（地区）文化传统的产物，而且代表着传统的信仰和价值观，作为非正式制度通过民族、宗教和群体逐代传承。由于社会规范的内在稳定性，社会信任可以长期保持稳定，因此在实证研究中，可以用一个国家（地区）在某一年的社会信任水平来替代一定时期的信任水平。为此，我们参考张维迎和柯荣住（2002）、刘凤委等（2009）、张敦力等（2012）以及 Wu et al.（2014）等已有文献，通过 2000 年"中国企业家调查系统"的问卷调查数据来获得社会信任（TRUST）的测度方法。该项调查向 15 000 家企业发出问卷，回收有效问卷 5 000 多份。调查涉及全国 31 个省、自治区和直辖市。调查对象主要是一些企业和企业领导人，有关信的问题设计是："根据您的经验，您认为哪五个地区的企业比较守信用？"答案按 1 分到 5 分进行打分。通过企业领导人给出的平均可信度排名，我们计算出一个省份的社会信任水平。我们对每个省份的社会信任得分取自然对数，作为本研究的社会信任代理变量。

四、模型设计和变量定义

参考现有的关于社会信任的研究（Wu et al.，2014；Li et al.，2017），我们采用 OLS 回归方法和以下的多元回归模型（3.1）来检验一个地区的社会信任水平是否会影响当地企业的社会责任履行行为。我们在模型中控制了行业和年份的固定效应，为避免公司层面的聚集效应对估计结果的影响，我们对回归模型的标准误进行了公司层面的聚类调整。此外，本研究可能存在内生性问题，为了解决这个问题，我们在稳健性测试部分使用两阶段最小二乘法来缓解这个潜在的担忧。

$$CSR = \beta_0 + \beta_1 TRUST + \beta_2 SIZE + \beta_3 MB + \beta_4 LEV + \beta_5 ROA + \beta_6 VOLE + \beta_7 DUAL +$$
$$\beta_8 BIG4 + \beta_9 DIRNUM + \beta_{10} WEALTH + \beta_{11} EDU + INDUSTRY + YEAR + \varepsilon$$

$$(3.1)$$

在上述模型（3.1）中，因变量 CSR 表示上市公司的社会责任表现，主要自变量 TRUST 表示社会信任水平。参考之前的研究（Ali et al.，2017；Reverte，2009；Udayasankar，2008；Yang et al.，2017），我们在模型中还加入了已知的影响企业履行社会责任的控制变量。这些控制变量包括公司规模（SIZE）、市净率（MB）、财务杠杆（LEV）、总资产收益率（ROA）、收益波动性（VOLE）、CEO两职合一（DUAL）、四大审计师事务所（BIG4）和董事会规模（DIRNUM）。我们还考虑了财富水平（WEALTH，以一个省份的人均储蓄额来衡量）和受教育程度（EDU，以每万人完成高等教育的人数来衡量受教育程度），以控制地区差异。

接下来，我们对控制变量的度量进行了阐述。SIZE用公司总资产的自然对数来衡量。MB为公司市值除以账面价值的比率。LEV为资产负债率，用公司总负债与总资产的比率来计算。ROA为公司总资产收益率，用公司息税前利润除以总资产来计算。VOLE衡量公司的收益波动率，用前三年公司收益的历史标准差来衡量。DUAL表示公司两职合一情况，该变量为虚拟变量，当公司CEO同时担任公司董事长时，该变量取值为1，否则为0。BIG4表示国际四大审计师事务所的哑变量，当一家公司的审计师来自国际四大会计师事务所时，该变量取值为1，否则为0。DIRNUM表示公司董事会规模，用董事会中的董事人数来衡量。

第五节　实证结果与分析

一、描述性统计

表3-1报告了主回归分析中使用的变量的描述性统计结果。我们对所有连续变量都在上下1%分位上进行了缩尾处理，以避免极端值的影响。从表中结果可知，CSR的均值和中位数分别是37.313和34.722，并且CSR在5%和95%分位上的值分别为22.59和61.961。这说明，样本公司的社会责任履行表现总体而言不够好，并且样本公司之间的社会责任履行水平有很大差异，意味着中国上市公司在社会责任履行行为方面还有很大的改进空间。从社会信任水平（TRUST）的描述性数据来看，其在5%和95%分位上的值分别为2.104和5.389，这说明中国各省的社会信任水平也存在显著差异。综上所述，样本公司的社会责任履行表现和我国各地区社会信任水平的差异性为我们研究社会信任对企业履行社会责任的影响提供了理想条件。

表 3-1 描述性统计

变量	均值	标准误	5%分位	25%分位	中位数	75%分位	95%分位
CSR	37.313	11.862	22.590	29.073	34.722	42.480	61.961
TRUST	3.916	1.120	2.104	2.747	4.353	4.777	5.389
SIZE	23.014	1.427	20.880	21.977	22.865	23.910	25.669
MB	3.107	2.252	0.870	1.588	2.485	3.798	7.713
LEV	0.500	0.199	0.146	0.354	0.513	0.655	0.802
ROA	0.045	0.053	−0.031	0.015	0.038	0.071	0.139
VOLE	0.816	1.653	0.069	0.177	0.323	0.689	3.154
DUAL	0.154	0.361	0.000	0.000	0.000	0.000	1.000
BIG4	0.151	0.358	0.000	0.000	0.000	0.000	1.000
DIRNUM	9.294	1.950	7.000	8.000	9.000	11.000	13.000
WEALTH	0.823	0.618	0.217	0.380	0.588	1.015	2.286
EDU	0.159	0.038	0.105	0.132	0.153	0.190	0.221

二、相关性分析

表 3-2 给出了主要变量的相关系数矩阵。由表 3-2 可以看出，社会信任（TRUST）与企业社会责任的相关系数约为 0.181（P<0.001），说明社会信任与企业社会责任绩效存在显著的正相关关系。这一结果为社会信任可以促进企业履行社会责任这一研究假设提供了初步证据。董事会成员数量（DIRNUM）对企业社会责任绩效也有显著的正向影响，这与之前的研究一致（Liao et al., 2018）。Gujarati（2009）认为，当自变量之间的相关系数超过 0.8 时，回归模型会出现严重的多重共线性问题。如表 3-2 所示，相关系数在 0.004~0.513之间，说明回归模型不存在严重的多重共线性问题。以上结果只是反映了单变量之间的相关性分析，进一步较为严谨的经验证据还有待下文的多元回归分析来揭示。

表 3-2 相关性分析

变量名称	1	2	3	4	5	6	7	8	9	10
1. CSR	1.000									
2. TRUST	0.181***	1.000								
3. SIZE	0.448***	0.169***	1.000							
4. MB	−0.139***	−0.026*	−0.451***	1.000						

表3-2（续）

变量名称	1	2	3	4	5	6	7	8	9	10
5. LEV	0.096 ***	−0.009	0.513 ***	−0.205 ***	1.000					
6. ROA	−0.009	0.114 ***	−0.079 ***	0.219 ***	−0.441 ***	1.000				
7. VOLE	−0.007	−0.095 ***	−0.004	−0.02	0.117 ***	−0.331 ***	1.000			
8. DUAL	−0.050 ***	0.059 ***	−0.116 ***	0.122 ***	−0.111 ***	0.085 ***	−0.002	1.000		
9. BIG4	0.319 ***	0.211 ***	0.456 ***	−0.163 ***	0.107 ***	0.063 ***	−0.032 **	−0.064 ***	1.000	
10. DIRNUMM	0.144 ***	−0.025	0.252 ***	−0.144 ***	0.116 ***	−0.005	0.018	−0.144 ***	0.126 ***	1.000

注：*、**、***分别表示在10%、5%和1%的统计水平上显著。

三、多元回归分析

本章假设 H1 预测社会信任与企业履行社会责任之间存在显著的正相关关系（$\beta_1>0$）。表3-3报告了我们的实证结果。在第（1）列中，不考虑省级差异的情况下，社会信任（TRUST）的回归系数显著为正（1.087 9，t=7.432 8）。这一正向关系与假设 H1 的预期一致，这说明在社会信任水平较高的省份，上市公司更有可能表现出较好的社会责任履行行为。这一实证结果也充分说明了社会信任环境会影响企业对社会责任的履行。更为重要的是，这种影响在经济意义上也是显著的。社会信任的系数表明，社会信任水平每增加一个标准误（即 TRUST 增加 1.120），企业社会责任绩效可提高 1.218 4，这相当于 CSR 均值的3.27%。在第（2）列中，财富水平（WEALTH，一个省份的人均储蓄额）被包括在回归模型中，以控制各省份之间的财富水平差异，社会信任（TRUST）的系数为正且在1%的水平上显著（1.225 2，t=5.888 7），结果符合我们的预期。在第（3）列中，财富水平（WEALTH）和受教育程度（EDU）都被包括在内，以控制各省份之间的财富水平和人们受教育程度之间的差异，从回归结果看，社会信任（TRUST）的系数依然显著为正（1.224 8，t=5.572 0），这与我们的预期一致，即良好的社会信任氛围促进了企业履行社会责任。表3-3的最后一列提供了回归分析使用的变量的 VIF 值，从 1.109 6 到 3.064 7 不等，表明我们的回归模型中没有严重的多重共线性问题。

控制变量的系数符号与既有研究基本一致（Liao et al.，2018；Yang et al.，2017）。我们的实证结果表明，企业社会责任绩效与企业规模呈正相关关系，表明企业规模越大，企业的社会责任履行表现越好，这支持了 Yang et al.（2017）的研究结果。我们还发现 CSR 绩效与 MB、BIG4 和 DIRNUM 呈正相关关系，这和 Liao et al.（2018）的研究结果一致。此外，企业社会责任绩效与财务杠杆（LEV）和 CEO 两职合一（DUAL）呈负相关关系，表明财务压力越严重或代理问题越严重的企业，其社会责任履行表现越差。这与之前的研究一致。

表 3-3　社会信任与企业履行社会责任的回归结果

变量	（1）	（2）	（3）	VIF
常数项	−56. 666 2 ***	−57. 145 7 ***	−57. 149 0 ***	
	（−14. 528 2）	（−14. 524 2）	（−14. 410 6）	
TRUST	1. 087 9 ***	1. 225 2 ***	1. 224 8 ***	2. 817 4
	（7. 432 8）	（5. 888 7）	（5. 572 0）	
SIZE	3. 291 1 ***	3. 298 3 ***	3. 298 3 ***	3. 064 7
	（18. 333 2）	（18. 355 9）	（18. 327 2）	
MB	0. 313 6 ***	0. 320 5 ***	0. 320 5 ***	1. 865 7
	（3. 545 3）	（3. 610 5）	（3. 607 3）	
LEV	−4. 312 8 ***	−4. 356 3 ***	−4. 355 9 ***	2. 452 2
	（−3. 747 9）	（−3. 782 5）	（−3. 776 0）	
ROA	−4. 815 2	−5. 229 9	−5. 228 5	1. 832 1
	（−1. 294 5）	（−1. 395 9）	（−1. 393 3）	
VOLE	−0. 077 1	−0. 076 9	−0. 076 9	1. 186 1
	（−0. 798 7）	（−0. 796 1）	（−0. 795 7）	
DUAL	−0. 902 7 **	−0. 928 8 **	−0. 928 8 **	1. 109 6
	（−2. 112 7）	（−2. 169 2）	（−2. 168 9）	
BIG4	4. 120 7 ***	4. 156 6 ***	4. 156 5 ***	1. 397 3
	（8. 529 2）	（8. 575 9）	（8. 569 1）	
DIRNUM	0. 457 8 ***	0. 455 4 ***	0. 455 4 ***	1. 219 9
	（5. 515 0）	（5. 484 2）	（5. 479 9）	
WEALTH		−0. 364 3	−0. 364 8	2. 812 0
		（−0. 928 8）	（−0. 916 2）	
EDU			0. 039 8	2. 454 6
			（0. 006 6）	
YEAR	Control	Control	Control	
INDUSTRY	Control	Control	Control	
N	4 209	4 209	4 209	
ADJ−R^2	35. 67%	35. 67%	35. 65%	
F−value	40. 551 ***	39. 888 ***	39. 225 ***	

注：括号里的数字为 t 统计量值，*、**、*** 分别表示在 10%、5% 和 1% 的统计水平上显著。

四、社会信任替代变量的回归结果

参考 Wu et al.（2014）、Ang et al.（2015）、Li et al.（2017）等现有研究，本章采用另外两个社会信任替代变量（TRUST1 和 TRUST2）来验证上述回归结果的稳健性。这两个衡量社会信任的替代变量分别是一个省份的人均无偿献血率（TRUST1）和非政府组织数量（TRUST2）。无偿献血率（TRUST1）指一个省份自愿献血的居民人数与该省份居民人数的比例。各省份非政府组织的数量（TRUST2）由中国国家统计局提供。采取社会信任的替代变量进行回归可以减轻在主回归分析中仅使用 2000 年的社会信任数据所带来的担忧。表 3-4 列示了这两个社会信任替代变量的回归结果。第 1 列是 TRUST1 的回归结果，第 2 列是 TRUST2 的回归结果。从表中可以看出，在 1% 的水平下，这两个社会信任替代变量的回归系数均显著为正，与表 3-3 的主要结果保持一致。因此，对社会信任采用不同测度方法后的回归结果表明，本研究的主要实证结果是稳健和可靠的。

表 3-4 社会信任替代变量的回归结果

变量	TRUST1	TRUST2
常数项	−59.096 6***	−61.169 1***
	(−14.819 8)	(−15.418 5)
TRUST	2.175 8***	1.395 8***
	(4.022 9)	(7.069 3)
SIZE	3.381 3***	3.440 9***
	(18.723 7)	(19.375 7)
MB	0.310 5***	0.336 1***
	(3.486 8)	(3.799 6)
LEV	−4.687 5***	−4.654 5***
	(−4.045 9)	(−4.056 7)
ROA	−3.539 9	−6.099 8
	(−0.945 6)	(−1.635 7)
VOLE	−0.079 9	−0.067 9
	(−0.823 0)	(−0.702 2)
DUAL	−0.748 9*	−0.975 3**
	(−1.747 0)	(−2.277 5)

表3-4(续)

变量	TRUST1	TRUST2
BIG4	4. 373 1 ***	4. 320 6 ***
	(9. 019 9)	(8. 992)
DIRNUM	0. 441 4 ***	0. 440 3 ***
	(5. 295 4)	(5. 305 6)
YEAR	Control	Control
INDUSTRY	Control	Control
N	4 209	4 209
ADJ-R^2	35. 07%	35. 59%
F-value	39. 521 ***	40. 412 ***

注：括号里的数字为 t 统计量值，*、**、*** 分别表示在 10%、5% 和 1% 的统计水平上显著。

五、控制执法水平和市场化程度的影响

我们进一步控制了地区执法水平和市场化程度的影响效应，因为这两个因素都有可能进一步影响一个地区的企业社会责任履行行为。例如，Du et al.(2016) 发现中国的法律执行力能够影响企业的社会责任履行表现，Marquis 和 Qian（2014）认为经济发达省份的企业更倾向于积极履行社会责任。继 Du et al.(2016) 之后，我们利用法律环境指数作为执法水平（LAW）的代理变量，并从樊纲和王小鲁（2011）的研究中获得这一数据。法律环境指数测度了产权保护、生产者合法权益保护、中介机构发展等方面的情况。本章采用区域市场化指数（MARKET）来对中国不同省份的制度变迁过程进行测算。这一区域市场化指数在现有文献中被广泛采用（Wang et al.，2008）。表 3-5 列示了控制地区执法水平和市场化程度后的回归结果。在第（1）列中，我们在回归模型中加入执法水平这一控制变量（LAW）重复我们的主回归，社会信任（TRUST）的系数仍然显著为正。在第（2）列中，回归模型中包含了地区市场化程度这一控制变量（MARKET），社会信任对企业履行社会责任的正向影响依然显著存在。上述结果说明我们的主要结果在对执法水平和市场化程度的效应进行控制后没有受到影响。

表 3-5 控制执法水平和市场化程度的影响

变量	LAW	MARKET
常数项	-56. 655 7***	-55. 275 2***
	(-14. 526 5)	(-13. 378 4)
TRUST	1. 332 0***	1. 446 8***
	(5. 507 4)	(5. 416 5)
SIZE	3. 269 5***	3. 251 1***
	(18. 132 7)	(17. 940 2)
MB	0. 312 8***	0. 309 7***
	(3. 536 3)	(3. 499 4)
LEV	-4. 299***	-4. 260 3***
	(-3. 736 0)	(-3. 700 3)
ROA	-4. 676 5	-4. 441 5
	(-1. 256 8)	(-1. 191 3)
VOLE	-0. 076 8	-0. 079 6
	(-0. 795 1)	(-0. 823 7)
DUAL	-0. 889 1**	-0. 853 7**
	(-2. 080 4)	(-1. 991 0)
BIG4	4. 124 9***	4. 146 9***
	(8. 538 3)	(8. 575 1)
DIRNUM	0. 455 1***	0. 451 3***
	(5. 482 2)	(5. 430 2)
LAW	-0. 081 3	-0. 257 1
	(-1. 267 9)	(-1. 012 4)
MARKET		-0. 019 5
		(-0. 219 8)
YEAR	Control	Control
INDUSTRY	Control	Control
N	4 209	4 209
ADJ-R^2	35. 68%	35. 68%
F-value	39. 908***	39. 271***

注：括号里的数字为 t 统计量值，*、**、*** 分别表示在 10%、5% 和 1% 的统计水平上显著。

六、控制 CEO 出生地的社会信任水平

当个体通过观察和学习周围环境来建立自己的信仰、价值观或行为规范时，CEO 的行为很可能会受到其家乡社会信任水平的影响。当一个 CEO 从一个省份迁移到另一个省份时，其个人行为依然会受其家乡社会信任环境的影响。因此，CEO 家乡的社会信任水平可能会影响企业总部所在省份的社会信任水平与企业履行社会责任之间的正相关关系。

为解决变量遗漏问题，参考 Li et al.（2017）的做法，我们手工搜集了公司 CEO 出生地的省份，并将每个 CEO 出生地所在省份的社会信任水平评分作为 CEO 所在企业的社会信任水平（用 CEOTRUST 表示）。由于部分 CEO 的出生地无法确定，这导致我们的样本减少到了 2 907 个公司年度观测值。表 3-6 的第（1）列展示了基于简化样本的主要回归结果，社会信任（TRUST）的回归系数依然显著为正，与我们的研究假设一致。表 3-6 的第（2）列显示了模型（3.1）使用 CEO 出生地社会信任作为其所在企业的社会信任水平进行回归的结果。从中可知，CEOTRUST 的回归系数仍显著为正（0.518 4，t＝2.836 6），这一结果支持了社会信任能促进负责任的企业行为的观点。因此，我们在原回归模型（3.1）中加入每个 CEO 出生地的社会信任水平，以控制每个 CEO 出生地社会信任水平的潜在影响，回归结果见表 3-6 第（3）列。在控制了 CEO 出生地社会信任水平后，企业所在省份的社会信任水平依然显著影响企业的社会责任绩效，而 CEO 出生地的社会信任水平对企业社会责任绩效则没有显著影响。这说明 CEO 出生地的社会信任水平并不会影响社会信任和企业履行社会责任的正相关关系。

表 3-6　控制 CEO 出生地社会信任水平的回归结果

变量	TRUST1	CEOTRUST	BOTH
常数项	$-55.543\ 1^{***}$	$-56.905\ 3^{***}$	$-55.103\ 8^{***}$
	$(-12.107\ 3)$	$(-12.181\ 9)$	$(-11.806\ 0)$
TRUST	$1.031\ 2^{***}$		$1.098\ 4^{***}$
	$(5.619\ 0)$		$(4.870\ 1)$
CEOTRUST		$0.518\ 4^{***}$	$-0.114\ 7$
		$(2.836\ 6)$	$(-0.512\ 9)$
SIZE	$3.220\ 8^{***}$	$3.383\ 6^{***}$	$3.212\ 4^{***}$
	$(15.215\ 1)$	$(16.092\ 3)$	$(15.127\ 3)$
MB	$0.277\ 0^{***}$	$0.288\ 9^{***}$	$0.275\ 1^{***}$
	$(2.641\ 4)$	$(2.743\ 3)$	$(2.621\ 8)$

表3-6(续)

变量	TRUST1	CEOTRUST	BOTH
LEV	-4.141 5***	-4.561 7***	-4.164 1***
	(-3.000 0)	(-3.295 0)	(-3.014 5)
ROA	-0.798 2	-0.687 6	-0.732 2
	(-0.176 5)	(-0.151 3)	(-0.161 8)
VOLE	-0.047 0	-0.065 0	-0.046 1
	(-0.370 9)	(-0.511 6)	(-0.364 0)
DUAL	-0.980 1**	-0.832 9*	-0.985 2**
	(-1.999 1)	(-1.694 9)	(-2.008 7)
BIG4	4.920 7***	5.373 4***	4.895 9***
	(8.275 3)	(9.093 8)	(8.205 7)
DIRNUM	0.630 3***	0.624 8***	0.628 0***
	(6.397 0)	(6.309 2)	(6.366 6)
YEAR	Control	Control	Control
INDUSTRY	Control	Control	Control
N	2 907	2 907	2 907
ADJ-R^2	37.07%	36.55%	37.05%
F-value	30.015***	29.375***	29.511***

注：括号里的数字为 t 统计量值，*、**、*** 分别表示在 10%、5% 和 1% 的统计水平上显著。

七、内生性问题

本章研究还可能存在内生性问题，即社会信任可能是由内生因素决定的。例如，企业社会责任履行表现较好的企业可能更愿意在社会信任水平较高的省份经营。我们使用工具变量方法来解决这个潜在的内生性担忧。Ang et al. (2015) 认为，省份语言多样性与相应省份的社会信任水平呈负相关关系。因此，我们使用中国各省份的语言多样性作为本章的主要自变量——社会信任的工具变量。语言多样性作为一种合适的工具变量，它满足工具变量的两个条件：一是它与社会信任相关，二是省份语言多样性与企业社会责任绩效不相关。

两阶段最小二乘回归（2SLS）的结果见表 3-7。如表 3-7 第 1 列所示的第一阶段回归结果，工具变量（语言多样性）在 1% 的显著性水平上与社会信任呈负相关关系（0.618 5，t=2.071 5）。表 3-7 的第二列展示的是 2SLS 的第二阶段回归结果，Instrumented TRUST 是第一阶段 TRUST 的预测值，Instrumented TRUST 的系数显著为正（0.911 9，t=2.968 9）。因此，当使用工具变量方法控制内生性问题时，社会信任和企业履行社会责任之间的关系是稳健的。

表 3-7　两阶段最小二乘回归结果

变量	第一阶段	第二阶段
常数项	−1.481 2***	−57.545 6***
	(−7.431 1)	(−14.522 1)
Language Diversity	−0.031 7***	
	(−11.493 7)	
Instrumented TRUST		0.911 9***
		(2.968 9)
SIZE	0.076 0***	3.331 7***
	(8.582 1)	(18.528 8)
MB	−0.004 4	0.287 2***
	(−1.011 3)	(3.234 6)
LEV	−0.173 9***	−4.333 1***
	(−3.055 3)	(−3.750 1)
ROA	0.434 3**	−4.953 6
	(2.347 0)	(−1.315 5)
VOLE	0.000 6	−0.064 4
	(0.121 2)	(−0.663 3)
DUAL	0.009 1	−0.828 5*
	(0.429 7)	(−1.935 0)
BIG4	0.001 9	4.092 6***
	(0.077 9)	(8.470 7)
DIRNUM	0.010 4**	0.459***
	(2.530 5)	(5.530 4)
WEALTH	0.446 1***	−0.021 0
	(19.610 9)	(−0.045 3)
EDU	3.796 8***	4.916 6
	(12.802 3)	(0.777 4)
YEAR	Control	Control
INDUSTRY	Control	Control
N	4 209	4 209
ADJ-R^2	82.23%	35.75%
F-value	314.68***	39.330***

注：括号里的数字为 t 统计量值，*、**、*** 分别表示在 10%、5% 和 1% 的统计水平上显著。

八、进一步的分析

既有研究表明，国有企业的社会责任履行表现可能不如非国有企业。Zhang et al.（2009）利用我国企业对 2008 年汶川大地震的反应数据发现，国有企业在灾后的贡献低于民营企业。Han 和 Zheng（2016）分析了中国企业创始所有权性质对企业社会责任履行行为的影响，发现非国有企业比国有企业在环境保护方面投入了更多资源。基于此，我们预期在国有企业中，社会信任和企业履行社会责任之间的正向关系会更强。为了检验这一预期，我们将全样本分为国有企业和非国有企业两个子样本，并对每个子样本分别进行估计。表 3-8 的第 1 列和 2 列表明，社会信任（TRUST）的回归系数在两个子样本中都是显著为正的。然而，社会信任的系数在国有企业组的绝对值远大于非国有企业组，两组之间社会信任的回归系数在 5% 水平上存在显著差异（Z=2.305 0）。此外，为了进一步验证在国有企业和非国有企业中社会信任对企业履行社会责任的影响是否存在显著差异，我们把国有企业（SOE）定义为一个哑变量，赋值为 1，在模型中加入了 SOE 和 SOE * TRUST 这两个变量。我们预测 SOE 的系数符号为负，SOE * TRUST 的系数符号为正。表 3-8 的第 3 列展示了回归结果，交互项 SOE * TRUST 的回归系数在 5% 水平下显著为正（0.618 5，t=2.071 5），这与我们的预期一致。

表 3-8　国有企业和非国有企业的差异分析

变量	Non-SOE	SOE	ALL
常数项	−35.900 3 ***	−61.844 7 ***	−54.530 9 ***
	（−5.461）	（−12.406 4）	（−13.528 6）
TRUST	0.609 3 ***	1.296 6 ***	0.675 3 ***
	（2.709 2）	（6.620 6）	（2.734 2）
SOE			−2.297 6 *
			（−1.875 4）
SOE * TRUST			0.618 5 **
			（2.071 5）
SIZE	2.320 6 ***	3.542 ***	3.259 0 ***
	（7.596 8）	（15.545 2）	（18.029 2）
MB	0.286 6 **	0.345 7 ***	0.315 1 ***
	（2.311 5）	（2.804 3）	（3.562 1）

表3-8(续)

变量	Non-SOE	SOE	ALL
LEV	-3.899 5**	-2.339 8	-4.209 9***
	(-2.204)	(-1.537 9)	(-3.650 0)
ROA	-3.708 9	-1.410 2	-4.374 9
	(-0.708 0)	(-0.274 3)	(-1.168 4)
VOLE	-0.183 2	-0.015 2	-0.077 1
	(-1.167 7)	(-0.126)	(-0.798 3)
DUAL	-0.463 4	-1.290 0*	-0.815 9*
	(-0.908 4)	(-1.781 7)	(-1.869 0)
BIG4	4.884 6***	3.939 7***	4.045 1***
	(5.192 0)	(6.811 6)	(8.351 3)
DIRNUM	0.535 7***	0.417 8***	0.461 4***
	(3.949 3)	(3.952 3)	(5.535 9)
YEAR	Control	Control	Control
INDUSTRY	Control	Control	Control
N	1 536	2 673	4 209
ADJ-R^2	34.83%	37.69%	35.71%
F-value	15.65***	31.495***	39.316***

注：括号里的数字为 t 统计量值，*、**、*** 分别表示在 10%、5%和 1%的统计水平上显著。

第六节　结论与启示

　　尽管之前有许多研究试图寻找影响企业履行社会责任的决定因素，但关于社会信任是否促进或阻碍企业履行社会责任的研究甚少。在该部分，我们通过制度视角观察企业的社会责任履行行为，研究了社会信任和企业履行社会责任的关系。特别是新制度理论将企业的社会责任履行行为纳入企业所处的社会环境中，认为企业必须与其制度环境同构，才能获得社会合法性和必要的生存资源。这说明企业的社会责任履行行为在同一场域内具有相似性。在制度理论框架下，本研究认为社会信任通过社会规范和社会网络途径影响企业社会责任履行行为，这两种途径都表明社会信任可以防止管理者从事不道德活动，进而促进企业履行社会责任。与我们的预期一致，在中国的背景下，我们发现了社会信任与企业社会责任绩效正相关的实证证据，这充分证明了社会信任是解释企业社会责任履行行为的一个关键影响因素。此外，我们发现当企业为国有企业时，社会信任与企业履行社会责任之间的正向关系更为显著。

本章的研究可以作为对以往企业社会责任研究的有益补充。以往学者们过于关注公司治理、法律法规等正式制度的影响，因此我们的研究促进了对企业社会责任的研究范式从正式制度驱动向非正式制度驱动的转变。本章研究的主要结论是：社会规范对本地企业施加了相当大的压力，提高了它们的社会责任绩效。研究表明，非正式制度因素在解释企业社会责任履行行为中起着重要作用。我们的这一发现识别出了社会规范力量并阐明它如何影响与社会责任履行相关的企业决策，从而对新制度理论做出了贡献。我们的研究也有助于理解企业社会责任绩效的决定因素。由于企业履行社会责任对利益相关者的福利有重大影响，本研究有助于理解社会信任在影响企业行为和利益相关者福利方面的重要作用。本研究将使学者们更加明确、全面地理解社会信任与企业社会责任绩效之间的关系，从而促进该领域的理论和实践研究。

本章的研究是迄今为止最早证实社会信任是企业履行社会责任的外部驱动力的实证研究，对企业、监管机构和市场参与者都具有重要意义。

对于企业来说，本章的结果可以指引在高社会信任水平地区的企业开展积极的企业社会责任履行活动，抑制其消极的社会行为。对于监管机构而言，我们的研究结果表明，社会信任水平较低地区的企业通常在社会责任履行方面表现较差。建议政府监管部门制定有针对性的措施，鼓励低社会信任水平地区的企业积极履行社会责任。同时，我们的结论也提醒政府在引导企业履行社会责任的过程中，要促进区域乃至全国范围内良好的社会信任环境的构建。对于市场参与者而言，本研究表明良好的社会信任环境有助于企业更好地履行社会责任。基于这一结果，企业的客户和供应商在计划与企业进行业务往来时，应该考虑企业所处的社会信任环境。同样，投资者和债权人在进行投资或贷款决策时，也应该利用外部信任环境来评估公司的诚信度。

作为一项探索性研究，我们的研究不可避免地存在一些局限性。对于社会信任数据，我们只使用了中国各省份的数据，并没有将数据细化到城市级别。在未来的研究中，我们可以将本研究从省级扩展到主要地级市，以更准确地探索社会信任的影响。本研究的另一个局限性与我们对企业社会责任绩效的衡量有关。我们用来衡量企业社会责任的变量是基于一家专业评级机构对企业社会责任表现的评级。任何一家专业评级机构的评级都可能不足以全面、准确地评估上市公司的社会责任表现，因为每家评级机构都采用不同于其他评级机构的评价体系。因此，在未来的研究中，我们可以采用多维测量企业社会责任的方法。

　　总体而言，企业履行社会责任的影响因素从正式制度研究向非正式制度研究过渡是一个可预见的趋势。本章的研究从社会信任这一非正式制度要素入手，成为这一转变的首次尝试。在未来，我们可以从文化传统或社会关系等非正式制度的角度进行更深入的研究。

第四章　企业诚信文化与企业履行社会责任的关系

本章研究的目的是考察企业的诚信文化导向是否会影响企业的社会责任履行表现。本研究采用2008—2016年中国5 149个公司年度观测数据和手工搜集的企业文化数据进行实证研究，发现企业诚信文化对企业社会责任绩效有显著的正向影响，这表明诚信导向的企业文化有助于企业主动履行社会责任。我们进一步分析发现，CEO与董事长两职合一的领导结构加强了企业诚信文化和企业履行社会责任的关系，而证券分析师关注则减弱了上述关系。本研究首次探讨了企业诚信文化对企业社会责任履行行为的影响，并验证了企业文化作为引导企业坚持履行社会责任的重要非正式制度的作用。实证结果也证实了企业文化对提升企业社会价值的作用。本研究有助于拓宽我们对企业履行社会责任影响因素的认识，并为解决企业履行社会责任问题提供一种可能的方案。

第一节　引言

现代商业社会决定了企业要比过去更加意识到履行社会责任的重要性。企业是基本的经济单位，并且在经济增长和社会发展中发挥着核心作用。因此，企业通过慈善捐赠、安全生产、促进就业、保护员工权益、提高产品质量、保护环境、节约资源等多种方式回馈社会，承担更多的社会责任是非常有意义和必要的。然而，要开展这些负责任的社会活动，必须要有企业管理层和员工的诚信意识以及诚信的企业文化的支持。

诚信作为企业文化的一个重要维度，对企业的意义不言而喻。以往的研究表明，诚信对企业的生存和发展至关重要（Koehn，2005；Erhard、Jensen、

2017；Jiang et al.，2019）。例如，诚信的企业文化可以帮助企业吸引投资（Denison、Mishra，1995），降低交易成本（Gosling、Huang，2009），提高经营效率（Hsu，2007），从而提高企业的盈利能力和绩效（Reichheld、Teal，1996；Simons，2002；Erhard、Jensen，2017）。因此，许多企业将"诚信"作为核心价值观的重要组成部分，通过反复宣传和倡导，将其灌输到企业的日常生产经营活动中，从而形成了自己的企业文化。Murphy（1998）认为"诚信"是企业价值观中经常提到的，它具有向外界传递信号的作用，传递有关企业行为模式和企业道德的相关信息。然而，在实践中，拥有诚信文化的公司真的能诚信行事吗？毕竟，任何公司都很容易虚张声势地宣称自己拥有诚信文化，目的是管理自己的公众形象和获得文化的广告效果（Jiang et al.，2019；Guiso et al.，2015）。企业可能只是嘴上说说诚信文化，不一定会付诸行动。因此，将诚信作为企业价值观并不意味着诚信的实质性行为。这是一个重要的学术问题，需要加以实证检验。然而，到目前为止，还没有实证研究来解决这一问题。企业的诚信经营行为对顾客、供应商、员工等利益相关者都是有益的，企业的社会责任履行行为在很大程度上可以反映企业的诚信文化是否得到有效实施。因此，企业的社会责任履行表现为我们研究企业诚信文化与企业行为之间的关系提供了一个理想的视角。为此，本研究试图从组织文化的功能视角探讨企业诚信文化是否影响企业履行社会责任，进而丰富企业文化对企业行为影响的实证研究。

企业文化是一套规范和价值观，在整个组织中被广泛分享和强烈持有（O'Reilly、Chatman，1996）。这些规范和价值观构成了公司内部人员与公司之外的利益相关者互动的方式（Schein，1985）。企业文化是企业的黏合剂，可以将企业成员联系在一起，塑造他们的态度和行为，从而影响企业的各种行为，如承担企业社会责任行为（Kucharska、Kowalczyk，2019）。现有研究表明，企业的道德承诺在激励企业履行社会责任、实现价值创造方面发挥着重要作用（Wood，1995）。企业履行社会责任作为企业与企业内外利益相关者（员工、股东、债权人、供应商、客户、政府、社区等）关系管理的重要活动，必然会受到企业文化特征的影响（Brickson，2007）。在各种企业价值观中，诚信是最重要的也是经常被提及的企业文化元素（Guiso et al.，2015）。诚信的企业文化为利益相关者提供了对企业承担社会责任的稳定和积极的期望。对于企业来说，诚信更强调在保障公众合法利益的前提下履行企业社会责任。没有诚信的支持，企业很可能会不择手段地获取更多的利润，忽视社会对其履行社会责任的期望和自身对履行社会责任的承诺。反之，在具有诚信文化的企业中，管理者往往会将诚信价值观灌输到企业内部，并将其内化到企业本能中，从而发挥诚信文化对企业行为的引导和约束作用。基于以上考虑，本研究实证考察了具有诚信文化的企业在履行企业社会责任方面的表现是否优于行业内其他企业。

本研究选取我国上市公司作为研究样本。我国是最大的新兴和转型经济体，目前仍处于从计划经济向市场经济过渡的阶段。我国法律法规等正式制度尚不完善，执法机制还存在不严谨的问题。近年来，我国企业频频发生食品安全、产品质量、环境污染等事故，如"毒奶粉事件""假疫苗事件""紫金矿业污染事件"等，这些都是企业忽视社会责任的表现。这一系列忽视基本社会责任的事件充分表明，仅仅依靠正式制度来督促企业履行社会责任的效果可能非常有限。尤其是像我国这样的发展中国家，法律法规等正式制度的制定和实施与社会经济发展需要不相匹配，现有的法律法规还存在着违法成本较低的问题，使得正式制度在规制企业行为时经常遭遇"无法可依、执法不严"的问题（Ang et al.，2015；Allen et al.，2005；黎友焕、刘延平，2010）。因此，正式制度并不能有效地约束企业履行社会责任。另外，在外力推动下，企业被迫履行社会责任，使得企业成为被动的响应者，甚至可能被企业当成包袱（靳小翠，2017）。而从"他律"走向"自律"，实现由"外在强制"发展到"自愿承担"，应该是企业履行社会责任的一种最理想状态（章美辉、赵玲玲，2010）。正式制度更强调外部的监督和约束，而非正式制度（主要体现在文化上）强调内部的自律和意识（Scott，2008）。要让企业自觉主动地承担社会责任，必须发挥企业文化的作用（李卫斌，2012）。鉴于正式制度难以遏制不负责任的企业行为，我们应该将注意力转向企业文化等非正式制度，让企业主动承担社会责任。在正式制度较缺乏的国家和地区，非正式制度对市场参与者的各种行为的影响往往更为显著（Williamson，2000；North，2008；Ang et al.，2015）。因此，学者们呼吁要更多地关注非正式制度（如文化和社会规范）对转型经济体中企业行为的影响（Grief，1994；North，2005）。基于以上考虑，中国上市公司为我们探索企业文化这一代表企业价值观的非正式制度对企业行为的影响提供了良好的样本。

本研究以2008—2016年5 149家上市公司为样本，试图研究诚信导向的企业文化对企业履行社会责任的影响。实证结果表明，拥有诚信文化的企业的社会责任履行表现优于其他企业，这说明企业的诚信文化对其履行社会责任行为有着积极影响。这一发现表明，诚信的企业文化塑造了组织成员对社会责任的正确态度，从而推动了企业履行社会责任行为。诚信的企业文化鼓励企业以更负责任的方式行事。在进行了一系列稳健性测试后，这一结果仍然成立。在此基础上，本研究进一步考察了 CEO 与董事长两职合一和证券分析师的关注对企业诚信文化与企业履行社会责任关系的调节作用。研究结果表明，在 CEO 与董事长两职合一或证券分析师关注较少的企业中，诚信导向的企业文化对企业履行社会责任的促进作用更大。

本研究做出了以下贡献：首先，我们的研究丰富了关于企业文化对企业行为影响的文献。现有关于企业文化的研究主要集中在企业文化对企业绩效的影响方面（Denison，1990；Gordon、DiTo-maso，1992；Burt et al.，1994；Denison、Mishra，1995；Reichheld、Teal，1996；Sørensen，2002；Erhard、Jensen，2017），但很少关注企业文化与企业行为之间的关系。因此，用企业文化来解释企业的决策和行为是一个新兴的研究领域。本研究从新的视角实证考察了企业诚信文化对企业履行社会责任行为的影响，为企业文化和企业行为的研究提供了有价值的实证证据。其次，本研究也为企业履行社会责任影响因素的相关研究提供了一个新的方向。现有文献从多个方面探讨了企业履行社会责任的影响因素，如法律制度（Ioannou、Serafeim，2012；Williams、Aguilera，2008）、国家文化体系（Matten、Moon，2008；García-Sánchez et al.，2016）、媒体监督（Reverte，2009；Gainet，2010；徐莉萍 等，2011；张建君，2013）、证券分析师关注（Adhikari，2016）、企业工会制度（Sacconi，2006）、独立董事制度和董事特征（Katmon et al.，2017；García-Sánchez、Martínez-Ferrero，2017；Seto-Pamies，2015；McGuinness et al.，2017；Pucheta-Martínez、López-Zamora，2018）。然而，以往的研究大多强调社会或企业的正式制度以及社会文化制度对企业社会责任的影响，而目前所知的研究中并没有探讨过企业文化对企业履行社会责任行为的影响。本书从植根于组织内部的一种重要的非正式制度——企业文化的视角来研究企业履行社会责任行为，从而丰富了企业社会责任领域的文献。再次，本研究的理论贡献在于指出新制度理论缺乏内在视角的局限性。现有研究忽视了企业社会责任行为的内部制度驱动因素。本研究揭示了企业诚信文化等内部制度机制如何影响企业履行社会责任实践，从而可能对新制度理论做出贡献。基于此，我们呼吁研究者们要更加重视企业履行社会责任行为的内部制度因素。再其次，通过考察 CEO 与董事长两职合一的内部领导结构和证券分析师关注这一外部环境对企业诚信文化与企业履行社会责任关系的调节作用，进一步考察诚信导向的企业文化在何种情况下对企业履行社会责任的激励作用更大或更小。最后，我们的研究结论具有重要的政策意义，即要提高企业履行社会责任的水平，新兴市场的监管者不仅要重视正式制度的建设，更要重视包括企业文化在内的非正式制度环境的培育。

第二节　理论基础

新制度理论为本章研究奠定了理论基础。新制度理论认为，制度环境可以影响企业行为，其影响甚至大于市场力量。North（1990）认为制度包括正式制度、非正式制度及其实施机制。他还认为，在人们行为选择的约束中，正式制度只约束总体的一小部分，而人们行为选择的大部分空间取决于非正式制度（North，1990）。正式制度是指一系列的政策、法律、法规，需要国家机关和权威部门的强制力来实施。非正式制度主要包括一个群体所共有的文化传统、价值观、意识形态、习俗、伦理和宗教信仰。非正式制度并不依赖于监管机构的监督，而是依赖于人们的自觉和自愿遵守以及道德约束力。制度理论关注的是制度如何促进和约束个人和组织行为（Campbell，2007）。同时，制度理论为定义和解释组织环境的制度化过程及其对组织采取同质行为的影响提供了宝贵的见解（Yin，2017）。新制度主义的一个重要贡献是使组织与文化之间的分离状态消失而实现融合，并将文化理解为组织所持有的共同价值观和态度（DiMaggio、Powell，1991）。文化为行为提供了参照框架，并指导组织成员的行为（O'Reilly、Chatman，1996）。

越来越多的文献揭示了正式制度和非正式制度对企业履行社会责任行为产生影响的机制和过程（Campbell，2007；Matten、Moon，2008）。然而，以往的文献主要关注正式制度对企业履行社会责任行为的影响，而较少关注非正式制度的作用（Su，2019）。一篇关于企业社会责任的综述文章指出，非正式制度在影响企业社会责任行为方面发挥着关键作用，特别是在发展中国家（Jamali et al.，2017）。就中国的制度背景而言，由于长期受儒家传统文化的影响，中国一直是一个强调非正式制度的国家，也是一个法律制度制定和实施不足的新兴市场国家。在这种情况下，非正式制度可能会占据更重要的位置，对企业行为的影响也会更加突出（陈冬华 等，2013；Du et al.，2016）。在对企业履行社会责任的文化驱动因素的研究中，学者们主要关注了企业外部社会文化环境的影响，而很少关注组织内部的文化环境（Waldman、Siegel，2008）。这一研究局限受到了批评，因为它过分简化了对公司行为同质性的假设（Crilly et al.，2012）。事实上，在相同的外部环境下，组织间行为会表现出很大的差异，如企业履行社会责任的行为（Athanasopoulou、Selsky，2015；Yin，2017）。这种差异可能来自企业内部的制度动因，它既影响企业履行社会责任的承诺，也影响企业履行社会责任的行动。现有文献也发现，在中国等新兴经济体，企业内部的制度机制似乎能更好地解释和预测企业履行社会责任的表现（Yin，2017）。因此，应更多关注内部制度力量在塑造企业社会责任绩效中的作用（Yin，2017；Crilly et al.，2012；Angus-Leppan et al.，2010）。我们运用制度理论探讨了企业诚信文化对企业履行社会责任的影响。

第三节 文献回顾与研究假设

文化作为一种非正式的制度，对人们的思想、行为和各种经济活动有着广泛而深刻的影响。企业文化是在企业组织中普遍存在的一种社会控制系统，是对正式控制系统如公司治理机制、标准操作程序、绩效考核、考勤系统等功能的重要补充（O'Reilly、Chatman，1996；Jiang et al.，2019）。这种在组织内部运作的社会控制系统在现代企业中往往比传统的正式控制系统发挥着更根本、更广泛和更强大的作用（Kreps，1990）。企业文化作为企业内部的社会控制体系，建立在共同的价值观和规范的基础上，这些价值观和规范设定了对企业成员适当态度和行为的期望，从而为成员提供可遵循的价值观和行为准则（O'Reilly，1989）。企业文化是企业内人们普遍接受的价值观和行为准则的集合，通常体现在企业的核心经营理念、企业价值观和企业精神中。它往往植根于企业各级成员的思想和行动中，具有指导和约束组织中个人行为的功能（O'Reilly、Chatman，1996）。

企业文化有许多方面，其中最经常被提到和最重要的是诚信文化（Kreps，1990；Guiso et al.，2015）。诚信文化是法律、经济等正式制度之外的一种非正式制度，它通过诚信文化所包含的信任、社会规范、高尚的道德标准等因素对企业管理者和员工的行为产生潜移默化的影响（Putman，1993；Schein，1985）。因此，诚信的企业文化可以指导企业成员的态度和行为。大量研究表明，强大的企业文化可以引导组织成员按照企业文化的要求进行决策和经营活动（Kotter、Heskitt，1992；Hodgson，1996；Farh et al.，2007）。因此，企业文化中的诚信价值观能够内在地影响和引导管理者的行为，并内化到管理者的价值观体系中。具体地说，在那些注重诚信价值观的公司中，高管通常在生产经营活动中遵守诚实和诚信的原则，如坚持合规和诚信经营，确保产品质量和信息披露的质量，关爱公司员工和更大的社区，并最终维护和提高整个社区的福祉。这些做法使企业与各利益相关者保持健康和谐的关系，反映了企业履行社会责任的结果。以前的研究发现，在具有诚信导向文化的公司中，管理者通常具有长期愿景，并与利益相关者保持和谐共存的关系（Koehn，2005）。此外，实行诚信文化的公司高管通常对自己的行为有较高的道德要求，他们会认为这是对他人或社会承担责任的高道德标准的标志，这促使公司在商业交易中更多地考虑利益相关者的利益。因此，他们会有意识地抵制那些不符合他们道德标准的行为，如忽视员工安全、销售假冒伪劣产品、披露虚假信息、污染环境等。Guiso et al.（2015）指出，诚信导向的企业文化有助于缓解企业内部和外部的道德风险问题。因此，如果有牢固的企业诚信文化来确保这种行为，则企业更有可能以对社会负责的方式行事。

诚信文化还能产生约束功能，主要体现为在一个共享的价值体系下，企业内部形成一种互相监督的氛围，从而对公司行为产生一种无形的约束力量（O'Reilly、Chatman，1996；O'Reilly，1989）。根据社会规范理论，每个社会群体都有其信奉的价值观和所有成员应遵循的公认的行为规范。如果我们与组织成员共享一套价值观和行为规范，那么无论何时我们在他们面前，都处于他们的监督之下（Guiso et al.，2015）。违反这些共同价值观和规范的个人会受到群体的排斥，甚至会被清除出该群体（Elster，1989）。企业诚信文化作为一种内在的价值观和规范，为组织内部的社会控制奠定了基础，指明了方向。诚信为本的企业文化传递出企业愿意尊重他人利益、承担社会责任的信号（姜付秀 等，2015；Jiang et al.，2019）。因此，企业管理者一旦做出不负责任的决策和违反诚信的行为，就会受到其他成员的排斥和制裁。此外，以诚信为导向的公司更容易受到公众、同行和其他合作伙伴的关注和监督（Guiso et al.，2015）。这些外部利益相关者对以诚信为导向的公司的适当行为寄予了很高的期望。一个组织很难违背社会的期望行事，否则会受到利益相关者的抵制和舆论的谴责（Chen、Wan，2020），从而失去其诚信的声誉。因此，为了满足内外部利益相关者的期望，企业将按照诚信原则行事，从而促进企业对社会责任的履行。根据以上讨论，我们预期，与没有诚信文化的企业相比，拥有诚信文化的企业更有可能积极承担社会责任。这就引出了本章的研究假设：

H1：在其他条件相同的情况下，拥有诚信文化的企业往往在履行社会责任方面表现得更好。

第四节　研究设计

一、样本选取和数据来源

最初的样本包括 2008—2016 年的所有 A 股上市公司。在借鉴现有研究的基础上，我们对初始样本进行了如下筛选和处理：①剔除监管环境不同的金融和保险类公司；②剔除缺失 CSR 变量和其他控制变量的观测值。经过以上的样本筛选程序，我们最终得到的样本量为 5 149 个。我们在 1% 和 99% 的水平上对所有连续变量进行了缩尾处理，以减轻极端值的影响。企业文化数据通过四个渠道手工搜集：企业官方网站、企业年报、企业内部控制自我评价报告、企业社会责任报告。CSR 数据来自独立的 CSR 评级机构——润灵环球责任评级数据库（RKS 数据库）。其他数据来自 CSMAR 数据库，该数据库被学者们广泛用于研究中国上市公司问题。

二、企业诚信文化的度量

根据《现代汉语词典》，"诚信"的基本释意为诚实守信。诚实指内心与言行一致，真诚不欺；守信则意味着要遵守自己的诺言，凡是自己承诺的便一定要兑现。现代诚信在传统诚信理念的基础上吸纳了公平、正义、道德、信用、责任等现代市场经济条件中的文化因素。因此，我们通过查阅《新华字典》和《现代汉语词典》，确定与诚信相关的词。具体来说，与诚信相关的字包括："德"，引申为人们共同生活及行为的准则和规范，品行，品质；"真"，指与客观事实相符合，与"假""伪"相对；"实"，释意为符合客观情况，真诚，实话，实际（真实情况），等等。与诚信相关的词包括："诚实"，解释为内心与言行一致，不虚假；"诚信"，解释为真诚，诚实之心；"真实"，指与客观事实相符，不假；"信誉"，指信用和名誉；"信任"，指相信而敢于托付，等等。由于本研究中的"诚信"文化更侧重于真实客观，言行一致，因此，我们把以上包含这一基本含义的词都纳入本研究的"诚信"范畴之中，最后选取了以"诚信、诚实、真实、真诚、虔诚、道德、信誉、信任、信用"为主的词。若企业文化中含有其中的任何一个词，我们即认为该企业存在诚信文化。我们采用 Integrity 作为企业诚信文化的虚拟变量，如果企业在样本年度存在诚信导向的企业文化，则 Integrity 取值为 1，否则取 0。

对于企业诚信文化数据的获取，本研究运用文本分析法，从企业文化传播的主要渠道入手，通过手工搜集企业文化的相关信息，最终识别出那些具有"诚信"文化导向的企业。具体步骤如下：

首先，确定与"诚信"相关的外延词。通过手工搜集上述所涉及的与"诚信"相关的词，无论检索到"诚信、诚实、真实、真诚、虔诚、道德、信誉、信任、信用"其中任何一个词，我们都认为该企业存在诚信导向的文化。

其次，确定"诚信"的检索范围。企业文化往往通过企业官网、企业年报、企业内部控制自我评价报告、企业社会责任报告等传播。因此，我们从这四个渠道开始检索有关企业文化的相关信息。然后我们使用关键词搜索的方法来确定一个公司是否具有诚信文化。只要我们能从以上渠道获得关于诚信的企业文化信息，我们就认为该企业拥有诚信文化。值得说明的是，本研究所涉及的诚信是指在企业文化的价值体系中被特别强调的、主要存在于企业明确宣称的价值观、企业精神、经营理念等模块之中（比如：诚信、创新、团结、合作）。对于那些出于法律或情景约束而被动陈述的诚信，比如仅仅在公司章程中做出一般性陈述："本公司坚持合法经营，诚实守信，尊重合作者的利益"，这类情景涉及诚信不属于我们关注的范围，因此本研究不予考虑。

三、企业履行社会责任的度量

参考既有文献（Marquis、Qian，2014；Lau et al.，2016；McGuinness et al.，2017；Huang et al.，2017；Pan et al.，2018），本研究利用独立的专业社会责任评级机构 RKS 数据库对上市公司社会责任报告的评级结果来衡量企业的社会责任履行表现。该评级结果反映了企业对社会责任的履行和披露情况。整个评价体系根据宏观、内容、技术、行业四个维度的指标对企业社会责任绩效进行打分评价，然后对四个维度指标的得分分别赋予不同的权重，计算出企业社会责任履行总得分。企业社会责任评分综合反映了企业在某一年度内的社会责任履行表现。得分越高，企业的社会责任履行表现越好。

四、模型设定

本章采用多元回归模型（4.1）检验假设 H1，并估计企业诚信文化对企业社会责任绩效的影响。我们主要关注模型（4.1）中 β_1 的符号，如果 β_1 的符号为正，则回归结果将支持假设 H1。

$$CSR = \beta_0 + \beta_1 Integrity + \beta_2 Size + \beta_3 ROA + \beta_4 MB + \beta_5 Lev + \beta_6 Age + \beta_7 Coverage +$$
$$\beta_8 Indep + \beta_9 Duality + \beta_{10} SOE + \beta_{11} Inst + Industry + Year + \varepsilon \qquad (4.1)$$

在上述模型（4.1）中，因变量 *CSR* 代表企业整体的社会责任水平，主要解释变量 *Integrity* 代表企业是否具有诚信文化。根据现有文献（Harjoto et al., 2015；Yasser et al., 2017；Su, 2019；Chen、Wan, 2020；García-Sánchez et al., 2019），我们的模型还包含可能影响企业履行社会责任的必要控制变量。具体地说，这些控制变量包括公司规模（*Size*）、企业财务业绩（*ROA*）、公司的成长性（*MB*）、企业财务杠杆（*Lev*）、公司年龄（*Age*）、证券分析师关注（*Coverage*）、独立董事在董事会中所占的比例（*Indep*）、董事长和 CEO 两职合一（*Duality*）、企业所有权性质（*SOE*）和机构投资者持股比例（*Inst*）。同时，回归模型还包括行业和年度控制变量。变量的详细定义和测度方法如表 4-1 所示。

表 4-1 变量定义

变量名称	变量符号	变量测度
诚信文化	*Integrity*	如果企业有诚信文化则为 1，否则为 0
企业社会责任	*CSR*	润灵环球（RKS）对上市公司社会责任报告的评价得分
公司规模	*Size*	期末公司总资产的自然对数
公司成长性	*MB*	公司市值与账面价值之比，用公司市值与账面价值之比来衡量，MB 的值越大，则公司成长性越好
资产负债率	*Lev*	公司总负债除以总资产的比率
总资产收益率	*ROA*	公司净利润除以总资产的比率
公司年龄	*Age*	公司成立的年限
证券分析师关注	*Coverage*	用证券分析师关注数量来衡量，采用关注该公司的证券分析师人数加 1 的自然对数来计算
企业所有权性质	*SOE*	用实际控制人划分公司所有权性质，国有控股则为 1，否则为 0
两职合一	*Duality*	若公司董事长和总经理为同一人则取值为 1，否则为 0
独立董事占比	*Indep*	公司独立董事在董事会人数中所占的比例
机构投资者持股比例	*Inst*	机构投资者持股所占的比例
行业控制变量	*Industry*	采用证监会 2012 年行业分类标准，制造业按二级代码分类，属于该行业时取值为 1，否则取 0
年度控制变量	*Year*	属于该年度时取值为 1，否则为 0

第五节　实证结果与分析

一、描述性统计

本章所涉及主要变量的描述性统计结果如表4-2所示。其中Panel A为全样本的描述性统计，进一步地，我们根据是否有"诚信"文化对样本进行了区分，以初步观察"诚信"企业与非"诚信"企业的特征差异，结果如表4-2中Panel B所示。

表4-2　主要变量描述性统计结果

Panel A：全样本

变量名称	均值	标准误	5%分位	25%分位	中位数	75%分位	95%分位
CSR	3.618	0.312	3.139	3.406	3.588	3.815	4.205
Integrity	0.326	0.469	0.000	0.000	0.000	1.000	1.000
Size	23.013	1.714	20.768	21.811	22.765	23.879	26.253
ROA	0.047	0.053	−0.017	0.015	0.037	0.071	0.142
MB	3.086	2.286	0.887	1.559	2.427	3.765	7.811
Lev	0.515	0.210	0.148	0.362	0.527	0.671	0.844
Age	2.739	0.354	2.079	2.565	2.773	2.996	3.258
Coverage	2.111	1.066	0.000	1.386	2.303	2.944	3.555
Indep	0.373	0.055	0.333	0.333	0.357	0.400	0.500
Duality	0.148	0.355	0.000	0.000	0.000	0.000	1.000
SOE	0.636	0.481	0.000	0.000	1.000	1.000	1.000
Inst	0.086	0.125	0.000	0.018	0.047	0.093	0.362

Panel B：区分是否诚信

变量名称	诚信企业			非诚信企业			区别	
	样本量	均值	标准误	样本量	均值	标准误	均值	t 值
CSR	1 676	3.659	0.302	3 473	3.599	0.315	0.060	6.573***
Size	1 676	23.273	1.765	3 473	22.888	1.675	0.385	7.464***
ROA	1 676	0.047	0.054	3 473	0.047	0.053	0.000	−0.023
MB	1 676	2.870	2.108	3 473	3.191	2.360	−0.321	−4.913***

表4-2(续)

变量名称	诚信企业			非诚信企业			区别	
	样本量	均值	标准误	样本量	均值	标准误	均值	t 值
Lev	1 676	0.536	0.208	3 473	0.506	0.210	0.030	4.866***
Age	1 676	2.744	0.363	3 473	2.736	0.350	0.007	0.662
Coverage	1 676	2.243	1.019	3 473	2.047	1.082	0.196	6.35***
Indep	1 676	0.374	0.057	3 473	0.372	0.054	0.002	1.346
Duality	1 676	0.149	0.356	3 473	0.148	0.355	0.001	0.054
SOE	1 676	0.645	0.479	3 473	0.632	0.482	0.013	0.886
Inst	1 676	0.086	0.125	3 473	0.085	0.125	0.000	0.077

注：*、**、*** 分别表示在10%、5%和1%的统计水平上显著。

根据表 4-2 的 Panel A 所示，*CSR* 的均值和中位数的值分别是 3.618 和 3.588，而 5%分位和 95%分位的水平的 *CSR* 值分别是 3.139 和 4.205，这意味着总体而言我国上市公司的企业社会责任履行表现不够好，且公司间的差异较大。对于自变量 *Integrity*，其均值为 0.326，表明仅 32.6%的样本公司拥有诚信文化。此外，证券分析师关注（*Coverage*）的均值为 2.111，标准误为 1.066，说明样本公司中证券分析师关注的数量也有较大差异。两职合一（*Duality*）的均值为 0.148，这表明在大约 15%的样本公司中，CEO 同时担任董事长。

进一步地，我们根据企业是否具有诚信文化对全样本进行划分，以初步观察诚信企业与非诚信企业在变量特征上的差异。单变量均值检验结果如表 4-2 的 Panel B 所示。从 Panel B 可以看出，诚信企业与非诚信企业的社会责任履行得分存在显著的统计差异，初步证实了具有诚信文化的企业相对于没有诚信文化的企业而言，其社会责任履行表现相对较好。此外，在其他企业特征方面，这两个子样本之间也有着明显差异，如公司规模、公司成长性、资产负债率和证券分析师关注度，这表明在我们的模型中控制这些变量是必要的。

二、相关性分析

表 4-3 报告了各变量之间的 Pearson 相关系数。表 4-3 的结果显示，企业诚信文化（*Integrity*）和企业社会责任（*CSR*）的相关系数在 1%的水平下显著正相关，初步证明企业诚信文化与企业履行社会责任之间具有正相关关系，这与假设 H1 一致。所有的自变量之间的相关系数都低于 0.581，表明回归模型不存在严重的多重共线性问题。以上只是单变量之间的相关性分析结果，进一步较为严谨的经验证据还有待下文的多元回归分析来揭示。

表4-3 Pearson 相关系数

变量名称	CSR	Integrity	Size	ROA	MB	Lev	Age	Coverage	Indep	Duality	SOE	Inst
CSR	1											
Integrity	0.09***	1										
Size	0.53***	0.105***	1									
ROA	-0.052***	0	-0.186***	1								
MB	-0.154***	-0.066***	-0.424***	0.263***	1							
Lev	0.199***	0.068***	0.581***	-0.453***	-0.207***	1						
Age	0.126***	0.009	0.071***	-0.085***	-0.017	0.101***	1					
Coverage	0.236***	0.086***	0.383***	0.392***	0.005	0.032**	-0.139***	1				
Indep	0.031**	0.019	0.066***	-0.01	0.033**	0.016	-0.127***	0.02	1			
Duality	-0.047***	0.001	-0.14***	0.099***	0.133***	-0.127***	0.009	0.02	0.09***	1		
SOE	0.114***	0.012	0.258***	-0.18***	-0.201***	0.192***	-0.05***	-0.047***	-0.023	-0.258***	1	
Inst	0.07***	0.001	0.108***	0.077***	0.006	0.057***	0.008	0.172***	-0.052***	0.006	0.08***	1

注：*、**、*** 分别表示在10%、5%和1%的统计水平上显著。

三、多元回归分析

表 4-4 展示了企业诚信文化对企业履行社会责任的影响的多元回归结果。在第（1）列中，不控制公司治理变量的情况下，我们观察到企业诚信文化变量（*Integrity*）的回归系数显著为正（0.021，t=2.925）。这一正向关系与我们对 H1 的预期一致，这意味着诚信导向的企业文化带来了较好的企业社会责任履行表现。鉴于现有文献发现公司治理因素对企业履行社会责任的影响，我们选择了具有代表性的公司治理变量作为控制变量，包括证券分析师关注（*Coverage*）、独立董事在董事会中的比例（*Indep*）、两职合一（*Duality*）、企业所有权性质（*SOE*）和机构投资者持股比例（*Inst*）。表 4-4 第（2）列为控制这些公司治理变量后的回归结果，同样地，诚信文化变量（*Integrity*）也有着显著为正的回归系数（0.019，t=2.588）。企业诚信文化与企业履行社会责任之间的这种正相关关系充分表明具有诚信文化的企业确实比其他企业在履行社会责任方面表现得更好。因此，诚信文化在促进企业履行社会责任方面起着至关重要的作用。这是因为，企业诚信文化可以引导企业遵守诚信经营、公平交易等商业道德，并考虑各利益相关者的需求和利益，从而促进企业积极履行社会责任。因此，假设 H1 得到了实证支持。

表 4-4　企业诚信文化和企业履行社会责任的回归结果

变量	（1）	（2）
Integrity	0.021 ***	0.019 ***
	(2.925)	(2.588)
Size	0.102 ***	0.092 ***
	(31.313)	(24.682)
ROA	0.049	−0.119
	(0.615)	(−1.387)
MB	0.008 ***	0.007 ***
	(3.915)	(3.387)
Lev	−0.114 ***	−0.107 ***
	(−4.574)	(−4.262)
Age	−0.009	−0.008
	(−0.773)	(−0.746)
Coverage		0.025 ***
		(5.646)

表4-4(续)

变量	(1)	(2)
Indep		−0.081
		(−1.271)
Duality		−0.010
		(−1.032)
SOE		0.019**
		(2.305)
Inst		0.020
		(0.709)
常数项	1.016***	1.211***
	(12.493)	(13.776)
Year	Control	Control
Industry	Control	Control
Observations	5 149	5 149
ADJ-R^2	41.7%	42.1%
F-value	63.408***	59.485***

注：括号里的数字为 t 统计量值，*、**、*** 分别表示在 10%、5% 和 1% 的统计水平上显著。

另外，模型（4.1）中控制变量的回归结果也基本符合我们的预期。企业规模（*Size*）越大，企业社会责任履行表现越好，这与 McGuinness et al.（2017）和 Yang et al.（2017）的研究结果一致。市值账面比率（*MB*）越高，说明公司的成长性越好，越注重履行社会责任，这与 Liao et al.（2018）的观点一致。资产负债率（*Lev*）的回归系数显著为负，这意味着财务状况较差的公司往往不太关心自己的社会责任，这与 McGuinness et al.（2017）的研究结果一致。证券分析师关注（*Coverage*）的回归系数显著为正，说明证券分析师关注越多的公司其社会责任履行表现越好。企业所有权性质（SOE）的回归系数为正且显著，说明国有企业比非国有企业更好地履行了社会责任，这与 Su（2019）的研究结果一致。其他控制变量的影响在统计学上不显著。

四、稳健性检验

（一）控制地区执法水平和社会信任的效应

此外，我们还控制了各省份的执法水平和社会信任水平的影响，这两者都可能影响当地企业的履行社会责任行为。首先，已有研究发现，一个地区的执法水平对当地企业履行社会责任的行为有显著影响（Matten、Moon，2008；Du et al.，2016）。此外，中国各省份的执法水平也存在较大差异（Wang et al.，2008；Du et al.，2016）。在借鉴已有研究（Du et al.，2016）的基础上，我们还采用樊纲和王小鲁（2011）研究中的法律环境指数来衡量区域执法水平。表4-5的第（1）列显示了控制执法水平后的回归结果，企业诚信文化（Integrity）与企业社会责任（CSR）之间的正相关关系仍然显著。

表4-5 控制地区执法水平和社会信任的效应

变量	执法水平 （1）	社会信任 （2）	回归结果 （3）
Integrity	0.020***	0.019***	0.018**
	(2.704)	(2.605)	(2.539)
Size	0.089***	0.085***	0.084***
	(23.408)	(22.137)	(22.078)
ROA	−0.134	−0.128	−0.122
	(−1.577)	(−1.510)	(−1.433)
MB	0.006***	0.006***	0.006***
	(3.124)	(2.912)	(2.920)
Lev	−0.092***	−0.079***	−0.079***
	(−3.664)	(−3.124)	(−3.123)
Age	−0.008	−0.014	−0.015
	(−0.738)	(−1.227)	(−1.376)
Coverage	0.026***	0.025***	0.024***
	(5.847)	(5.642)	(5.506)
Indep	−0.063	−0.066	−0.072
	(−0.987)	(−1.041)	(−1.136)
Duality	−0.014	−0.015	−0.014
	(−1.373)	(−1.504)	(−1.446)
SOE	0.020**	0.020**	0.019**
	(2.423)	(2.407)	(2.367)
Inst	0.013	0.003	0.002
	(0.445)	(0.090)	(0.055)
Law	0.005***		−0.003*
	(5.170)		(−1.855)

表4-5(续)

变量	执法水平 (1)	社会信任 (2)	回归结果 (3)
SocialTrust		0.026 ***	0.034 ***
		(7.912)	(6.256)
常数项	1.263 ***	1.287 ***	1.279 ***
	(14.308)	(14.632)	(14.537)
Year	Control	Control	Control
Industry	Control	Control	Control
Observations	5 149	5 149	5 149
ADJ-R^2	42.39%	42.79%	42.82%
F-value	59.278 ***	60.243 ***	59.411 ***

注：括号里的数字为 t 统计量值，*、**、*** 分别表示在 10%、5% 和 1% 的统计水平上显著。

其次，以往的研究发现，一个地区的社会信任水平会影响当地企业的社会责任行为（Chen、Wan，2020），因此，我们也控制了社会信任水平的影响。参考张维迎和柯荣柱（2002）对中国各省份社会信任水平的调查数据，我们在回归模型（4.1）中添加了社会信任变量，回归结果如第（2）列所示。从中我们可以看到，我们的上述研究发现的企业诚信文化和企业社会责任履行之间的正向关系依然显著存在。表中第（3）列为控制执法水平和社会信任水平后的回归结果，结果表明诚信文化对企业履行社会责任的促进作用仍然显著。总体而言，企业所在地的执法水平和社会信任水平并不影响我们关于企业诚信文化对企业履行社会责任有积极影响的结论。

（二）改变企业履行社会责任的度量方法

我们使用 CSR_KLD 作为 CSR 的替代变量。CSR_KLD 数据来源于中国企业社会责任数据库（CCSR 数据库）。CCSR 数据库旨在为科研人员提供中国上市公司的社会责任履行数据。该数据库的设计主要基于 KLDSTATS 模式，并根据整合中国企业的社会责任履行情况进行了微调。该数据库从"慈善事业""志愿者活动和社会争议""公司治理""多样性""员工关系""环境""产品"六个方面，从"优势"和"关注点"的角度，对企业社会责任履行情况设计了58 个细分指标。社会责任履行情况的细分指标多为虚拟变量，能直观地表达社会责任不同维度的特征。例如，Kong et al.（2019）利用"环境"指标来评价中国上市公司的环境保护绩效，以考察企业战略与环境保护之间的关系。

表 4-6 报告了采用 CSR 替代变量（CSR_KLD）的回归结果。由结果可知，

诚信文化变量 *Integrity* 的系数为 0.040（t=4.351），与 *CSR_KLD* 显著正相关，这与表4-4的主要结果一致。

表 4-6　改变 CSR 度量方法的回归结果

变量	CSR_KLD
Integrity	0.040 ***
	（4.351）
Size	0.089 ***
	（18.764）
ROA	0.059
	（0.540）
MB	−0.003
	（−1.330）
Lev	−0.088 ***
	（−2.750）
Age	−0.014
	（−0.999）
Coverage	0.021 ***
	（3.696）
Indep	−0.240 ***
	（−2.955）
Duality	−0.001
	（−0.098）
SOE	−0.017
	（−1.597）
Inst	0.056
	（1.563）
常数项	0.563 ***
	（5.030）
Year	Control
Industry	Control
Observations	5 091
ADJ- R^2	22.57%
F−value	24.552 ***

注：括号里的数字为 t 统计量值，*、**、*** 分别表示在10%、5%和1%的统计水平上显著。

五、解决内生性问题

（一）工具变量法

诚信文化与企业履行社会责任之间的关系可能会受到潜在的内生问题的干扰。上述研究可能遗漏了同时影响诚信文化和企业履行社会责任的变量，还可能存在诚信文化和企业履行社会责任之间的反向因果关系。此外，主要解释变量企业诚信文化还可能是内生的。因此，为了缓解潜在的内生性担忧，我们采用行业—年度企业诚信文化的平均值（Integrity_Industry）和省份—年度企业诚信文化的平均值（Integrity_Province）作为企业诚信文化的工具变量，并进行两阶段最小二乘回归。选用这两个工具变量的原因主要在于，一方面，在一个多数企业秉持诚信文化的行业中经营的公司更有可能发展诚信文化，因为它们会认为诚信文化对建立商业竞争力至关重要；另一方面，如果公司所在地区的大多数企业都信奉诚信文化，那么这些公司也更有可能形成诚信文化，因为它们可能将诚信视为当地的社会规范，不遵守诚信可能会损害企业声誉。这两个工具变量可能都会影响某一企业的诚信文化发展，但它们很难影响该企业的社会责任履行行为。因此，选取行业—年度企业诚信文化的平均值和省份—年度企业诚信文化的平均值作为单个企业诚信文化的工具变量是合适的。

两阶段最小二乘法（2SLS）的回归结果如表4-7所示。表中第一列显示了第一阶段的回归结果，工具变量 Integrity_Industry 和 Integrity_Province 与企业诚信文化（Integrity）显著正相关。第二列展示了第二阶段的回归结果，Integrity 在1%的水平上显著为正，表明在控制了潜在的内生性问题后，企业诚信文化与企业履行社会责任之间的关系仍然存在，这证实了我们的假设。

表4-7　两阶段最小二乘法回归结果

变量	第一阶段	第二阶段
Integrity		0.125***
		(3.195)
Integrity_Industry	0.928***	
	(5.901)	
Integrity_Province	0.972***	
	(16.296)	
Size	−0.002	0.089***
	(−0.337)	(17.742)

表4-7(续)

变量	第一阶段	第二阶段
ROA	0.279	0.041
	(1.640)	(0.352)
MB	−0.009**	−0.001
	(−2.184)	(−0.303)
Lev	0.163***	−0.096***
	(3.266)	(−2.801)
Age	0.042*	−0.015
	(1.891)	(−0.949)
Coverage	0.041***	0.018***
	(4.651)	(2.853)
Indep	0.179	−0.283***
	(1.403)	(−3.229)
Duality	−0.005	0.003
	(−0.276)	(0.193)
SOE	0.012	−0.008
	(0.715)	(−0.696)
Inst	−0.122**	0.072*
	(−2.219)	(1.899)
常数项	−0.604***	0.506***
	(−3.000)	(4.192)
Year	Control	Control
Industry	Control	Control
Observations	4 619	4 619
ADJ-R^2	10.058%	21.785%
First-stage Fstatistics	11.32***	

注：括号里的数字为 t 统计量值，*、**、*** 分别表示在 10%、5% 和 1% 的统计水平上显著。

（二）Heckman 两阶段自选择修正方法

企业的诚信文化与履行社会责任之间的关系可能会受到自选择偏差引起的内生性问题的干扰。也就是说，一个企业是否选择诚信文化，它可能不是一个随机的结果，企业选择诚信文化可能是内生的。我们使用 Heckman 两阶段回归模型来缓解这种自选择问题的担忧。

首先，在第一阶段中建立 Probit 模型来估计企业选择诚信文化的概率。

Probit 模型包括工具变量 *Integrity_Industry*、*Integrity_Province* 和模型（4.1）中的控制变量。我们使用第一阶段回归得到的拟合值，计算出逆米尔斯比率（*IMR*），并将其作为控制变量加入模型（4.1）中，进行第二阶段回归。Heckman 第二阶段的回归结果见表 4-8 第二列，逆米尔斯比率（*IMR*）的系数显著，自变量—诚信文化（*Integrity*）的系数为 0.028，且在 1% 水平上显著（t=2.823）。这说明在控制了自选择问题后，企业诚信文化对企业履行社会责任仍具有显著的促进作用。

表 4-8   Heckman 两阶段回归结果

变量	第一阶段	第二阶段
Integrity		0.028 ***
		(2.823)
Size	−0.009	0.089 ***
	(−0.413)	(17.908)
ROA	0.906 *	0.038
	(1.732)	(0.327)
MB	−0.031 **	−0.001
	(−2.485)	(−0.261)
Lev	0.497 ***	−0.095 ***
	(3.284)	(−2.815)
Age	0.121 *	−0.014
	(1.831)	(−0.954)
Coverage	0.126 ***	0.018 ***
	(4.741)	(2.884)
Indep	0.625	−0.286 ***
	(1.636)	(−3.290)
Duality	0.011	0.002
	(0.183)	(0.135)
SOE	0.045	−0.008
	(0.921)	(−0.726)
Inst	−0.313 *	0.070 *
	(−1.866)	(1.875)
Integrity_Industry	2.962 ***	
	(6.149)	

表4-8(续)

变量	第一阶段	第二阶段
Integrity_Province	3.052 ***	
	(16.045)	
IMR		−0.044 **
		(−2.491)
常数项	−3.529 ***	0.598 ***
	(−5.770)	(4.878)
Year	Control	Control
Industry	Control	Control
Observations	4 619	4 619
Pseudo-R^2/ADJ-R^2	15.73%	22.24%

注：括号里的数字为 t 统计量值，*、**、*** 分别表示在 10%、5% 和 1% 的统计水平上显著。

(三) 倾向得分匹配法

Rosenbaum 和 Rubin（1983）提出倾向评分匹配（PSM）方法也可以用来控制样本选择偏差。此外，如果我们的线性回归模型不能充分解释两组企业的特征差异，那么它可能会存在非线性效应。为了缓解这一问题引起的潜在内生性担忧和样本选择偏差，我们使用 PSM 方法构建匹配样本。为了实施 PSM 方法，我们使用 Probit 模型来估计选择诚信文化的企业的概率，Probit 模型包括上文使用的工具变量和模型（4.1）中的控制变量。通过使用 Probit 模型估计的倾向得分，我们将每个具有诚信文化的观测值与没有诚信文化的观测值进行匹配。使用匹配的样本对模型（4.1）进行回归，如表 4-9 所示。结果显示，自变量 *Integrity* 的系数在 1% 的统计水平上仍然显著为正（t=2.994），这表明拥有诚信文化的企业行事更道德，从而有更高的社会责任履行水平。

表 4-9　倾向得分匹配法的回归结果

变量	*PSM*
Integrity	0.032 ***
	(2.994)
Size	0.103 ***
	(17.986)
ROA	0.137
	(0.970)

表4-9(续)

变量	PSM
MB	0.001
	(0.354)
Lev	-0.172***
	(-4.213)
Age	-0.016
	(-0.856)
Coverage	0.012*
	(1.648)
Indep	-0.463***
	(-4.451)
Duality	0.013
	(0.779)
SOE	-0.006
	(-0.454)
Inst	0.022
	(0.517)
常数项	0.307**
	(2.159)
Year	Control
Industry	Control
Observations	3 101
ADJ-R^2	24.14%
F-value	18.007***

注:括号里的数字为 t 统计量值,*、**、*** 分别表示在10%、5%和1%的统计水平上显著。

第六节 进一步的分析

一、CEO 与董事长两职合一的调节效应

如果要企业文化发挥指引和约束作用,首先要求企业有一个强势的领导者,将其价值理念不断灌输到企业中去,不断内化为企业自身的"本能",进

而影响企业行为，这是一个不断博弈、长期实践的过程（Steen，2010）。因此，当一个公司的CEO兼任董事长（即CEO与董事长两职合一）时，这意味着该公司拥有明确的领导结构和明确的权力界限（Anderson、Anthony，1986）。现有文献表明，CEO与董事长两职合一可以减少CEO与非CEO董事长之间的经营理念和价值观的冲突，缩短公司战略和政策从提出到实施的时间，从而提高决策和执行效率（Finkelstein、D'Aveni，1994；Donaldson、Davis，1991）。因此，在一个CEO与董事长两职合一的公司中，同时担任董事长和CEO这两个关键职位的企业领导者有很大的权力和权威来推进他所倡导的企业文化，尤其是诚信文化。身兼两职的董事长，往往有更长远的视野，并亲自参与企业经营管理活动，更能意识到"诚信"的潜在价值。因此，身兼两职的董事长会非常重视诚信文化的培养，并不断将这种文化内化到企业中，形成企业的内在特征，从而充分发挥诚信文化对企业行为的指导和约束作用（Verhezen，2008）。基于以上分析，我们认为，相比于领导权分离的公司，在领导权集中（两职合一）的公司，诚信文化对企业履行社会责任的促进作用要更大。

为了验证上述预期，我们首先对全样本进行分组回归，将全样本分为两职合一子样本和非两职合一子样本。表4-10的前两列是两组子样本的回归结果。对于两职合一的子样本而言，诚信文化与企业履行社会责任之间的关系仍然显著正相关，而对于非两职合一的子样本而言，这种相关性则不显著。此外，为了进一步验证两职合一的领导结构对企业诚信文化与企业履行社会责任关系的调节作用，本研究将诚信文化变量与两职合一变量的交互项（$Integrity \times Duality$）引入模型（4.1），进而建立模型（4.2）。

$$CSR = \beta_0 + \beta_1 Integrity + \beta_2 Integrity \times Duality + \beta_3 Size + \beta_4 ROA + \beta_5 MB +$$
$$\beta_6 Lev + \beta_7 Age + \beta_8 Coverage + \beta_9 Indep + \beta_{10} Duality + \beta_{11} SOE +$$
$$\beta_{12} Inst + Industry + Year + \varepsilon \qquad (4.2)$$

回归结果见表4-10第（3）列。交互项（$Integrity \times Duality$）的估计系数在1%的显著性水平下为正，说明两职合一的领导结构强化了诚信文化对企业社会责任的促进作用，因此这种作用在两职合一的企业中表现得更为明显。总的来说，这些结果提供了强有力的证据，说明企业诚信文化与企业履行社会责任之间的关系在具有两职合一领导结构的企业中更为显著。

表 4-10　两职合一的调节效应

变量	两职合一 （1）	非两职合一 （2）	调节效应 （3）
Integrity	0.055 ***	0.008	0.010
	(2.964)	(0.996)	(1.310)
Integrity×Duality			0.057 ***
			(2.824)
Size	0.049 ***	0.096 ***	0.092 ***
	(4.216)	(24.106)	(24.771)
ROA	0.154	−0.169 *	−0.124
	(0.808)	(−1.768)	(−1.455)
MB	−0.005	0.009 ***	0.007 ***
	(−1.095)	(4.040)	(3.486)
Lev	−0.05	−0.112 ***	−0.109 ***
	(−0.779)	(−4.106)	(−4.365)
Age	0.002	−0.006	−0.009
	(0.062)	(−0.514)	(−0.783)
Coverage	0.019 *	0.026 ***	0.025 ***
	(1.711)	(5.404)	(5.598)
Indep	0.095	−0.091	−0.088
	(0.661)	(−1.268)	(−1.381)
Duality			−0.029 **
			(−2.424)
SOE	−0.001	0.023 **	0.019 **
	(−0.029)	(2.573)	(2.346)
Inst	0.060	0.006	0.017
	(0.827)	(0.186)	(0.591)
常数项	2.175 ***	1.074 ***	1.207 ***
	(9.051)	(11.142)	(13.735)
Year	Control	Control	Control
Industry	Control	Control	Control
Observations	763	4 386	5 149
ADJ-R^2	30.87%	44.04%	42.18%
F-value	6.769 ***	56.671 ***	58.773 ***

注：括号里的数字为 t 统计量值，*、**、*** 分别表示在 10%、5% 和 1% 的统计水平上显著。

二、证券分析师关注的调节效应

企业社会责任还受到外部监督机制的影响。证券分析师作为重要的外部监管力量，其在上市公司治理中的作用得到了广泛认可。在本部分中，我们检验了证券分析师关注对企业诚信文化与企业履行社会责任之间关系的调节作用。更多证券分析师对上市公司的关注，往往会对公司高管施加更大的社会压力。在一定程度上，这种压力会抑制经理人的盈余管理和操纵信息披露等机会主义行为，促使经理人提高信息透明度，为利益相关者提供更及时、更可靠的信息（Irani、Oesch，2013；Yu，2008）。相反，以往的文献也发现，证券分析师对公司的关注减少会加剧代理问题，如使盈余管理行为增加（Chen et al.，2015）。因此，证券分析师关注可以作为一种有效的外部治理机制，约束管理者不负责任的机会主义行为，从而促进证券分析师关注的企业更好地履行社会责任。这一观点已被 Jo 和 Harjoto（2014）的研究证实。

此外，我们认为证券分析师通过传播有关企业社会责任信息，有利于企业声誉资本的积累，这反过来又会鼓励公司开展更多有益于社会的活动，从而获得更多声誉效应。证券分析师的信息中介作用使得外部利益相关者更容易了解公司的社会责任履行情况（Dhaliwal et al.，2012；Zhang et al.，2015）。通过搜集和分析公司的财务信息或非财务信息（包括与企业履行社会责任相关的信息），证券分析师发布分析报告，向市场传达他们对公司发展的看法和判断，使利益相关者群体深入了解公司的经营状况和社会责任履行表现（Dhaliwal et al.，2012）。当利益相关者意识到公司在社会责任履行方面表现出色时，就会给予公司良好的评价，从而建立公司的声誉资本（Brammer、Millington，2005）。声誉是企业成功的重要因素（Fombrun、Shanley，1990；Fombrun，1996），因此，在声誉效应的激励下，企业会加大履行社会责任活动的力度，以获得更多的声誉资本。总的来说，证券分析师作为信息媒介的角色促进了证券分析师关注的公司更多地参与履行社会责任活动。

综上所述，更多的证券分析师关注提升了企业在履行社会责任方面的表现，这可能会使内部诚信文化对企业履行社会责任的促进作用不是那么突出。也就是说，证券分析师关注减弱了企业诚信文化对企业履行社会责任的积极影响。因此，我们预期，企业诚信文化与企业履行社会责任之间的正相关关系在证券分析师关注度较大的公司中不太显著。为了验证这个预期，我们首先根据关注公司的证券分析师数量将整个样本分为两组。具体来说，当关注某一公司的证券分析师人数超过行业内每家公司的证券分析师人数的中位数时，该公司就属于高关注组，否则它就属于低关注组。表4-11中的第（1）列和第（2）列分别为分组回归的结果。从这些结果中我们可以看到，诚信文化和企业履行社会责任的显著正相关关系只存在于低关注度样本中，而在高关注度样本中，这种关系变得不显著了。这证实了外部证券分析师关注和内部诚信文化对促进企业社会责任履行行为的替代作用。

表4-11 证券分析师关注的调节效应

变量	高关注度 （1）	低关注度 （2）	调节效应 （3）
Integrity	0.002	0.040***	0.037***
	(0.162)	(3.863)	(3.394)
Integrity×HCoverage			-0.031**
			(-2.131)
HCoverage			0.033***
			(3.623)
Size	0.102***	0.074***	0.098***
	(18.663)	(13.382)	(27.411)
ROA	-0.371***	0.210*	-0.013
	(-2.761)	(1.784)	(-0.150)
MB	0.010***	0.005*	0.007***
	(3.035)	(1.793)	(3.741)
Lev	-0.152***	-0.058*	-0.115***
	(-3.732)	(-1.821)	(-4.607)
Age	-0.009	-0.007	-0.010
	(-0.569)	(-0.426)	(-0.898)
Coverage	0.028**	0.041***	
	(2.340)	(5.833)	
Indep	-0.159*	0.005	-0.081
	(-1.720)	(0.056)	(-1.271)
Duality	0.012	-0.030**	-0.009
	(0.852)	(-2.151)	(-0.865)
SOE	0.003	0.029**	0.015*
	(0.235)	(2.505)	(1.832)
Inst	-0.034	0.096**	0.028
	(-0.792)	(2.567)	(0.978)

表4-11(续)

变量	高关注度 (1)	低关注度 (2)	调节效应 (3)
常数项	1.021***	1.539***	1.122***
	(7.892)	(11.677)	(12.824)
Year	Control	Control	Control
Industry	Control	Control	Control
Observations	2 663	2 486	5 149
ADJ-R^2	44.88%	38.13%	41.88%
F-value	34.866***	26.523***	58.061***

注：括号里的数字为 t 统计量值，*、**、*** 分别表示在10%、5%和1%的统计水平上显著。

为了进一步验证证券分析师关注的调节效应，我们在模型（4.1）的基础上引入一个交互项（*Integrity×HCoverage*），形成了模型（4.3）。*HCoverage* 为证券分析师关注的哑变量，如果证券分析师对某一公司的关注数量大于或等于证券分析师对该行业所有公司关注量的中位数时，该变量取值为 1，否则为 0。在第（3）列中，交互项 *Integrity×HCoverage* 的系数在 5% 的水平上显著为负，进一步证明了证券分析师的关注对企业诚信文化与企业履行社会责任的正向关系起着调节作用。

$$CSR = \beta_0 + \beta_1 Integrity + \beta_2 Integrity \times HCoverage + \beta_3 Size + \beta_4 ROA + \beta_5 MB + \beta_6 Lev +$$
$$\beta_7 Age + \beta_8 Coverage + \beta_9 Indep + \beta_{10} Duality + \beta_{11} SOE + \beta_{12} Inst + Industry +$$
$$Year + \varepsilon \tag{4.3}$$

第七节　结论与启示

长期以来，对企业社会责任领域的研究一直在探索影响企业履行社会责任的内外部因素。尽管如此，关于企业履行社会责任的影响因素，仍然有许多需要我们了去解的。虽然已有大量文献探讨了正式制度和企业履行社会责任的关系，例如关注了内部公司治理机制和法律法规的外部监管体系的影响（Fuente et al.，2017；García-Sánchez、Martínez-Ferrero，2017；Pucheta-Martínez、López-Zamora，2018；Campbell，2007；Ioannou、Serafeim，2012；Ali、Frynas，2018），然而非正式制度如企业文化对企业履行社会责任的影响仍有待探索和检验。企业文化作为企业内部重要的非正式制度，是否会影响企业的社会行为是一个需要实证检验的问题。为了填补这一研究空缺，我们选择了企业诚信文化的视角来检验企业文化对企业履行社会责任行为的影响。

我们研究企业诚信文化，因为它会影响公司如何与利益相关者互动。现有文献表明，企业文化可以引导和约束企业行为（O'Reilly、Chatman，1996）。因此，我们认为，诚信为本的企业文化可以引导企业管理层采取负责任的社会行为来维护各利益相关者的利益，也可以约束管理层做出违背利益相关者利益的不负责任的行为。本章以制度理论和组织文化的功能观为理论基础，探讨企业所秉持的诚信文化价值观能否激励企业积极履行社会责任。利用我国上市公司的数据，我们发现拥有诚信文化的公司履行社会责任的情况比其他公司更好，这表明拥有诚信文化的公司确实更诚实，更有社会责任感。这是因为诚信为本的企业文化可以积极引导和塑造企业成员对社会责任的态度和行为，从而引导企业承担更多的社会责任。这与我们的理论预期是一致的。我们做了一系列的稳健性检验以确保实证结果是稳健可靠的，包括控制了执法水平和社会信任的影响，使用企业履行社会责任的替代测度方法进行回归，使用工具变量法、Heckman 两阶段法以及倾向得分匹配法来缓解潜在的内生性问题。本章的结果表明，道德的企业文化是企业履行社会责任行为的根本内在驱动力，揭示了企业内部非正式制度对企业社会行为的影响，从而为企业履行社会责任的制度视角研究提供了新的证据。此外，本研究还对 O'Reilly 和 Chatman（1996）提出的企业文化"功能观"提供了实证证据支持。

此外，我们还探讨了公司两职合一的领导结构和外部证券分析师关注对企业诚信文化和企业履行社会责任的正相关关系的调节作用。实证结果表明，两职合一的领导结构加强了上述关系，而证券分析师关注减弱了这一关系。本研究揭示了与利益相关者期望一致的企业文化价值观对企业履行社会责任行为的显著影响。这也证实了企业文化在提升企业社会价值方面的作用，而不仅仅在于提高企业绩效的作用。因此，我们应该充分认识到，企业诚信文化不仅对企业的经济绩效具有内在价值，而且还能够提升企业的社会价值。诚然，有时会出现一种脱钩现象，即公司诚信文化可能只是一种象征性口号，而没有付诸实施。换句话说，对于一些公司来说，诚信的企业文化往往是形式上的，甚至它们的行为恰恰与之相反。然而，一旦这种行为被曝光，这些公司将会受到严厉的惩罚。随着惩戒机制的完善，这类虚假诚信行为将会越来越少。

我们的研究对公司、监管机构和市场参与者具有重要意义。对于企业自身来说，管理者应该意识到建立诚信文化不仅对企业的生存和发展具有重要意义，而且可以促使企业更好地对利益相关者承担责任，从而实现双赢。因此，本研究为管理者如何利用非正式制度来应对满足利润需求的挑战，同时保持其社会责任感提供了见解。对于监管者来说，我们的研究结果表明，以诚信为导向的文化促使企业更加注重其社会责任。因此，在推动企业履行社会责任时，监管部门不仅要完善法律法规，以发挥正式制度在监督企业履行社会责任中的作用，而且还应鼓励企业加强诚信文化建设，使企业可以主动承担社会责任。对于市场参与者来说，我们的研究结果有助于客户和供应商找到良好的合作伙伴，因为拥有诚信文化的公司更倾向于关注和考虑利益相关者的需求和利益。同样，企业文化也是投资者和债权人做出明智的投资或借贷决策的重要参考。

第五章　机构投资者实地调研
与企业履行社会责任的关系

本章基于合法性理论考察了机构投资者的实地调研与企业履行社会责任之间的关系。我们选取 2010—2018 年期间我国 A 股上市公司 13 867 个样本观测值进行实证研究，发现了强有力的实证证据，表明机构投资者实地调研对企业履行社会责任具有积极影响。这一研究结果在我们做了一系列稳健性检验后仍有效。我们发现，通过发挥信息效应和监督效应，机构投资者实地调研能够推动企业从事负责任的社会活动，以保护利益相关者的权益。此外，在较差的执法环境和较淡薄的宗教氛围中，机构投资者实地调研与企业履行社会责任之间的关系更强。研究结果拓宽了我们对企业履行社会责任影响因素的认识，并揭示了机构投资者在提高企业社会责任绩效中的治理作用。

第一节　引言

企业社会责任（CSR）强调在为内外部利益相关者提供福利的同时，最大限度地减少企业生产经营对社会和环境的负面影响（Sheehy，2015），企业社会责任问题越来越受到学术界和实践者的关注。学者们在过去几十年中考察了各类外部利益相关者对企业履行社会责任的影响（Carroll、Brown，2018）。前期研究发现，外部利益相关者的参与推动了企业履行社会责任，如债权人（Lu、Abeysekera，2014）、竞争者（Flammer，2015；Meng et al.，2016；Polemis、Stengos，2019）、客户（Pérez、Rodríguez，2015；Boccia et al.，2019；Xie et al.，2017）、政府（Corrigan，2019）、媒体（El Ghoul et al.，2019；Du et al.，2016b；Islam、Deegan，2010；Zyglidopoulos et al.，2012）、证券分析师

（Adhikari，2016；Zhang et al.，2015）和当地社区（Wu et al.，2016；Basu et al.，2015）。

机构投资者是资本市场的主要参与者。在新兴市场国家，机构投资者增长迅速。目前，我国资本市场机构投资者的比例已达到40%以上。我国机构投资者在投资过程中追求经济回报的同时，也越来越多地考虑企业的社会责任履行表现，把企业的社会责任绩效纳入投资决策中。现有的研究发现，长期机构投资者倾向于投资社会责任履行表现好的公司（Cox et al.，2004）。这是因为大多数机构投资者已经意识到企业社会责任履行状况是至关重要的非财务信息，它反映了公司对待各利益相关者权益的态度（Qi et al.，2020）。对于机构投资者来说，关注企业社会责任履行行为可以帮助企业获得合法性，降低经营风险，最终为机构投资者带来投资溢价。学者们认为，提升企业社会责任履行水平是确保企业长期利益的重要途径（Wen，2009）。因此，机构投资者有较强的动机推动企业履行社会责任。

本章研究机构投资者实地调研与企业履行社会责任之间的关系，有助于我们充分认识机构投资者的作用。以往的文献考察了机构投资者经常发挥的监督作用，它们通过在董事会中的投票权行使其在公司治理中的影响力（谭劲松、林雨晨，2016；Harjoto et al.，2017；Pucheta-Martínez、López-Zamora，2018；Dyck et al.，2019；Chen et al.，2020；Kim et al.，2019；Nofsinger et al.，2019；钟芳，2020）。然而，在中国，依据证监会发布的《公开募集证券投资基金运作管理办法》的规定，机构投资者不允许持有上市公司超过10%的股份，这种监督作用可能无法通过董事会发挥（Jiang、Kim，2020）。鉴于此，在中国，机构投资者可以采取哪些替代策略来影响企业履行社会责任？本章试图通过我国深圳证券交易所披露的投资者实地调研这一独特数据来回答这个问题。投资者实地调研信息是由上市公司按照深圳证券交易所（SZSE）的要求进行披露的。实地调研通常是机构投资者主动发起的，参与机构主要是证券公司、基金公司和保险公司等。有别于电话会议和媒体采访等其他调研方式，机构投资者通过实地调研方式参观企业，实地观察其生产经营过程，并与公司管理层面对面交流，以获得有关公司生产经营、环境治理、可持续发展等更重要的信息。机构投资者可能会更加重视公司履行社会责任的主要方面，包括安全的工作场所、员工文化和环境管理策略（Carrolletal，1995）。投资者对公司的实地调研考察对促使企业履行社会责任起着至关重要的作用，这主要是因为实地考察使企业难以掩盖其不道德行为，从而促使企业以负责任的方式开展生产经营活动。由此，我们认为，机构投资者的实地调研很可能会推动企业履行社会责任行为，进而提升其社会责任绩效。

深圳证券交易所于 2006 年 8 月 10 日发布了《深圳证券交易所上市公司公平信息披露指引》，鼓励上市公司对机构调研和访谈等投资者关系活动进行记录，并在定期报告中披露。自 2009 年以来，深圳证券交易所还强制要求在该交易所上市的公司在年报中披露投资者调研的详细信息。实地调研为外部利益相关者提供了直接观察公司工作环境、生产过程、厂房、设备和施工场地的机会，可以直接观察企业生产活动的环境影响和环保设施的运行情况，还可以与企业管理者和员工以及当地居民等直接沟通和交流，以了解企业的投资决策、投资项目、施工进程以及企业环境治理的实际状况等相关信息。根据 CSMAR 数据库提供的数据，深圳证券交易所披露机构调研情况的上市公司从 2010 年的 608 家增加到 2018 年的 1 284 家。这一迅猛增长态势表明，机构投资者依赖实地调研来获取企业私有信息，并监控企业社会责任履行的各个方面。

本章以深圳证券交易所 2010—2018 年上市公司数据为样本，研究机构投资者实地调研与企业履行社会责任的关系。实证结果显示，机构投资者实地调研与企业履行社会责任之间存在显著的正向关系，这表明机构投资者实地调研能够推动企业更好地履行社会责任。进一步研究发现，在法律环境较差的地区、宗教影响力较弱的地区，机构投资者的实地调研与企业履行社会责任之间的正向关系更强。研究结果表明，机构投资者对公司的监督作用在无法通过董事会施加影响的情况下，可以通过实地调研来实现。

本研究有着以下学术贡献：

首先，我们的研究发现机构投资者的实地调研具有信息发掘功能，因此，我们对机构投资者的功能有了新的认识。现有研究大多关注机构投资者通过持股对监督公司行为的直接作用。例如，既有研究发现，机构投资者持股与企业履行社会责任相关（Dyck et al.，2019；Chen et al.，2020），促进企业披露环保信息（Pucheta-Martínez、López-Zamora，2018），对提升企业环境治理和环境绩效具有积极作用（赵阳 等，2019；李培功、沈艺峰，2011）。与以往研究不同的是，本研究发现机构投资者通过传播在实地调研中搜集到的第一手（与企业社会责任履行相关的）信息，来监督企业的社会责任履行行为。

其次，本研究丰富了投资者实地调研的经济后果的文献。学者们大多关注机构实地调研对信息获取的影响（Han et al.，2018；Cheng et al.，2016；Cheng et al.，2019）、对企业创新的影响（Jiang 和 Yuan，2018）以及对公司财务行为的影响（Hong et al.，2019；Liu et al.，2017）。然而，在越来越重视企业社会责任履行情况的背景下，投资者对企业的实地调研是否会对企业社会绩效产生影响尚不清楚。为了填补这一空白，本研究考察了机构投资者的实地调研和企业社会责任履行情况之间的关系。由此，本章扩展了机构投资者实地调研的经济后果研究，并为我国监管机构颁布的上市公司实地调研相关政策提供了有力的证据支持。

最后，本研究从利益相关者参与的角度，为提高企业社会责任绩效提供了新的途径。以往对企业社会责任履行情况的研究主要关注了股东（Lopatta et al., 2017b；Faller、Knyphausen-Aufsess, 2018；El Ghoul et al., 2016；Zaid et al., 2020）、贷款方（Lopatta et al., 2017a；Lu、Abeysekera, 2014）、董事会（Oh et al., 2019；Jizi, 2017；Yasser et al., 2017；Fuente et al., 2017）、竞争者（Flammer, 2015；Meng et al., 2016；Polemis、Stengos, 2019）的影响。现有研究发现，机构股东通过持股对企业社会责任的履行发挥着重要作用（Harjoto et al., 2017；Kim et al., 2019；Nofsinger et al., 2019；Pucheta-Martínez、López-Zamora, 2018；Dyck et al., 2019；Chen et al., 2020）。然而，由于中国上市公司机构股东持股比例有限（Jiang、Kim, 2020），机构投资者很难通过行使投票表决权来实现监督作用。因此，本研究从实地调研的角度提供了一种新颖且更直接的方式来促进企业履行社会责任。

第二节　理论分析与研究假设

合法性理论源于社会建构的基本规范、行为准则和价值观（Suchman, 1995）。合法性被假定或被认为是一个组织的行为是可取的或被期望的，当一个组织的运营和结果符合社会期望时，它就被认为是合法的（Dowling、Pfeffer, 1975；Chen et al., 2008）。这一理论意味着，社会和企业之间存在一种"协议"，不履行这项"协议"将导致对该组织的制裁和惩罚，这种协议被称为社会契约（Gray et al., 1996）。企业需要通过遵守社会规范和采取符合社会期望的行动来获得社会合法性，以维持企业的生存和发展。考虑到这一社会契约的重要性，企业会努力地管理其合法性，以应对外部各方的压力（Neu et al., 1998）。

合法性被认为是一种"营业执照"，对企业的经营至关重要（Sun et al., 2017）。合法性可以吸引更多外部人士对一家公司的关注（Philippe、Durand,

2011；Bansal、Clelland，2004），有助于建立利益相关方对公司的信心（Stevens et al.，2016），从而促进其获得利益相关方提供的关键资源，以保持其竞争优势（Pfeffer、Salancik，2003；Deephouse，1996）。通过"做好事"，企业发出了一个信号，即它们不仅关注自身利益，而且考虑他人的利益，进而与它们的主要利益相关者如投资者、客户和员工建立起良好的关系（Dong et al.，2019）。与利益相关者建立良好的关系可以增强企业的社会经营许可权，即提升企业在社会中的合法性（Jain et al.，2017）。企业也逐渐意识到，企业履行社会责任是组织合法性的关键来源，同时也是企业声誉的重要来源（Chiu、Sharfman，2011）。当企业履行社会责任的行为与公众期望存在差异时，企业的合法性将受到威胁或被削弱（Doh、Guay，2006）。在本研究中，合法性理论具有解释企业实施和发展社会和环境活动的作用，而机构投资者的实地调研可以揭示这些活动的信息。

实地调研通常由机构投资者发起，参与机构主要有证券公司、基金公司和保险公司等，在监督公司管理者行为方面发挥着重要作用。机构投资者作为一个专业团体，在信息搜集和信息处理方面有着专业知识，并且能够承担信息获取行为中所要付出的信息搜集成本和监督成本（An、Zhang，2013）。与电话会议、媒体采访等信息获取渠道不同，机构投资者可以通过实地调研，如参观生产车间、观察设备和施工现场、直接与高层管理人员甚至基层员工沟通等方式，从而对公司的经营活动进行观察和深入了解（Cheng et al.，2016）。通过对上市公司的实地考察，机构投资者可以主动获取未包含在公开报告中的信息，并对公司的商业模式和经营环境有新的理解（Gao et al.，2017）。证券分析师、基金经理等机构投资者在实地调研后，通常会通过研究报告、行业报告或投资建议等方式向资本市场发布公司信息，这有助于缓解公司内外信息不对称的问题。与实地调研的信息获取功能一致，已有研究发现机构投资者实地调研提高了证券分析师的预测质量，增加了公司的信息透明度（Cheng et al.，2016），促进了企业的创新活动（Jiang、Yuan，2018；张勇、殷俊明，2018），提高了共同基金和对冲基金的业绩（Hong et al.，2019；Liu et al.，2017），方便了供应商及时调整对客户的商业信用规模以规避风险（肖翔 等，2018），也会引起资本市场的反应（Abarbanell，1995；谭松涛、崔小勇，2015），对市场信息效率有提高作用（曹新伟 等，2015；贾琬娇 等，2015）。此外，机构投资者实地调研还有助于遏制管理层囤积坏消息，从而降低公司股价崩盘的风险（Lu et al.，2018；Gao et al.，2017），还能够抑制公司避税行为（李昊洋 等，

2018)，降低公司管理层的盈余管理行为（王珊，2017），这表明实地调研在抑制管理层的机会主义行为中发挥了作用。因此，机构投资者调研行为是其参与公司治理的方式之一，是重要的外部监督机制，调研过程中公司接受广泛监督，有助于提升公司治理水平。

基于之前文献所发现的机构投资者实地调研的监督作用，企业高管可以预期机构投资者实地调研的经济后果，这将很有可能改变他们的不道德行为以获得组织合法性。具体到企业社会责任履行方面，机构投资者可以通过实地考察获取企业社会责任履行的相关信息，如工作场所安全措施、清洁生产、环境保护、与当地社区的关系等信息。如果机构投资者在实地调研后发现企业的负面社会行为并向公众报告，这就会违背社会对公司的期望，从而破坏企业公民应该遵守的社会契约，损害了组织的合法性。为了避免这种合法性的丧失，管理者通常倾向于表现出积极的社会形象，而最好的方法就是采用一些合法化策略，如承担企业社会责任，以获得当前或潜在机构投资者的青睐。因此，来自机构投资者实地调研的监督压力促使公司管理层采取更负责任和更合乎道德的行为，以保证组织的合法性。此外，以往文献表明，企业社会责任绩效越好，其合法性收益越大，主要表现为资本成本越低、银行贷款成本和债券成本越低、股票崩盘风险越低、市场价值越高（Chen et al.，2018；El Ghoul et al.，2011；Feng et al.，2018；Huang et al.，2018；Kim et al.，2014；Lee，2019；Ye、Zhang，2011；Mohammadi et al.，2018）。依据这一逻辑，管理者希望机构投资者在实地调研后对该企业进行投资，或者向市场发布与企业相关的积极信息和信号，以达到融资或提高股价的目的，这促使管理者主动提高其企业社会责任履行水平。

综上所述，一方面，机构投资者的实地调研被认为是一种有效的监督管理者行为，是促进企业社会责任绩效的机制；另一方面，通过机构投资者的价值发现机制，实地调研也可以作为激励企业提高社会责任绩效、实现更高企业价值的重要途径。因此，我们预期，在寻求合法性需求的驱动下，机构投资者实地调研次数越多的公司，在其利益相关者和整个社会的压力下，往往会在企业社会责任履行方面表现得更好。基于以上的理论分析，我们提出本章的研究假设：

H1：机构投资者对企业的实地调研活动会显著提升企业社会责任绩效。

第三节　研究方法

一、样本选择与数据来源

本章利用 2010—2018 年深圳证券交易所 A 股非金融类上市公司数据作为研究对象。机构投资者实地调研数据来源于在深圳证券交易所上市的公司每年报告的实地调研记录。深圳证券交易所在 2006 年发布的《深圳证券交易所上市公司公平信息披露指引》中首次规范了机构调研的信息披露方式，要求上市公司在接受访谈、机构调研等投资者关系活动后，编制《投资者关系活动记录表》并提交证监会和交易所备案。2009 年开始，深圳证券交易所强制要求上市公司公开披露调研日期、调研参与人员及其机构等信息，但这些信息仅在年报中披露。2012 年 7 月，深圳证券交易所发布《信息披露业务备忘录第 41 号——投资者关系管理及其信息披露》（简称"备忘录 41 号"），要求上市公司在投资者关系活动结束后两个交易日内，编制《投资者关系活动记录表》，并将该表及活动过程中所使用的演示文稿、提供的文档等附件及时通过深圳证券交易所互动易网站向投资者公开。《投资者关系活动记录表》中包括了活动类别、参与单位名称及人员、时间、地点、上市公司接待人员、投资者关系活动的主要内容（提问及答复）等。深圳证券交易所要求上市公司从 2013 年起严格执行备忘录 41 号，确保调研信息在及时性、充分性等方面满足投资者的要求。因此，我们可以获取深圳证券交易所上市公司 2009 年后的机构投资者实地调研数据。有关公司的财务数据和公司治理数据以及宏观经济数据均来自国泰安（CSMAR）数据库。由于不同的会计准则和法规，我们剔除了金融类上市公司，并且我们也排除了无法获得 CSR 变量或控制变量数据的观察值。由于和讯网在 2010 年才开始发布上市公司社会责任评分，考虑到数据的可获得性，我们的研究范围设定为 2010—2018 年。通过以上样本筛选程序，最终我们获得了 13 867 个公司年度观测数据来检验我们的假设。

二、企业履行社会责任的度量

参考 Huang et al.（2018）和 Su（2019），我们也采用和讯网提供的中国上市公司社会责任评级数据来衡量样本公司的社会责任绩效。和讯网自 2010 年起致力于为中国上市公司提供专业的社会责任评级体系和评级数据。这一上市公司社会责任报告专业评测体系从股东责任，员工责任，供应商、客户和消费者权益责任，环境责任和社会责任这五个方面进行考察，对这五个方面分别设立二级和三级指标以便对社会责任履行情况进行全面的评价，其中涉及二级指标 13 个、三级指标 37 个。然后根据以上指标计算每个企业的社会责任履行水平，范围为 0~100。企业社会责任得分越高，其社会责任履行表现越好。最后，我们对每个公司的 CSR 得分取自然对数，并将其作为样本公司社会责任履行表现的衡量标准。

关于不同行业权重比例分配说明如下：默认情况下，股东责任权重占 30%，员工责任权重占 15%，供应商、客户和消费者权益责任权重占 15%，环境责任权重占 20%，社会责任权重占 20%。其中消费行业员工责任权重占 10%，供应商、客户和消费者权益责任权重占 20%，其他指标权重保持不变；制造业环境责任权重占 30%，社会责任权重占 10%，其他指标权重保持不变；服务业环境责任权重占 10%，社会责任权重占 30%，其他指标权重保持不变。

三、机构投资者实地调研的度量

关于机构投资者实地调研的衡量指标，现有研究主要有以下两种：第一，以企业当期是否被实地调研设置虚拟变量（Cheng et al., 2017）；第二，以企业当年被实地调研的次数进行衡量（Cao et al., 2017；程小可 等，2017；Jiang、Yuan，2018）。基于此，本研究采用上市公司当年累计被实地调研的次数+1，取自然对数作为机构投资者实地调研的衡量指标，用 LNVISIT 表示。在稳健性检验部分，我们将采用当年企业是否被实地调研设置虚拟变量。

四、模型设计

借鉴已有研究（Wan et al., 2020；García-Sánchez et al., 2019；Chen、Wan，2020），我们构建多元回归模型（5.1）来检验假设 H1：

$$CSR = \beta_0 + \beta_1 LNVISIT + \beta_2 SIZE + \beta_3 ROA + \beta_4 LEV + \beta_5 GROWTH + \beta_6 AGE +$$
$$\beta_7 COVERAGE + \beta_8 DUAL + \beta_9 INDIRP + \beta_{10} SOE + \beta_{11} INST +$$
$$INDUSTRY + YEAR + \varepsilon \quad (5.1)$$

为了研究机构投资者实地调研是否会影响企业社会责任绩效，我们采用 OLS 回归分析方法。模型（5.1）中，*CSR* 表示企业的社会责任履行水平，*LNVISIT* 表示机构投资者对某一家公司实地调研的频率。此外，我们还在上述回归模型中加入了可能影响企业社会责任的重要控制变量。这些控制变量包括公司财务杠杆（*LEV*）、总资产回报率（*ROA*）、企业规模（*SIZE*）、企业成长性（*GROWTH*）、上市年限（*AGE*）、证券分析师关注（*COVERAGE*）、独立董事在董事会中的比例（*INDIRP*）、CEO和董事长两职合一（*DUAL*）、公司所有权性质（*SOE*）和机构投资者持股比例（*INST*）。同时，上述模型还对年度和行业固定效应进行了控制。

SIZE 表示公司规模，是以公司总资产账面价值的自然对数来衡量的。财务杠杆率（*LEV*）为公司的资产负债率，用总负债除以总资产来计算。总资产回报率（*ROA*）衡量一家公司的盈利能力，用净利润除以总资产的比率来衡量。企业成长性（*GROWTH*）表示公司年度收入增长率。上市年限（*AGE*）是指公司在资本市场上市以来的年数。证券分析师关注（*COVERAGE*）表示证券分析师对一家上市公司的关注度，用证券分析师关注人数来衡量。独立董事在董事会中的比例（*INDIRP*）用独立董事人数除以董事会总人数来计算。CEO和董事长两职合一（*DUAL*）用虚拟变量表示，如果一家公司的董事长和CEO是同一个人，那么该变量取值为1，否则为0。公司所有权性质（SOE）代表公司是否国有企业的虚拟变量，如果公司的实际控制人性质为国有，该变量取值为1，否则为0。机构投资者持股比例（*INST*）衡量机构投资者持有公司股份的情况。根据我们对假设H1的预测，当 *LNVISIT* 的回归系数显著为正（β1 >0），即机构投资者实地调研与企业社会责任绩效正相关时，假设H1得以验证。

第四节　实证结果与分析

一、描述性统计

本章的表5-1报告了回归模型中主要变量的描述性统计结果。为了消除异常值对研究结论的影响，我们对本章所有连续变量进行了1%和99%分位的缩尾处理。从表中结果可知，企业社会责任（*CSR*）的均值和标准误分别为2.955和0.865，这说明我国上市公司社会责任总体履行情况不容乐观，并且企业之间的社会责任表现还存在较大差异。机构投资者实地调研（*LNVISIT*）的均值和中位数分别为2.156和2.303，而1%分位和99%分位的 *LNVISIT* 值分别为0和5.700，这意味着每个公司每年被机构投资者实地调研的平均次数已达到8.64次，不过公司之间机构投资者实地调研的频率有相当大的差异。

表 5-1　描述性统计结果

变量	均值	中位数	标准误	1%分位	25%分位	75%分位	99%分位
CSR	2.955	3.104	0.865	0.000	2.833	3.323	4.325
LNVISIT	2.156	2.303	1.759	0.000	0.000	3.638	5.700
SIZE	21.667	21.531	1.158	19.262	20.834	22.314	25.267
ROA	0.042	0.041	0.065	−0.255	0.015	0.072	0.222
LEV	0.402	0.384	0.214	0.045	0.226	0.558	0.944
GROWTH	0.225	0.137	0.499	−0.586	−0.004	0.319	3.348
AGE	2.786	2.773	0.330	1.946	2.565	2.996	3.526
COVERAGE	1.178	1.099	1.177	0.000	0.000	2.197	3.555
DUAL	0.312	0.000	0.463	0.000	0.000	1.000	1.000
INDIRP	0.375	0.333	0.054	0.333	0.333	0.429	0.571
SOE	0.255	0.000	0.436	0.000	0.000	1.000	1.000
INST	0.048	0.028	0.063	0.000	0.005	0.068	0.382

二、相关性分析

表 5-2 给出了本章主要变量的 Pearson 相关系数。由表中结果可知，自变量 *LNVISIT* 和因变量 *CSR* 的相关系数约为 0.246，且在 1% 水平上显著。这一结果表明，机构投资者实地调研与企业的社会责任履行表现正相关，初步支持了本章的研究假设，即机构投资者到企业实地考察调研能够促进被调研企业履行社会责任。此外，所有的控制变量都与企业履行社会责任（*CSR*）显著相关，基本都符合我们的预期，说明我们对控制变量的选择是合理的和必要的。例如，企业规模（*SIZE*）与企业履行社会责任（*CSR*）呈正相关关系，这主要是因为企业拥有充足的资源投入到社会责任履行活动中去；证券分析师关注（*COVERAGE*）与企业履行社会责任（*CSR*）也呈正相关关系，这与 Zhang et al.（2015）的结果一致。控制变量间的相关系数均小于 0.5，说明回归模型没有严重的多重共线性问题。虽然上述相关系数结果与我们的预期是一致的，但是 Pearson 相关系数矩阵呈现的仅是单变量之间的相关性分析，并没有同时控制其他因素的影响。因此，我们还将使用多元回归分析方法来更严谨地检验机构投资者实地调研与企业社会责任之间的关系。

表 5-2 Pearson 相关系数

变量名称	CSR	LNVISIT	SIZE	ROA	LEV	GROWTH	AGE	COVERAGE	DUAL	INDIRP	SOE
LNVISIT	0.246***										
SIZE	0.141***	0.186***									
ROA	0.670***	0.257***	-0.076***								
LEV	-0.188***	-0.058***	0.479***	-0.366***							
GROWTH	0.144***	0.077***	-0.077***	0.224***	0.040***						
AGE	-0.061***	-0.048***	0.253***	-0.122***	0.221***	-0.027***					
COVERAGE	0.327***	0.356***	0.061***	0.310***	-0.089***	0.062***	-0.280***				
DUAL	-0.017	0.046	-0.150***	0.035	-0.114***	0.015*	-0.102***	0.020**			
INDIRP	-0.038***	-0.003	-0.021*	-0.037***	-0.023*	-0.014*	-0.011	-0.034***	0.123***		
SOE	0.046***	-0.074***	0.300***	-0.069***	0.269***	-0.055***	0.175***	-0.004	-0.252***	-0.080***	
INST	0.157***	0.159***	0.157***	0.113***	0.089***	0.056***	0.011	0.328***	-0.041***	-0.034***	0.139***

注：*、**、***分别表示在10%、5%和1%的统计水平上显著。

三、多元回归分析

表 5-3 展示了机构投资者实地调研对企业履行社会责任的影响的多元回归结果。本章的假设 H1 预期机构投资者的实地调研与企业社会责任绩效正相关，即 $\beta_1 > 0$。表 5-3 的第（1）列中，在控制公司治理因素之前，机构投资者实地调研（LNVISIT）与企业履行社会责任（CSR）在 1% 的显著性水平上正相关（$\beta_1 = 0.015$，t = 4.578）。如表 5-3 第（2）列所示，当加入了公司治理控制变量后，LNVISIT 的回归系数为 0.010（t = 2.833）。机构投资者实地调研与企业履行社会责任的显著正相关关系与假设 H1 的预期一致，表明机构投资者对公司的实地调研促进了其履行社会责任，因此，接受机构投资者实地调研越多的企业越有可能表现出较好的社会责任绩效。

表 5-3 机构投资者实地调研与企业履行社会责任的回归结果

变量	（1）	（2）
常数项	-1.095 ***	-0.828 ***
	(-8.351)	(-5.908)
LNVISIT	0.015 ***	0.010 ***
	(4.578)	(2.883)
SIZE	0.172 ***	0.155 ***
	(29.218)	(24.988)
ROA	8.508 ***	8.360 ***
	(91.389)	(87.602)
LEV	-0.353 ***	-0.356 ***
	(-11.038)	(-11.059)
GROWTH	0.026 **	0.026 **
	(2.438)	(2.439)
AGE	0.009	0.006
	(0.491)	(0.353)
COVERAGE		0.041 ***
		(5.861)
DUAL		-0.006
		(-0.479)
INDIRP		-0.025
		(-0.262)

表5-3(续)

变量	(1)	(2)
SOE		0.073 ***
		(5.327)
INST		0.111
		(1.226)
YEAR 和 INDUSTRY 固定效应	Yes	Yes
N	13 867	13 867
ADJ-R^2	51.99%	52.21%
F-value	247.152 ***	230.504 ***

注：括号里的数字为 t 统计量值，*、**、*** 分别表示在 10%、5% 和 1% 的统计水平上显著。

在控制变量方面，企业规模与企业履行社会责任呈正相关关系，表明规模越大的企业越倾向于采取更负责任的行为方式，这与既有研究结果一致（García-Sánchez et al.，2019；Chen、Wan，2020）。我们还发现，*ROA* 和 *GROWTH* 都与 *CSR* 存在正相关关系，即业绩较好的公司和成长较快的公司更关注其社会责任绩效。*LEV* 与 *CSR* 显著负相关，这表明财务杠杆水平较高的企业在履行社会责任方面的投资较少，这在已有文献中也有发现（Ali et al.，2017；Chan et al.，2017）。*COVERAGE* 的回归系数显著为正，说明被证券分析师关注越多的企业对社会责任的履行越好，这与企业社会责任的声誉资本观是一致的（Zhang et al.，2015）。*SOE* 的回归系数在 1% 的水平下显著为正，这意味着我国国有企业比非国有企业表现出更好的社会责任感，这一发现与已有研究保持一致（Su，2019；Chen、Wan，2020；Wan et al.，2020）。

第五节　稳健性检验

一、改变机构投资者实地调研的度量方法

为了排除同一个机构投资者可能多次访问某一家公司的影响，借鉴现有研究（Jiang、Yuan，2018；Gao et al.，2017），我们在稳健性检验中进一步将机构投资者实地调研定义为虚拟变量 *DmVISIT*。如果某个公司在一年内被机构调研过一次或一次以上，*DmVISIT* 等于 1，否则等于 0。在表 5-4 中，回归结果如第（1）列所示，其中虚拟变量 *DmVISIT* 在 1% 的显著性水平上与 *CSR* 正相

关（0.076，t=6.373）。此外，我们还设计了一个连续变量 *LNVISIT2*，定义为在不考虑重复调研的情况下，所有机构投资者对某公司实地调研总数的自然对数。具体来说，一个机构投资者可能在一年内多次调研同一家公司，而对于这种多次调研同一家公司的，我们只记为一次。如表 5-4 第（2）列所示，*LNVISIT2* 的回归系数为正且在 1% 水平上显著（0.012，t=3.289），这一结果也验证了我们的假设。总的来说，机构投资者的实地调研和企业履行社会责任之间的正向关系在使用两种度量实地调研的替代方法后依然存在。

表 5-4　改变机构投资者实地调研度量方法的回归结果

变量	(1) DMVISIT	(2) LNVISIT2
常数项	−0.688 *** (−5.007)	−0.693 *** (−4.983)
DMVISIT	0.076 *** (6.373)	
LNVISIT2		0.012 *** (3.289)
SIZE	0.153 *** (24.839)	0.155 *** (24.886)
ROA	8.359 *** (88.027)	8.374 *** (87.646)
LEV	−0.349 *** (−10.841)	−0.351 *** (−10.918)
GROWTH	0.026 ** (2.414)	0.026 ** (2.418)
AGE	0.016 (0.862)	0.015 (0.836)
COVERAGE	0.038 *** (5.638)	0.037 *** (5.277)
DUAL	0.076 *** (5.541)	0.076 *** (5.488)
INDIRP	−0.004 (−0.354)	−0.005 (−0.417)
SOE	−0.019 (−0.194)	−0.021 (−0.218)

表5-4(续)

变量	(1) DMVISIT	(2) LNVISIT2
INST	0.099	0.101
	(1.093)	(1.118)
YEAR 和 INDUSTRY 固定效应	Yes	Yes
N	13 867	13 867
ADJ−R^2	52.18%	52.08%
F−value	233.812 ***	232.852 ***

注：括号里的数字为 t 统计量值，*、**、*** 分别表示在 10%、5%和 1%的统计水平上显著。

二、改变企业履行社会责任的度量方法

参考既有研究（Marquis、Qian，2014；Chen、Wan，2020；Lau et al.，2016；Pan et al.，2018），我们也采用润灵环球的企业社会责任评级数据（Rankins CSR Ratings）作为衡量上市公司社会责任绩效的替代指标，用 CSR1 表示。润灵环球（RKS）是中国企业社会责任权威第三方评级机构，致力于为责任投资者（SRI）、责任消费者及社会公众提供客观、科学的企业责任评级信息。此外，我们还借鉴了 Kong et al.（2019）的研究，采用中国企业社会责任数据库（CCSR）提供的 CSR "优势" 和 "关注" 两个角度来衡量上市公司的社会责任履行表现。CCSR 数据库中 CSR 优势和关注点的结构类似于 KLD 数据库。CCSR 数据库中 CSR 优势和关注点的结构类似于美国的 KLD 数据库。该数据库的设计主要参考了国内外知名企业社会责任数据库的设计思路，并根据我国企业社会责任所涉及的具体内容，从 "慈善、志愿者活动以及社会争议""公司治理""多样化""雇员关系""环境""产品" 六个方面，以 "优势" 和 "关注" 两个角度，用 58 个细分指标对企业社会责任履行情况进行衡量。参考现有文献（Hasan、Habib，2017），我们计算了一家公司的 "CSR 优势" 和 "CSR 关注" 的差额，作为新的企业社会责任履行情况度量方法，用 CSR2 表示。由此，我们从润灵环球社会责任评级数据库和中国企业社会责任数据库中得到了这两个 CSR 替代变量，然而这两个数据库只对在上海证券交易所或深圳证券交易所披露了 CSR 报告的公司提供企业社会责任评级。当企业没有发布 CSR 报告时，我们将 CSR1 和 CSR2 的值取为 0。以 CSR1 和 CSR2 为 CSR 替代变量的回归结果分别见表 5-5 第（1）列和第（2）列，这两列中自变量

LNVISIT 的回归系数均在 1% 的统计水平下显著为正，与表 5-3 的主要结果一致。在改变企业社会责任度量方法后，因变量和自变量之间的关系没有发生实质性改变，因此我们的实证结果是稳健的和可靠的。

表 5-5 改变 CSR 度量方法的回归结果

变量	Alternative CSR1	Alternative CSR2
常数项	−11.372***	−9.037***
	(−35.829)	(−36.656)
LNVISIT	0.025***	0.017***
	(3.125)	(2.803)
SIZE	0.536***	0.429***
	(37.778)	(38.942)
ROA	1.008***	0.892***
	(4.223)	(4.814)
LEV	−0.457***	−0.370***
	(−6.325)	(−6.588)
GROWTH	−0.008	−0.004
	(−0.354)	(−0.228)
AGE	0.210***	0.158***
	(5.227)	(5.060)
COVERAGE	0.101***	0.078***
	(6.565)	(6.533)
DUAL	−0.035	−0.026
	(−1.348)	(−1.301)
INDIRP	0.661***	0.518***
	(3.039)	(3.067)
SOE	0.182***	0.138***
	(5.949)	(5.797)
INST	−0.166	−0.072
	(−0.858)	(−0.482)
YEAR 和 INDUSTRY 固定效应	Yes	Yes
N	11 786	11 786
ADJ−R²	23.93%	24.14%
F−value	58.036***	58.691***

注：括号里的数字为 t 统计量值，*、**、*** 分别表示在 10%、5% 和 1% 的统计水平上显著。

三、解决内生性问题

本章研究还可能会出现内生性问题。比如，我们的实证结果可能会受到反向因果关系的困扰，即具有较高社会责任感的企业更倾向于满足利益相关者获取私有信息的权利，进而更愿意接受机构投资者的实地调研。因此，我们采用工具变量的两阶段最小二乘法（2SLS）来缓解这个问题。借鉴已有研究（Attig et al., 2013; El Ghoul et al., 2011），我们分别使用同一行业内其他公司被机构投资者实地调研的平均次数（用 *LNVISIT_Industry* 表示）和同一省份内其他公司被机构投资者实地调研的平均次数（用 *LNVISIT_Province* 表示）作为自变量（*LNVISIT*）的工具变量。选择这两个工具变量的理由是：一方面，企业往往受到周边环境的影响，包括监管、行业竞争和宏观经济环境，它们很可能会效仿和模仿同行的商业模式，并在同一行业或同一省份具有一些共性特征，因此，我们推测，行业同行的平均被调研次数和省内同行的平均被调研次数都会影响机构投资者对某一公司的调研次数；另一方面，没有实证证据表明某一公司的社会责任履行水平会影响机构投资者对同一行业或同一省份内其他公司的实地调研行为。因此，*LNVISIT_Industry* 和 *LNVISIT_Province* 都满足了工具变量的要求。

在表 5-6 中，第一列展示了我们两阶段最小二乘回归的第一阶段结果。正如我们所预料的，这两个工具变量 *LNVISIT_Industry* 和 *LNVISIT_Province* 均对某一公司的机构投资者的实地调研有显著为正的影响。表 5-6 第二列为两阶段最小二乘回归的第二阶段结果。我们发现，*Instrumented LNVISIT* 的回归系数为 0.053，在 1%水平上显著，表明在控制了潜在的内生性问题后，本章主要研究结论基本不变，即机构投资者的实地调研与企业社会责任绩效的正相关关系仍然显著。

表 5-6 两阶段最小二乘回归结果

变量	第一阶段	第二阶段
InstrumentedLNVISIT		0.053***
		(2.636)
LNVISIT_Industry	0.289***	
	(8.147)	
LNVISIT_Province	0.507***	
	(18.406)	

表5-6(续)

变量	第一阶段	第二阶段
SIZE	0.340***	0.141***
	(22.613)	(15.592)
ROA	3.577***	8.199***
	(15.359)	(67.434)
LEV	-0.140*	-0.350***
	(-1.772)	(-10.775)
GROWTH	0.132***	0.020*
	(4.973)	(1.821)
AGE	0.105**	0.001
	(2.360)	(0.069)
COVERAGE	0.558***	0.016
	(33.558)	(1.195)
DUAL	-0.211***	0.084***
	(-6.238)	(5.703)
INDIRP	0.061**	-0.009
	(2.145)	(-0.757)
SOE	-0.280	-0.014
	(-1.177)	(-0.146)
INST	1.084***	0.066
	(4.884)	(0.712)
INTERCEPT	-8.250***	-0.528***
	(-23.854)	(-2.658)
YEAR 和 INDUSTRY 固定效应	Yes	Yes
N	11 786	11 786
ADJ-R^2	30.15%	51.89%
F-value	90.2	227.3

注：括号里的数字为 t 统计量值，*、**、*** 分别表示在 10%、5% 和 1% 的统计水平上显著。

四、横截面分析

(一) 执法水平的影响

我国各地的执法水平有较大差异。以往研究发现，执法水平作为一种正式的制度安排，调节了宗教氛围与企业履行社会责任之间的正向关系（Du et al.，2016a）。具体而言，Du et al.（2016a）发现执法水平弱化了宗教氛围与企业履行社会责任之间的关系，说明执法水平和宗教氛围对企业履行社会责任的影响具有替代效应。此外，Du et al.（2014b）也发现执法水平能够弱化宗教氛围与企业履行环保责任之间的关系。基于现有文献的研究结论（Du et al.，2016a；Du et al.，2014b），我们预期，当假设 H1 成立时，执法水平将削弱机构投资者实地调研与企业履行社会责任之间的关系。

为了验证上述预期，我们从樊纲和王小鲁（2011）的研究中搜集了我国各省份执法水平的数据。首先，我们计算出各省份执法水平的中位数，然后构造一个低执法水平的指标变量（用 $Low\text{-}LAW$ 表示），如果某一省份的执法水平指数小于各省份执法水平的中位数，则该省份处于低执法水平，$Low\text{-}LAW$ 取值为 1，否则为 0。我们将 $Low\text{-}LAW$ 及其与自变量 $LNVISIT$ 的交互项（$Low\text{-}LAW * LNVISIT$）添加到本章的主回归模型（5.1）中，重新进行回归。回归结果见表 5-7 的第（1）列，$Low\text{-}LAW * LNVISIT$ 的回归系数在 1% 水平上显著为正（0.019，t=3.33），说明机构投资者实地调研对企业履行社会责任的促进作用在执法水平不高的地区更为显著。该研究结果表明，执法水平与投资者实地调研对企业社会责任的影响存在替代效应，则进一步支持假设 H1。

表 5-7 横截面分析

变量	（1）	（2）
常数项	−0.853***	−1.265***
	（−6.084）	（−8.431）
LNVISIT	0.019***	0.021***
	（4.247）	（4.33）
Low-LAW	−0.064***	
	（−3.875）	
Low-LAW * LNVISIT	0.019***	
	（3.330）	
Low-RELIGION		−0.064***
		（−3.789）
Low-RELIGION * LNVISIT		0.017***
		（2.797）
SIZE	0.155***	0.173***
	（24.932）	（26.179）

表5-7(续)

变量	(1)	(2)
ROA	8.352***	8.281***
	(87.537)	(82.942)
LEV	−0.353***	−0.387***
	(−10.984)	(−11.538)
GROWTH	0.027**	0.034***
	(2.488)	(3.043)
AGE	0.006	0.033*
	(0.306)	(1.697)
COVER	0.04***	0.035***
	(5.704)	(4.891)
DUAL	−0.007	−0.016
	(−0.573)	(−1.288)
INDPCT	−0.018	−0.047
	(−0.187)	(−0.466)
SOE	0.078***	0.066***
	(5.645)	(4.698)
INST	0.117	0.115
	(1.299)	(1.240)
YEAR 和 INDUSTRY 固定效应	Yes	Yes
N	13 867	13 040
ADJ-R^2	52.25%	52.9%
F-value	224.166***	216.362***

注：括号里的数字为 t 统计量值，*、**、*** 分别表示在 10%、5% 和 1% 的统计水平上显著。

(二) 宗教环境的影响

近年来的研究发现，宗教作为一种非正式制度，依靠其内在的道德约束，可以缓解企业的信息不对称状况，抑制管理者的利己行为，鼓励企业参与慈善捐赠和环境保护等行为（Du et al.，2014a；Du et al.，2014b；Callen、Fang，2015；Griffin、Sun，2018）。就企业社会责任而言，Du et al.（2016a）发现宗教环境与企业履行社会责任正相关。Su（2019）得出了类似的结论，并进一步发现在高污染行业，宗教与企业履行社会责任之间存在更强的正相关关系。Harjoto 和 Rossi（2019）以意大利上市公司为样本，也发现了宗教信仰对企业履行社会责任的积极影响。基于以上发现，我们认为宗教和企业履行社会责任之间存在着积极关系。根据 Williamson（2000）提出的制度分析框架，作为嵌入社会的习俗和规范，宗教在经济制度中处于最高层级，并在正式制度不完备时扮演替代角色（Du et al., 2016a）。因此，我们预期宗教环境在机构投资者实地调研和企业履行社会责任之间的关系上发挥调节作用。也就是说，在宗教氛围较淡薄的环境中，机构投资者实地调研对提升企业社会责任履行水平的治理作用可能会更加突出。

为了测度宗教环境，参考 Du et al.（2014a）的做法，我们首先手工搜集我国所有著名的佛教寺庙和道教宫观的位置，然后根据地理邻近度计算上市公司总部与这些寺庙和宫观的地理距离。最后，我们将宗教环境定义为公司总部周边 200 千米范围内宗教场所（如佛教寺庙和道教宫观）的数量。为了测试宗教的潜在调节作用，我们首先计算宗教环境的中位数，然后构造一个低宗教环境的指标变量（表示为 *Low-RELIGION*），如果某一公司的宗教环境指标低于宗教环境的中位数，则该变量（*Low-RELIGION*）赋值为 1，反之为 0。我们将 *Low-RELIGION* 及其与 *LNVISIT* 的交互项（*Low-RELIGION * LNVISIT*）添加到本章的主回归模型（5.1）中，重新进行回归，表 5-7 第（2）列为回归结果。由结果可知，交互项 *Low-RELIGION * LNVISIT* 的回归系数在 1% 水平上显著为正（0.017，t=2.797），说明在宗教氛围较淡薄的情况下，机构投资者实地调研对企业履行社会责任的促进作用更明显。这一发现表明宗教环境和机构投资者实地调研对企业履行社会责任的影响具有替代效应，再次支持了假设 H1。

第六节　结论与启示

如今，我国的机构投资者在公司治理过程中发挥着越来越重要的作用。它们比以往任何时候都更关心企业的社会责任履行情况。传统的信息获取方式可能不能满足机构投资者对企业社会责任履行信息的需求。实地调研是获取信息的重要渠道，可以使机构投资者和其他利益相关者更全面、更真实地了解公司的经营管理情况，从而使机构投资者能够更准确地评估公司的社会责任履行情况。为此，我们考察了机构投资者对被调研公司社会责任履行的影响。本研究发现机构投资者可以通过实地调研来监督和推动企业履行社会责任。

我们运用合法性理论来解释机构投资者实地调研对企业履行社会责任的影响。根据合法性理论，本研究强调投资者实地访问主要通过社会期望影响企业履行社会责任，包括对社会规范、伦理价值和行为规范的遵守。机构投资者和社会公众对那些社会责任履行表现不佳的企业施加影响，敦促此类企业改善其社会责任履行状况，从而获得组织合法性。此外，机构投资者的实地调研可以激励被调研企业提升社会责任履行水平，依靠机构投资者的价值发现功能实现更高的企业价值，即获得合法性的收益。为了检验我们的理论预期，本研究使用2010—2018年我国深圳证券交易所上市公司的机构投资者实地调研的独特数据，并运用OLS回归分析和2SLS工具变量回归考察了机构投资者实地调研对企业履行社会责任的影响。通过实证研究，我们发现机构投资者实地调研和企业履行社会责任之间存在着显著的正向关系。这表明被机构投资者实地调研的公司更有可能实施积极的社会责任履行行为。为了使实证结论更加稳健和可靠，我们还进行了一系列稳健性检验，在进行了变量替换、工具变量法等稳健性检验后，我们的研究结论依然成立。此外，调节效应分析显示，在执法水平较低、宗教氛围较淡薄的地区，机构投资者实地调研和企业履行社会责任之间的关系更强。

本章研究具有重要的政策意义，为监管部门关于机构实地调研信息披露的监管政策实施提供经验证据和政策反馈。我们的研究表明，机构投资者对企业社会责任履行情况的关注和监督是提高上市公司采取负责任的社会行为的重要推动因素。我们的实证结果说明了完善机构实地调研信息披露政策的有效性。由于机构投资者的治理行为难以直接观测，机构投资者如何影响企业一直处于"黑箱"之中。作为机构投资者的具体行为，机构投资者实地调研为监管部门研究机构投资者对企业的治理效应提供了可观测的证据。证监会和证券交易所应不断关注机构投资者实施实地调研的意愿、频度、广度和深度，出台相关政策规范，引导机构投资者开展实地调研活动，使其有效地发挥信息中介和外部监督作用。因此，在我国上海证券交易所推行机构对上市公司实地调研信息披露政策也是十分必要和有意义的。此外，我们的研究结论可能还会激励其他国家的证券交易所实施实地调研信息披露政策，从而促使全球范围内的上市公司更好地履行其社会责任。

此外，本研究对机构投资者和公司管理者也具有重要的启示。根据我们的实证结果，我们建议机构投资者应尽可能多地对企业进行实地调研，因为实地调研可以增强企业的社会责任感，从而改善该类企业的财务业绩和市场价值。对于企业管理者来说，有必要认识到，在环境、社会和公司治理投资理念盛行的情况下，引入机构投资者正成为提高企业社会责任履行水平的重要治理机制。因此，保持良好的投资者关系并加强与机构投资者的沟通，有利于企业的可持续经营。

第六章 企业社会责任导向与管理层盈余预测精确度的关系

本章旨在探讨有较强社会责任感的公司与其他公司在管理层披露的盈余预测质量上是否存在差异。具体而言，我们利用2010—2016年我国669家上市公司的5 192个盈余预测观测值，考察了社会责任履行表现较好的公司与表现较差的公司相比，是否提供了更高精确度的管理层盈余预测，从而展现出透明和负责任的披露形象。我们通过实证研究发现，企业履行社会责任状况与管理层盈余预测精确度呈正相关关系。这一实证结果在我们做了一系列稳健性检验后依然显著存在。稳健性检验包括替换企业履行社会责任的度量方法、考虑强制性披露样本和自愿性披露样本、采用工具变量法控制内生性问题。此外，我们还发现在非国有企业中，企业履行社会责任状况与管理层盈余预测精确度的正相关关系更强。我们的研究结果表明，具有社会责任感的公司会通过披露高质量的盈余预测信息来遵守更高的道德标准，从而维持其良好的社会声誉，这支持了透明预测假说。本研究丰富了现有关于企业履行社会责任的经济后果的文献，并增加了来自新兴市场经济体的经验证据。

第一节 引言

近几十年来，企业社会责任问题一直受到理论界和实务界的广泛关注。同时，履行企业社会责任已经成为大多数企业的重要战略安排。鉴于企业履行社会责任的重要性，大量的学术研究探讨了企业承担社会责任对企业经营行为和经济结果的影响。以往的文献大多关注企业履行社会责任与企业财务绩效之间的关系（Pava、Krausz，1996；Waddock、Grave，1997；Orlitzky et al.，2003；

Surroca et al.，2010；Skare、Golja，2012；Cavaco、Crifo，2014；Wang et al.，2016；Kim、Oh，2019），其他研究则探讨了企业履行社会责任与盈余管理、现金持有、融资成本、股价崩盘风险、投资效率、消费者感知和消费者忠诚度等的关系（Kim et al.，2012；Cheung，2016；Goss、Roberts，2011；Kim et al.，2014；Benlemlih、Bitar，2018；García-Pozo et al.，2019；Sevilla-Sevilla，et al.，2019；Servera-Frances、Piqueras-Tomas，2019）。

我们的研究主要探讨企业社会责任与管理层盈余预测质量之间的关系。具体而言，本章主要考察企业社会责任履行表现较好的公司（具有社会责任导向的公司）是否更重视管理层盈余预测质量，从而发布更精确的管理层盈余预测信息。根据现有的研究（Kim et al.，2012；Ben-Amar、Belgacem，2018），我们把具有社会责任导向的公司视为那些积极从事负责任的经济和社会活动，以满足各种利益相关者（包括股东、债权人、雇员、供应商、客户、政府、社区等）的道德和社会期望以及合理利益的公司。我们选择管理层盈余预测精确度作为主要研究对象，一是因为公司管理层对盈余预测的精确度有很大的自由裁量权，他们可以决定向外部利益相关者发布多大程度的盈余预测精度；二是因为预测精确度直接决定盈余预测的信息内容和质量，在利益相关者的决策和行为中发挥着至关重要的作用（Cheng et al.，2013）。

企业社会责任和管理层盈余预测是理论研究和实务领域的两个重要课题。特别是近年来，企业在追求经济利益的同时开始重视履行社会责任。同时，由于市场机制的影响，越来越多的上市公司发布盈余预测。然而，这两个主要领域的研究工作是独立进行的，学术界很少关注两者之间的联系。而这个研究问题又是至关重要的，值得学者们探索，这是因为反映公司未来业绩的前瞻性信息比历史财务信息对投资者和债权人等利益相关者更有用，更有决策价值（Hirst et al.，2008）。

企业履行社会责任与管理层盈余预测精确度之间的关系可以用透明预测假说和机会预测假说来解释。学者们基于利益相关者理论，提出了透明披露假说，即具有社会责任感的公司的管理层倾向于披露更加透明和具有丰富信息含量的财务信息，以体现其对商业道德的承诺和遵守，进而维护企业在履行社会责任方面的良好声誉（Freeman，1984；Jones，1995；Gelb、Strawser，2001；Scholtens、Kang，2013；Kim et al.，2012；Lee，2017）。相反，代理理论框架下的机会主义披露假说则认为，管理层参与企业履行社会责任相关活动受到机会主义动机的驱使，企业社会责任绩效可能与企业信息披露透明度负相关。即在良好的企业社会责任形象的伪装下，管理者通过含意模糊或不透明的信息披露来隐藏自己的私利或不道德行为（权小锋 等，2015；Lee，2017；Prior et al.，2008；Ben-Amar、Belgacem，2018）。因此，企业社会责任的履行与管理层盈余预测精确度之间的关系是值得我们关注并需要检验的实证问题。

我们选取中国 A 股上市公司为研究样本，该样本包括 2010—2016 年来自 669 家上市公司的 5 192 个盈余预测观测值。通过实证检验，我们发现企业社会责任的履行与管理层盈余预测精确度之间呈显著的正向关系，表明企业社会责任履行越好的企业越有可能会提供更精确的盈余预测信息。我们的发现证实，企业社会责任导向对管理层盈余预测的质量具有显著的积极影响。这一结果符合我们的透明预测假设，即管理层希望为保持公司的社会责任形象而提供更精确的预测性信息，以保持或提高公司的整体声誉。

我们区分了强制性披露样本和自愿性披露样本，并采用工具变量法控制潜在的内生性问题后，上述实证结果依然显著存在，说明我们的实证结果是稳健可靠的。此外，由于我国特殊的制度背景和转型经济体制，企业所有权类型（国有和非国有）的差异可能会影响企业履行社会责任与管理层盈余预测质量之间的关联。据此，我们进一步考察了不同所有制类型下前述关系的差异。通过实证研究，我们发现在非国有企业中，企业履行社会责任对提高管理层盈余预测精确度的作用要大于国有企业。这一结果可能是因为中国非国有企业的信息披露质量普遍较低（Masanori，2010；唐松 等，2017；Durnev et al.，2009），所以，企业履行社会责任在提高信息披露质量方面的作用更加明显。因此，有必要加强民营企业的社会责任导向和社会责任意识，从而进一步提高其信息披露水平，提高其信息透明度。

本研究的主要贡献在于以下几个方面：

首先，我们的研究丰富了企业履行社会责任的经济后果的相关文献，特别是增加了关于企业履行社会责任对企业信息披露影响的新证据。现有的关于企业履行社会责任和公司信息披露的文献关注的是企业履行社会责任对反映公司历史盈余报告质量的影响（Kim et al.，2012；Ben-Amar、Belgacem，2018；Bozzolan et al.，2015；Hong、Andersen，2011）。与以往的研究不同，我们关注的是企业履行社会责任对企业预期盈余质量的影响，因为预期盈余比历史盈余在更大程度上具有决策相关性，在利益相关者的决策过程中发挥更重要的作用（夏冬林，2004）。与历史盈余不同，管理层披露的预期盈余向市场传达了有关公司未来经营状况和业绩变化趋势的前瞻性信息，提高了外部投资者和债权人等利益相关者获取信息的公平性（张维迎，2002；杨书怀，2010）。尤其是盈余预测的精确度直接反映了信息含量和信息透明度（王玉涛、王彦超，

2012)，这更有助于外部投资者评估管理者是否因维护其社会责任形象而披露透明和相关的信息。因此，本研究为有关企业履行社会责任和财务信息披露质量关系的研究提供了新的思路，并拓宽了我们对企业履行社会责任如何影响管理层业绩预测行为的认识。

其次，预测性信息的披露与否对各利益相关者都很重要，但其预测质量对利益相关者的决策更为重要。然而，与预测动机和后果的研究相比，对管理层盈余预测的特征尤其是对其质量特征影响因素的研究还比较缺乏（Hirst et al.，2008）。在预测性信息的质量特征中，预测精确度更容易被管理者控制（Cheng et al.，2013）。然而，只有少数研究探讨了管理层盈余预测精确度的决定因素（Cheng et al.，2013；Choi et al.，2010；Baginski、Hassell，1997）。通过展示企业履行社会责任在决定管理层盈余预测精确度方面的重要性，我们扩展了该领域的研究，并响应了学者们对管理层盈余预测质量特征进行更多研究的呼吁（Hirst et al.，2008）。此外，本研究还考察了在何种情况下企业履行社会责任的作用更小或更大。

再次，本研究选取中国上市公司作为样本，不仅包括自愿性盈余预测披露样本，还包括强制性披露样本，这样可以大大减少以往文献中由完全自愿性盈余预测披露样本导致的样本选择问题。强制性披露样本占总样本量的93.91%，这不同于以前研究中的自愿性披露样本，因此我们的研究可以缓解企业履行社会责任与自愿性披露质量的关系研究中存在的样本自选择问题。此外，我们的研究通过考察全球最大新兴经济体——中国企业的社会责任履行和管理层盈余预测这两个重要学术和实务问题之间的联系，拓展了企业履行社会责任和管理层盈余预测这两个领域的研究。学术界认为，新兴经济体提供了一个有趣而有价值的研究环境，可以在其中研究传统学术问题和独特现象，以促进学术研究的发展（Wright et al.，2005；Lau et al.，2016；Xu、Meyer，2013）。因此，本研究融合企业社会责任的履行、新兴经济体和管理层盈余预测三个研究领域，发现中国企业的社会责任导向对公司预测性信息披露质量的积极影响，从而为引导和规范新兴市场中公司的信息披露行为提供了可能的路径。

最后，我们的研究有益于资本市场监管者，他们更倾向于倡导上市公司发布更精确的盈余预测信息（Choi 和 Pae，2011）。总的来说，我们的结果与监管机构的预期目标是一致的，即提高信息披露的精确性，提升企业对整个社会的责任感。此外，我们的研究也有助于投资者评价公司信息披露的透明度和信息含量。越来越多的研究表明，与其他任何会计信息来源相比，管理层盈余预测为投资者提供了更多的信息（Bozanic et al.，2018；Beyer et al.，2010），而更精确的预测信息会引起投资者更强烈的反应（Bamber、Cheon，1998；Hutton et al.，2003）。因此，本章的研究结果为投资者如何做出合理决策提供了重要参考。

第二节　制度背景

管理层盈余预测已经存在了很长时间，也引起了学术界的极大关注。自1973 年美国证券交易委员会（SEC）将前瞻性信息纳入美国资本市场信息披露体系以来，管理层披露的盈余预测就成为大多数上市公司传递信息、调整市场预期、减少信息披露或诉讼费用、缓解上市公司和外部投资者间信息不对称，以及提升自身的披露声誉从而影响股价的重要手段（Ajinkya、Gift，1984；Skinner，1994，1997；Hirst et al.，2008；King et al.，1990；Coller、Yohn，1997；高敬中 等，2011）。大量研究认为，上市公司发布的管理层盈余预测信息含量大，既可以为资本市场提供重要信息，又可以提高上市公司的披露声誉，从而推高股价，降低资本成本（King et al.，1990；Pownall et al.，1993；Coller、Yohn，1997；Baginski et al.，1993；Hutton et al.，2003；Beyer et al.，2010）。

由于我国正处于经济转型阶段，相关法律法规尚不完善，上市公司的信息披露意识较弱（Ang et al.，2015；Du et al.，2016），这阻碍了管理层盈余预测体系的建立和完善。与大多数国家完全自愿的盈余预测不同，中国上市公司的管理层盈余预测具有半强制性特征，即符合某些特征（如亏损或扭亏为盈）的上市公司必须要披露其管理层盈余预测信息（Yuan et al.，2014；高敬忠、王英允，2014；袁振超 等，2014）。虽然企业管理者对是否进行盈利预测具有一定程度的自由裁量权，但他们对预测的形式的确有着很大的自由裁量权，这些预测形式包括点预测、闭区间预测、开区间预测和定性预测。既有研究认为，在盈余预测的质量特征中，精确度是管理层具有最大自由裁量权的质量特征之一（Cheng et al.，2013）。基于管理层的受托责任和证券市场的信息披露管制，管理层不一定能一直隐藏业绩预测类信息的发布，但管理层可以决定业绩预告的精确度。如管理层可以在业绩预告中对未来业绩通过开区间预测、闭区间预测和点预测的形式进行披露，其中，闭区间的上限和下限的差异反映了业绩预告的精确度，点预测的精确度最高。已有研究认为管理层在业绩预告精确度上的决策权可能比业绩预告发布本身具有更大的自由度（Hirst et al.，2008）。与美国公司类似，中国大多数公司的管理层盈余预测采用的是区间预测形式，即有具体的上下限估计值（Cheng et al.，2013），管理层在闭区间的上限和下限决定上有很大的自由度。

预测性信息的精确度能够直接影响信息使用者对信息含量的判断，精确度越高表明管理层对盈余预测信息的不确定程度越低，信息使用者对该信息的认可程度就会越高（Kim、Verrecchia，1991；Hirst et al.，1999）。当投资者接收了不同精确度的信息，其面临的投资风险是不同的，进而会影响到他们的投资决策，所以不同精确度的业绩预测信息对投资者行为产生了重要的影响（Maines、McDaniel，2000），精确的信息比含糊的信息更容易让人做出准确的判断，在其他条件相同的情况下，公司提供更精确的信息对投资者更具有决策价值（Karamanou、Vafeas，2005）。此外，既有文献发现业绩预告精确度有显著的市场反应（Kim、Verrecchia，1991），能够影响公司股票的市场回报、投资者的投资决策和证券分析师的预测行为（Kim、Verrecchia，1991；Maines、McDaniel，2000；Baginski et al.，1993）。公司提供的更精确的信息对信息使用者做出准确的判断和明智的决定更有价值和有用（Kim、Verrecchia，1991；Subramanyam，1996；Karamanou、Vafeas，2005）。投资者会根据他们观察到的管理层的盈余预测行为，修正他们对经理人声誉的评估（Beyer、Dye，2012）。总的来说，管理层盈余预测的精确性不仅对股东的投资决策至关重要，而且对其他利益相关者了解公司经营和财务状况也很重要。

目前，我国上市公司的盈余预测形式主要是业绩预告。业绩预告按照消息类型划分为四种："预亏""预增""预减"和"扭亏"。这四项制度并不是同时出台的，而是经历了一个逐步发展完善的过程。

最先推出的是业绩预亏制度。1998年12月，中国证监会发布的《关于做好上市公司1998年年度报告有关问题的通知》中规定："如果上市公司发生可能导致连续三年亏损或当年重大亏损的情况，应当根据《股票发行与交易管理暂行条例》第六十条的规定，及时履行信息披露义务，应当在年报公布前刊登预亏公告。"这是在我国资本市场历史上首次实施的业绩预告制度，当时的预告对象仅限于业绩亏损公司。

到了2001年，监管机构增加了新的业绩预告标准，沪、深证券交易所在《关于做好上市公司2001年年度报告工作的通知》中要求："在2001年会计年度结束后，如果上市公司预计可能发生亏损或者盈利水平较上年出现大幅变动的（利润总额增减 50% 以上），上市公司应当在年度结束后 30 个工作日内及时刊登预亏公告或业绩预警公告。"至此，业绩预告由单纯的"预亏"扩展为三类："预亏""预增"和"预减"。

2002 年，沪、深证券交易所对业绩预告的时间做出了明确规定。根据《公开发行证券的公司信息披露编报规则第 13 号内容与格式特别规定》的有关规定，沪、深证券交易所要求若预测全年经营业绩可能为亏损或者与上年相比上升或下降 50% 及以上，上市公司应当在当年第三季度报告中预告全年业绩，而第三季度报告的披露必须在 10 月 31 日前完成。除了要求上市公司在第三季度中对于年报业绩预计亏损或大幅度变动的情况进行预告外，还要求对半年度和季度的业绩进行预告，确立了"前一季度预告后一季度业绩"的新规则。这大大提高了业绩预告的及时性，使得业绩预告的预测性特征逐渐得到强化（王玉涛、王彦超，2012）。

在 2003 年初，沪、深证券交易所又对 2002 年度报告给出了业绩预告的修正原则：公司应在而未在 2002 年第三季度报告或临时报告中预计 2002 年全年亏损或者盈利大幅度变动的，或者实际情况与预计情况不符的，公司应当立即做出补充公告，最迟不得晚于次年 1 月 31 日。从此，业绩预告的修正公告制度得以确立，并明确了衡量公司业绩变动的唯一指标为净利润。

自此之后，关于业绩预告的规定更加详尽，但实质内容没有太大变动。到 2006 年 5 月，沪、深证券交易所在其发布实施的新《股票上市规则》中对业绩预告制度做了一些调整，将"扭亏为盈"加入了业绩预告的范围，再次强调了建立业绩预告制度的重要性，并开始重视上市公司业绩预告的准确性问题。至此，业绩预告基本覆盖了投资者所关心的主要业绩变化类型。此外，业绩预告既可以在定期报告中发布，还可以以临时公告的形式发布，极大地提高了业绩预告的及时性。我国的业绩预告制度基本确定下来。除此之外，不符合强制披露条件的公司，可以根据自身的情况自愿披露业绩预告。受市场动力机制的影响，越来越多的上市公司自愿披露业绩预测信息，以建立与外部投资者更友好的关系，树立公司自愿披露未来业绩的良好形象，引导投资者的理性投资行为，减小公司股价波动性（张翼、林小驰，2005；戴德明 等，2005）。我国形成了业绩预告强制性披露和自愿性披露并存的局面。

第三节　文献回顾与研究假设

一、文献回顾

　　基于我们的研究主题，与本研究最密切相关的文献是关于企业履行社会责任与财务信息披露质量二者关系的研究。现有研究主要从盈余管理的角度考察了企业履行社会责任与会计信息质量之间的关系。现有研究表明，在社会伦理的指导和声誉效应的激励下，从事负责任活动的企业会坚持诚实正直的道德品质，减少盈余管理行为，进而提高会计信息质量。例如，Chih et al.（2008）使用跨国数据进行实证研究，发现社会责任履行表现较好的公司不太可能操纵公司盈余，表现出较低的平滑收益倾向和较低的避免收益下降的可能性。Hong 和 Andersen（2011）选取美国公司作为样本，探讨企业履行社会责任与盈余管理的关系，发现具有社会责任导向的公司通常盈余管理活动较少，应计项目质量较高，往往不会成为 SEC 的调查对象。同样地，Kim et al.（2012）也以美国上市公司为样本，发现重视社会责任的公司往往不会对其盈余进行操纵。Scholtens et al.（2013）利用亚洲国家的数据仍然得出了履行社会责任的企业不倾向于进行激进的盈余管理行为的结论。刘华等（2016）利用我国上市公司数据进行研究，发现强制披露企业社会责任报告与操纵性应计利润显著负相关，说明企业承担社会责任后显著地减少了操纵性应计，提高了会计信息质量。此外，既有研究进一步证明，社会责任绩效较好的公司不太可能进行不利于公司未来业绩的真实盈余管理行为（Bozzolan et al.，2015）。Gelb 和 Strawser（2001）还证实，以社会责任为导向的企业比不重视社会责任的企业更倾向于向市场参与者披露更广泛、更有用的信息。与此相反，一些理论研究者认为，如果管理者机会主义地利用企业社会责任战略来寻求个人利益，企业履行社会责任会加剧企业的代理问题（Prior et al.，2008；Martinez-Ferrero、García-Sánchez，2015）。在代理理论的框架下，少数研究发现企业履行社会责任与盈余管理之间存在正相关关系（Prior et al.，2008；Gargouri et al.，2010）。Ben-Amar 和 Belgacem（2018）发现，在企业履行社会责任方面投入更多的企业更容易发布表述复杂的和含意模糊的年度报告，原因是管理者为了自身利益而操纵披露的可读性。

　　综上所述，以上文献关注的是企业的社会责任取向对历史财务信息质量的影响，很少有研究关注企业履行社会责任对前瞻性盈余预测质量的作用。据我们所知，Lee（2017）的论文是唯一一篇探讨企业履行社会责任对管理层盈余预测质量影响的文章。但我们的研究与 Lee（2017）有着明显的区别。首先，我们关注的是管理层盈余预测的精确度，而他研究的是盈余预测的准确度。盈余预测精确度和准确度是管理层盈余预测的两个不同质量特征。与预测准确度相比，管理层对盈余预测的精确度有着更大的自由裁量权和控制权，出于一定动机，管理层可以选择对外披露不同精确程度的盈余预测信息（Cheng et al.，2013）。因此，盈余预测的精确度可以更好地反映管理者在信息披露中对利益相关者的责任。其次，在发布盈余预测信息时，预测精确度往往会引起显著的市场反应（投资者的反应和证券分析师的反应），而预测准确度的市场反应无法得到有效的评价，因为预测准确度需要事后通过比较预测盈余与实际盈余的差额来验证。最后，基于中国这个最大的新兴和转型经济体背景，我们进行的研究与 Lee（2017）关注美国市场的研究有很大的不同，因为这两个经济体在管理层盈余预测和上市公司的社会责任绩效方面有很大的不同。因此，本研究丰富了现有关于企业履行社会责任的经济后果和盈余预测质量影响因素的研究。

二、研究假设

目前，企业履行社会责任已逐渐成为利益相关者评价企业的重要方面。利益相关者理论认为，企业管理者有满足利益相关者群体的需要和利益的道德责任，因此管理者在与利益相关者的互动中往往会遵循更高的道德标准，以体现企业的社会责任（Donaldson、Preston，1995；Freeman，1984；Jones，1995）。关于企业履行社会责任的"价值创造"理论认为负责任的企业往往把披露高质量的财务报告和非财务报告作为自身的社会责任，减少盈余管理，提高信息的透明度，通过信息披露实现"沟通效应"。此外，企业履行社会责任也日益成为企业获取竞争优势的战略手段（Porter、Kramer，2002；Garriga、Mele，2004；Mohammadi et al.，2018）。企业履行社会责任可以帮助企业获取外部资源，获得竞争优势（Garriga、Mele，2004；Martínez-Ferrero et al.，2016；El Ghoul et al.，2017；Costa-Climent、Martínez-Climent，2018）。具体来说，以企业社会责任为导向的企业可以获得良好的社会声誉，可以与利益相关者建立长期友好的合作关系和网络，获得市场、人员、资本、商誉以及其他关键资源，这些资源是企业获得竞争优势的来源，从而使企业能够实现可持续的良好财务业绩（Bhattacharya、Sen，2004；Turban、Greening，1997；Goss、Roberts，2011；Cheng et al.，2014；Godfrey et al.，2009；Kim et al.，2012；Roberts、Dowling，2002）。因此，企业履行社会责任实践所产生的良好利益相关者关系对企业财务绩效和企业价值产生了积极影响（Davis，1960；Godfrey，2005；Choi、Wang，2009；Lee，2019）。总之，企业积极履行社会责任被认为是一种有效的管理策略，是企业成功的关键因素之一（Freeman et al.，2007；Falck、Heblich，2007；Cheng et al.，2014）。为此，管理者有动机满足主要利益相关者的利益，这也是企业社会责任研究者所倡导的社会道德关注（Jones，1995；Garriga、Mele，2004）。Adam Friedman Associates 对企业履行社会责任进行的一项新的全球调查表明，建立良好的企业声誉是企业履行社会责任的主要动机，这与利益相关者理论是一致的（Adam Friedman Associates，2012）。

　　由于企业与利益相关者之间的信息不对称，满足利益相关者的信息需求是履行社会责任的企业的首要任务，具有社会责任导向的公司往往会在信息透明度和负责任的信息披露方面树立良好的声誉。提供高质量和更多信息的披露是对主要利益相关者群体的信息需求的负责任回应，也是公司管理者与外部利益相关者进行道德沟通的第一步。高质量的管理层业绩预测政策的重要性通常被视为减少公司内部人员与外部人员之间信息不对称的一项预先承诺（King et al.，1990）。与低精确度的盈余预测信息相比，发布较高精确度的盈余预测可以更多地减少信息不对称，向信息使用者发出更清晰的信号，从而减少利益相关者群体面临的不确定性及风险。现有研究发现，管理层盈余预测的精确程度越高，证券分析师对公司的盈余预测越有信心（Libby et al.，2006）。总的来说，精确的预测信息有助于利益相关者做出合理判断和决策，这符合考虑了各利益相关者群体利益的企业价值最大化原则。这种道德沟通对公司也有着潜在的好处。企业声誉主要反映利益相关者对企业提供有价值的产品或服务的行为的看法和评价（Fombrun，1996），因此，发布精确的预测信息，可以促进企业在透明和负责任的披露方面建立良好的声誉。从已有研究来看，如果上市公司想要在预测披露方面建立良好声誉，公司高管就会披露更加精确和公正的信息（King et al.，1990）。这种公开透明、负责任的声誉可以减少信息披露不透明所带来的交易成本，从而有助于降低公司的资本成本，增加利益相关者的财富，最终实现"双赢"的结果（Jones，1995；Miller、Bahnson，2002；Cho et al.，2013），这与企业社会责任战略追求的长期价值最大化目标是一致的（Garriga、Mele，2004）。在互惠互利的基础上，公司与利益相关者之间的互动才能持续下去（Wagner-Tsukamoto，2019；Costa-Climent、Martínez-Climent，2018）。

　　如果公司花费精力和资源参与履行社会责任相关的活动，以提高代表利益相关者利益的负责任和道德行为的声誉，那么它们将继续维护和管理这种良好的声誉。这是因为建立一个良好的声誉是一个困难、昂贵且耗时的过程。此外，声誉是非常脆弱的，极易受到损害，公司的一些小错误（例如不公平、不诚实或其他不负责任的行为）都会使所有的努力成为徒劳。盈余预测的精确度在很大程度上取决于管理层生成盈余预测信息的收益和成本（Baginski et al.，2004；Bamber、Cheon，1998）。因此，拥有良好声誉的企业往往不会因为机会主义和短期利益而浪费过去的努力和声誉建设投资，而是更愿意继续进行声誉投资，以维持和获得更多的声誉效应（Telser，1980；Jo et al.，2007）。因此，以社会责任为导向的公司有强烈的动机以负责任和道德的方式行事，因为这些行为对它们是有益的（Jones，1995）。由此，我们认为，更注重社会责任的企业也倾向于提供相对精确的盈余预测信息，以提高信息披露透明的声誉，也反映了企业高管为建立积极的企业声誉所做出的努力。

基于上述理论分析，我们认为社会责任履行表现好的企业比社会责任履行表现差的企业披露的盈余预测信息的精确度更高。这就引出了以下的透明预测假设：

H1a：在其他条件相同的情况下，企业履行社会责任与管理层盈余预测精确度呈正相关关系。

根据代理理论，现有关于企业履行社会责任与财务信息质量的文献也发现，企业履行社会责任活动在一定程度上加剧了代理问题，为管理者操纵财务信息披露提供了机会，以掩盖糟糕的财务业绩或其机会主义行为（Hemingway、Maclagan，2004；Martinez-Ferrero、García-Sánchez，2015）。基于代理视角的一些实证研究发现，在履行社会责任项目上投入较多的上市公司有较大的盈余管理倾向，更容易提供不透明的财务报告，从而掩盖其真实业绩（Gargouri et al.，2010；Martinez-Ferrero、García-Sánchez，2015；Ben-Amar、Belgacem，2018）。现有文献还发现，管理者在财务报告过程中行使自由裁量权时，他们可能会参加与企业履行社会责任有关的活动，并将履行社会责任作为一种防御策略，以避免可能受操纵财务信息影响的利益相关者的审查和抵制（Cespa、Cestone，2007）。这一发现支持了这样一种观点，即机会主义管理者通常认为，满足利益相关者的利益，建立关心社会和环境的形象，可以减少他们因操纵信息披露而被利益相关者审查和惩罚的可能性。企业社会责任履行行为已经成为赢得利益相关者广泛支持的有力工具（Prior et al.，2008）。因此，那些经理人在决策方面拥有相当大的自由裁量权的公司更倾向于对企业社会责任进行过度投资，以获得主要利益相关者的支持，并将利益相关方的注意力从公司的不良业绩或经理人的不当行为方面转移开来。因此，管理者可能将履行企业社会责任视为掩盖机会主义动机的堑壕策略（Surroca、Tribó，2008；Martinez-Ferrero、García-Sánchez，2015；Martinez-Ferrero et al.，2016）。

如果管理层的机会主义动机在公司信息披露中占主导地位，则企业的社会责任履行表现与盈余预测的精确度之间可能存在反向关系，因为这些公司的管理者往往试图通过含意模糊的或不透明的盈利预测信息来误导利益相关者对公司实际财务业绩的看法。基于对企业履行社会责任机会性使用的讨论，我们提出了一个关于企业社会责任绩效与管理层盈余预测精确度之间关系的竞争性假设，即机会性预测假设：

H1b：在其他条件相同的情况下，企业履行社会责任与管理层盈余预测精确度呈负相关关系。

第四节　研究设计

一、样本选取和数据来源

本研究选取 2010—2016 年中国 A 股上市公司的盈余预测作为初始样本。这是因为一方面，国泰安（CSMAR）数据库中的管理层盈余预测数据可以获取的最初年份是 2010 年；另一方面，企业社会责任数据来自润灵环球的企业社会责任评级数据库（RKS），该数据库中的 CSR 数据可用到 2016 年。

参考既有研究的做法（Cheng et al.，2013；Li、Zhang，2015；Huang et al.，2017；McGuinness et al.，2017），我们对初始样本做了如下筛选和处理：①删去金融和保险类公司，因为它们受到和其他公司不同的监管和使用不同的会计标准；②和相关研究（Cheng et al.，2013）保持一致，删去无法测量盈余预测精确度的定性预测和开区间预测的样本观测值；③排除那些在 RKS 数据库中无法获取 CSR 值的样本观测值；④删除其他控制变量值缺失的观测值。经过以上筛选程序，我们最终获得了 5 192 个有效样本。本章的企业社会责任数据来自独立的企业社会责任评级机构 RKS 数据库，其他数据来自学者们广泛使用的研究我国上市公司相关问题的国泰安（CSMAR）数据库。

二、企业履行社会责任的度量

本研究利用 RKS 数据库对我国上市公司社会责任绩效进行的测度数据。该数据已被国内外学者广泛采用（Chen、Wan，2020；Pan et al.，2018；Huang et al.，2017；McGuinness et al.，2017；Marquis、Qian，2014）。润灵环

球（RKS）作为一家专业、独立的企业社会责任评级机构，其根据 ISO26000 指南和 GRI（3.0）并考虑了我国企业的实际情况，对我国 A 股上市公司的社会责任状况进行测评。RKS 通过宏观、内容、技术、行业四个初始层次指标进行评级。其中，前三个初始指标还包括一系列一级指标和二级指标，适用于所有行业。例如，在内容层面下，有六个一级指标，包括社区参与与发展、消费者、经营公平、环境、劳动与人权、经济绩效。在一级指标（如环境）下，又有四个二级指标，包括环境管理信息、污染预防信息、减缓和适应气候变化信息以及可持续资源利用信息。在行业指标方面，每个行业都有不同的行业指标。最后，根据每个公司的这些细分指标的得分值，形成一个从 0 到 100 不等的总体 CSR 评分。企业社会责任评分综合反映了企业在某一年的社会责任履行表现。

三、管理层盈余预测精确度的度量

借鉴已有研究的方法（Johnson et al.，2001；Cheng et al.，2013；袁振超等，2014；Li、Zhang，2015），我们用盈余预测宽度的负值来衡量预测精确度（PRECISE）。对于闭区间预测而言，预测宽度就是预测值的区间上限值与区间下限值的差额再除以公司期初股价。对于点预测，我们将其预测宽度视为 0。因此，PRECISE 的值越大，预测精确度越高。

四、实证模型和控制变量的度量

为了检验上述假设，我们构建以下多元回归模型（6.1）来估计和分析企业履行社会责任对管理层盈余预测精确度的影响。同时，该模型还控制了行业和年份的固定效应。此外，为避免公司层面的聚集效应对估计结果的影响，我们对回归模型的标准误进行了公司层面的聚类调整。我们主要关注模型（6.1）中的 CSR 系数 β_1 的符号，如果 β_1 的符号显著为正，则实证结果支持假设 H1a；若 β_1 的符号显著为负，则假设 H1b 得到实证支持。

$$PRECISE = \beta_0 + \beta_1 CSR + \beta_2 SIZE + \beta_3 BM + \beta_4 LEV + \beta_5 ROA + \beta_6 LOSS + \beta_7 VOLR +$$
$$\beta_8 RETURN + \beta_9 COVER + \beta_{10} HORIZON + \beta_{11} ANNUAL + \beta_{12} NEWS +$$
$$\beta_{13} SOE + \beta_{14} DUAL + \beta_{15} INDR + \beta_{16} INST + INDUSTRY + YEAR + \varepsilon \quad (6.1)$$

在上述模型（6.1）中，因变量 PRECISE 表示管理层盈余预测的精确度，主要解释变量 CSR 表示公司整体的 CSR 履行水平。借鉴现有研究（Cheng et al.，2013；Ajinkya et al.，2005），本研究还包含了许多可能影响管理层盈余预测精确度的必要控制变量。具体来说，这些控制变量包括企业规模（SIZE）、企业成长性（BM，以账面市值比衡量）、企业财务杠杆（LEV）、企业财务绩效（ROA）、企业是否亏损（LOSS）、股票收益的波动性（VOLR）、股票收益率（RETURN）、是否属于年度盈余预测（ANNUAL）、盈余预测区间（HORIZON）、消息类型（NEWS）、证券分析师关注数量（COVER）。此外，考虑到有效的公司治理机制对监督管理者的行为和决策至关重要（García-Sánchez et al.，2019），我们还选择了几个具有代表性的公司治理变量作为控制变量，包括公司所有权类型（SOE）、两职合一（DUAL）、独立董事在董事会中的比例（IN-DR）和机构投资者的持股比例（INST）。同时，我们还控制了行业和年份的固定效应。本章的表 6-1 显示了每个变量的更详细定义和度量方法。

表 6-1　变量定义

变量名称	变量符号	变量定义
管理层盈余预测精确度	*PRECISE*	以盈余预测宽度的负值来衡量
企业社会责任	*CSR*	润灵环球（RKS）对上市公司社会责任报告的评价得分
公司规模	*SIZE*	期末公司总资产的自然对数
公司成长性	*BM*	公司账面市值比，用公司账面价值除以市值的比值来测度，BM 的值越小，则公司成长性越好
财务杠杆	*LEV*	用公司资产负债率来衡量，即公司总负债除以总资产的比率
总资产收益率	*ROA*	用公司净利润除以总资产来计算
是否亏损	*LOSS*	它是一个哑变量，当预测期间的公司实际净利润为负时等于 1，否则等于 0
股票收益波动性	*VOLR*	表示股票收益的波动性，用盈余预测发布日前一年股票收益的标准差来衡量
股票收益率	*RETURN*	用盈余预测发布前一年度的股票收益率来衡量。
证券分析师关注	*COVER*	用证券分析师关注数量来衡量，采用关注该公司的证券分析师人数加 1 的自然对数来计算
盈余预测区间	*HORIZON*	用盈余预测的发布日期和会计期间结束日期之间的天数来衡量
消息类型	*NEWS*	它是一个虚拟变量，如果公司股票的累计异常收益率在以盈余预测日为中心的三天窗口期内大于 0（好消息），则该变量取值为 1，否则为 0（坏消息）

表6-1(续)

变量名称	变量符号	变量定义
企业所有权性质	*SOE*	依实际控制人划分公司所有权性质，国有控股则为 1，否则为 0
两职合一	*DUAL*	若公司董事长和总经理为同一人则取值为 1，否则为 0
独立董事占比	*INDR*	公司独立董事在董事会人数中所占的比例
机构投资者持股比例	*INST*	机构投资者持股在总股本中所占的比例
行业控制变量	*INDUSTRY*	采用证监会 2012 年行业分类标准，制造业按二级代码分类，属于该行业时取值为 1，否则取 0
年度控制变量	*YEAR*	属于该年度时取值为 1，否则为 0

第五节　实证结果与分析

一、描述性统计

表 6-2 显示了主回归模型中包含的主要变量的描述性统计结果。为了减轻异常值对回归分析的影响，我们对本研究中所有连续变量进行了 1% 和 99% 分位的缩尾处理。因变量 PRECISION 的均值和标准误分别为 -0.096 和 0.275，这意味着样本公司的盈余预测精确度存在很大的差异。自变量 CSR 的均值和中位数分别为 39.516 和 37.569，而 1% 分位和 99% 分位的 CSR 值分别为 22.373 和 70.714，这意味着样本公司的社会责任履行表现普遍不够好（基于企业社会责任评级满分为 100 分的原因），并且样本公司的社会责任履行表现存在很大的差异。控制变量 LOSS 的均值为 0.108，表明 10.8% 的样本公司在预测期内有损失。ANNUAL 的均值为 0.359，说明样本观测值中大约有 36% 的盈余预测属于年度预测。NEWS 的均值为 0.442，则说明大约有 44.2% 的盈余预测得到了投资者积极的市场反应，我们将这类盈余预测视为好消息。此外，SOE 的均值为 0.438，这意味着约 44% 的样本观测值来自国有企业。

表 6-2 描述性统计结果

变量	均值	标准误	1%分位	25%分位	中位数	75%分位	99%分位
PRECISE	−0.096	0.275	−1.611	−0.010	−0.003	−0.001	0.000
CSR	39.516	9.928	22.373	32.553	37.569	44.251	70.714
SIZE	22.646	1.340	20.216	21.659	22.444	23.552	26.063
BM	0.437	0.292	0.070	0.230	0.359	0.555	1.566
LEV	0.459	0.211	0.047	0.294	0.476	0.628	0.862
ROA	0.047	0.062	−0.140	0.011	0.039	0.077	0.240
LOSS	0.108	0.310	0.000	0.000	0.000	0.000	1.000
VOLR	0.030	0.010	0.015	0.023	0.028	0.035	0.059
RETURN	0.157	0.472	−0.524	−0.194	0.049	0.409	1.754
COVER	2.037	1.022	0.000	1.386	2.197	2.833	3.689
HORIZON	16.122	38.033	−31.000	−15.000	−3.000	63.000	74.000
ANNUAL	0.359	0.480	0.000	0.000	0.000	1.000	1.000
NEWS	0.442	0.497	0.000	0.000	0.000	1.000	1.000
SOE	0.438	0.496	0.000	0.000	0.000	1.000	1.000
DUAL	0.245	0.430	0.000	0.000	0.000	0.000	1.000
INDR	0.376	0.054	0.333	0.333	0.364	0.429	0.571
INST	0.069	0.096	0.000	0.017	0.044	0.078	0.560

二、相关性分析

表 6-3 报告了各变量之间的 Pearson 相关系数。表 6-3 的结果显示，因变量 PRECISION 与自变量 CSR 之间的相关系数在 1%的水平上显著正相关，初步证实了假设 H1a 即透明预测假设。自变量之间的相关系数均在 0.62 以下，说明回归模型中不存在严重的多重共线性问题，这是基于 Gujarati（2009）所提出的观点，即若相关系数不大于 0.8，则说明回归模型不存在严重的多重共线性问题。以上结果仅是单一变量之间的相关性分析。在下面的多元回归分析中，我们将会给出更严谨的多变量关联的实证证据。

表 6-3　Pearson 相关系数

变量	PRECISE	CSR	SIZE	BM	LEV	ROA	LOSS	VOLR	RETURN	COVER	HORIZON	ANNUAL	NEWS	SOE	DUAL	INDR	INST
PRECISE	1.00																
CSR	0.05***	1.00															
SIZE	-0.06***	0.40***	1.00														
BM	-0.13***	0.17***	0.52***	1.00													
LEV	-0.04***	0.16***	0.62***	0.32***	1.00												
ROA	-0.07***	-0.04***	-0.16***	-0.27***	-0.44***	1.00											
LOSS	0.10***	-0.02	0.05***	0.08***	0.21***	-0.57***	1.00										
VOLR	0.11***	-0.01	-0.08***	-0.31***	-0.03***	-0.04***	0.01	1.00									
RETURN	0.13***	0.01	-0.11***	-0.33***	-0.04***	0.13***	-0.07***	0.13***	1.00								
COVER	-0.06***	0.16***	0.25***	-0.06***	-0.09***	0.47***	-0.25***	-0.06***	-0.01	1.00							
HORIZON	-0.08***	-0.03	-0.25***	-0.17***	-0.24***	0.26***	-0.17***	-0.05***	0.00	0.18***	1.00						
ANNUAL	-0.13***	-0.04***	0.04***	0.03***	0.06***	-0.05***	0.04***	-0.06***	-0.01	-0.06***	-0.03***	1.00					
NEWS	0.00	-0.01	0.03**	-0.03**	0.01	0.11***	-0.09***	-0.04***	0.09***	0.06***	-0.05***	-0.01	1.00				
SOE	0.00	0.10***	0.36***	0.32***	0.33***	-0.27***	0.20***	-0.06***	-0.08***	-0.16***	-0.33***	0.07***	0.01	1.00			
DUAL	0.02	-0.08***	-0.12***	-0.18***	-0.14***	0.14***	-0.07***	0.06***	0.04***	0.09***	0.12***	-0.04***	-0.02	-0.32***	1.00		
INDR	0.03**	-0.03*	0.04***	0.01	-0.03**	0.04***	-0.02	0.03**	-0.02	0.04***	0.02	-0.02	-0.02	-0.10***	0.14***	1.00	
INST	-0.04***	0.06***	0.13***	0.08***	0.07***	0.06***	-0.01***	-0.04***	0.02	0.13***	-0.06***	0.01	0.01	0.17***	-0.01	-0.08***	1.00

注：*、**、***分别表示在10%、5%和1%的统计水平上显著。

三、多元回归分析

表6-4展示了企业履行社会责任对管理层盈余预测精确度的影响的多元回归结果。表6-4中第（1）列为尚未添加公司治理控制变量的回归结果，第（2）列为添加了公司治理控制变量的回归结果。从这两列的结果可以看出，企业社会责任（CSR）的回归系数均在1%的水平上显著为正，说明在控制了可能的影响因素后，企业履行社会责任与管理层盈余预测精确度之间具有显著的正相关关系。这一正向关系符合H1a（透明预测假说）的预期，表明企业社会责任履行表现越好，管理者发布的盈余预测信息越精确。该研究结果表明，企业的社会责任感对提高公司盈余预测质量起着至关重要的作用。这与以下观点一致：对于投资大众而言，上市公司的首要社会责任是提供透明的财务信息，因为透明和可靠的信息披露不仅被视为企业与利益相关者进行有效、互利沟通的先决条件，也是衡量公司对不同利益相关者"公正"和"公平"对待的一种方法（Ruppel、Harrington，2000；Holley，1998）。由于公司管理者拥有外部人士无法获得的内部信息，因此他们决定着向外部利益相关者披露信息的精确性（Choi et al.，2010）。在以社会责任为导向的公司中，管理者倾向于做出更加透明的信息披露决策，因为他们有动机在信息披露实践中遵守道德规范和承担责任；而在那些不重视社会责任的公司中，管理者很可能会发布不精确的盈余预测信息甚至故意发布含意模糊的预测信息，目的是通过发布含意模糊的盈余预测来误导外部利益相关者对公司实际业绩的判断。

表6-4　企业履行社会责任与管理层盈余预测精确度的回归结果

变量	（1）	（2）
CSR	0.002^{***}	0.002^{***}
	（3.870）	（3.979）
SIZE	-0.016^{***}	-0.018^{***}
	（-2.967）	（-3.188）
BM	-0.091^{***}	-0.093^{***}
	（-4.805）	（-4.869）
LEV	-0.005	-0.005
	（-0.168）	（-0.195）
ROA	-0.064	-0.063
	（-0.690）	（-0.687）
LOSS	0.062^{***}	0.061^{***}
	（4.341）	（4.245）

表6-4(续)

变量	(1)	(2)
VOLR	0.797	0.758
	(1.621)	(1.541)
RETURN	0.014	0.015
	(1.443)	(1.510)
COVER	−0.002	0.001
	(−0.318)	(0.172)
HORIZON	−0.001***	−0.001***
	(−4.943)	(−4.701)
ANNUAL	−0.065***	−0.065***
	(−8.515)	(−8.498)
NEWS	0.002	0.002
	(0.329)	(0.326)
SOE		0.021**
		(2.177)
DUAL		0.005
		(0.513)
INDR		0.097
		(1.426)
INST		−0.075*
		(−1.881)
常数项	0.141	0.126
	(1.265)	(1.107)
N	5 192	5 192
ADJ-R^2	14.84%	14.93%
F-value	16.078***	15.234***

注：括号里的数字为 t 统计量值，*、**、*** 分别表示在 10%、5% 和 1% 的统计水平上显著。

此外，模型中控制变量的回归结果基本符合我们的预期。主要表现在，SIZE 的回归系数显著为负，说明公司规模越大，就越难以精确地预测公司业绩，进而导致盈余预测的精确程度较低，这与现有文献的结论是一致的（Baginski、Hassell，1997）。BM 的回归系数显著为负，说明账面市值比越高，公司的成长性越低，导致管理者发布含意模糊的盈利预测，这与 Cheng et al.（2013）的结论是一致的。LOSS 的回归系数在 1% 水平上显著为正，这说明管理者对公司经营亏损的状况往往有着更加清晰的估计。HORIZON 的回归系数显著为负，这与我们的直觉一致，说明管理者的预测时间越接近会计期间结束日，其掌握的信息越充分，对盈余的预测就越精确。ANNUAL 的回归系数在1%水平上显著为负，说明上市公司的年度盈余预测的精确度明显低于季度和半年度预测的精确度，这是合乎常理的。此外，SOE 的回归系数显著为正，表明国有企业发布的盈利预测精确度要高于非国有企业。INST 的回归系数显著为负，表明机构投资者较多的公司发布的盈余预测不太准确。模型中其他控制变量的回归系数均在统计学意义上不显著，这与已有研究的发现类似（Li、Zhang，2015；Cheng et al.，2013；Ajinkya et al.，2005；Karamanou、Vafeas，2005）。

四、稳健性检验

（一）改变企业履行社会责任的度量方法

为了使我们的实证结果更加稳健，首先，我们改变了自变量 CSR 的度量方法。在该部分中，CSR 数据来自中国上市公司社会责任研究数据库，该数据库来自国泰安（CSMAR）数据库。参考 Sial et al.（2018）的方法，我们使用企业社会责任报告中披露项目的数量作为企业履行社会责任的替代度量方法。国泰安中的 CSR 数据库汇总了 11 个 CSR 报告项目。具体来说，我们将每个公司 CSR 报告中所包含的项目数除以 11，得到的数值作为 CSR 的第一种替代度量方法，重复回归模型（6.1），回归结果如表 6-5 的第（1）列所示。另外，我们将每个企业社会责任报告中披露的项目数量的自然对数作为 CSR 的第二种替代度量方法，回归结果见表 6-5 的第（2）列。从表 6-5 可以看出，使用两种替代的 CSR 度量方法后，企业履行社会责任（CSR）仍然与管理层盈余预测精确度存在显著的正相关关系。多种衡量方法可以有效避免单一评价指标不能准确、全面地评价上市公司社会责任绩效的缺陷。

表 6-5　改变 CSR 度量方法的回归结果

变量	（1）	（2）
CSR	0.096***	0.144***
	（4.640）	（4.677）
SIZE	−0.011**	−0.011**
	（−1.999）	（−1.983）
BM	−0.099***	−0.099***
	（−5.204）	（−5.195）

表6-5(续)

变量	(1)	(2)
LEV	−0.013	−0.014
	(−0.472)	(−0.492)
ROA	−0.065	−0.065
	(−0.708)	(−0.710)
LOSS	0.059***	0.059***
	(4.146)	(4.137)
VOLR	0.727	0.720
	(1.479)	(1.464)
RETURN	0.015	0.015
	(1.489)	(1.502)
COVER	0.000	0.000
	(0.090)	(0.095)
HORIZON	−0.001***	−0.001***
	(−5.075)	(−5.070)
ANNUAL	−0.063***	−0.063***
	(−8.336)	(−8.334)
NEWS	0.002	0.002
	(0.252)	(0.254)
SOE	0.018*	0.018*
	(1.906)	(1.888)
DUAL	0.003	0.003
	(0.380)	(0.340)
INDR	0.101	0.104
	(1.476)	(1.526)
INST	−0.074*	−0.074*
	(−1.865)	(−1.856)
常数项	−0.172	−0.081
	(−1.408)	(−0.696)
N	5 192	5 192
ADJ-R^2	15.02%	15.03%
F-value	15.34***	15.346***

注：括号里的数字为 t 统计量值，*、**、*** 分别表示在 10%、5% 和 1% 的统计水平上显著。

（二）区分自愿性披露样本和强制性披露样本

如前所述，我国上市公司的管理层盈余预测具有半强制性特征，因此我们的样本中包括了自愿性披露样本和强制性披露样本。考虑到强制性披露与自愿性披露在披露动机上的差异，进而导致这两类盈余预测的信息质量可能存在差异，因此，我们将整个样本分为自愿性披露子样本和强制性披露子样本两组，分别对其进行回归分析。表6-6显示了两组样本的回归结果。我们可以看到，无论是自愿性披露还是强制性披露样本，企业履行社会责任与管理层盈余预测精确度之间的显著正向关系都没有变化。然而，在自愿性披露样本中，企业履行社会责任的作用要大于强制性披露样本。这充分说明重视社会责任的企业倾向于主动披露盈利预测，并努力提高披露质量，以维持企业履行社会责任所建立的良好的声誉效应。

表6-6　自愿性披露和强制性披露样本分组回归结果

变量	自愿性披露	强制性披露
CSR	0.006 **	0.002 ***
	（2.248）	（3.681）
SIZE	−0.072 **	−0.013 **
	（−2.048）	（−2.394）
BM	0.082	−0.099 ***
	（0.881）	（−5.093）
LEV	−0.028	0.003
	（−0.159）	（0.097）
ROA	−0.353	−0.088
	（−0.413）	（−0.967）
LOSS	0.151	0.050 ***
	（0.811）	（3.571）
VOLR	3.444	0.640
	（1.063）	（1.310）
RETURN	0.075	0.011
	（1.114）	（1.115）
COVER	−0.053 *	0.005
	（−1.681）	（0.992）
HORIZON	0.000	−0.001 ***
	（−0.147）	（−5.617）

表6-6(续)

变量	自愿性披露	强制性披露
ANNUAL	-0.130***	-0.055***
	(-2.978)	(-7.157)
NEWS	0.052	0.000
	(1.225)	(-0.069)
SOE	-0.080	0.033***
	(-1.402)	(3.364)
DUAL	-0.001	0.005
	(-0.014)	(0.573)
INDR	0.328	0.136**
	(0.819)	(1.978)
INST	0.097	-0.098**
	(0.459)	(-2.468)
常数项	1.281*	-0.012
	(1.706)	(-0.106)
N	316	4 876
ADJ-R^2	13.94%	15.98%
F-value	1.963***	15.490***

注：括号里的数字为 t 统计量值，*、**、*** 分别表示在 10%、5% 和 1% 的统计水平上显著。

五、内生性问题

我们的研究结论可能会遭遇由遗漏变量或反向因果关系而产生的潜在内生性问题。尽管我们参考了以往研究并控制了尽可能多的变量，包括公司特征、管理层盈余预测特征和公司治理因素，但因变量 PRECISE 和自变量 CSR 仍然可能共同受到一些我们还没有考虑到的未知因素的影响。对于反向因果关系问题，根据经典的信息披露文献，可以认为管理层盈余预测精确度越高，市场回报越高，融资成本越低，进而使公司的财力提升，从而可以实施更多的社会责任履行行为。为了解决本研究可能存在的内生性问题，我们借鉴 Cheng et al. (2014) 的研究方法，引入了两个工具变量 MPSCSR 和 MPYCSR，这两个工具变量分别以每个省份每个行业内的所有公司平均 CSR 水平和每个省份每个年度内的所有公司平均 CSR 水平来衡量。选择这两个工具变量的原因是省份—行业对和省份—年度对都可能影响某一公司的社会责任履行行为（Cheng et al.，2014；Marquis et al.，2007），但没有明确的证据支持一个企业的社会责任绩效会影响同一省份其他企业或同一行业内其他企业的平均社会责任履行水平。这些特征表明,上述两个工具变量适合于两阶段最小二乘(2SLS)回归分析。

如表 6-7 所示,第(1)列展示了两阶段最小二乘回归的第一阶段结果,两个工具变量 MPSCSR 和 MPYCSR 均与自变量 CSR 显著正相关。表 6-7 的第(2)列给出了第二阶段的回归结果,Instrumented CSR 的系数显著为正(0.004,t = 3.580)。采用工具变量法下的两阶段最小二乘回归结果表明,Instrumented CSR 与盈余预测精确度之间的正相关关系依然显著存在。因此,在一定程度上,我们认为内生性问题并不影响我们的主要回归结果。

表 6-7　两阶段最小二乘回归结果

变量	(1)	(2)
Instrumented CSR		0.004^{***}
		(3.580)
MPSCSR	0.732^{***}	
	(25.453)	
MPYCSR	0.212^{***}	
	(5.020)	
SIZE	2.464^{***}	-0.025^{***}
	(13.378)	(-3.065)
BM	-0.202	-0.116^{***}
	(-0.312)	(-4.842)
LEV	-3.468^{***}	-0.024
	(-3.686)	(-0.684)
ROA	-18.087^{***}	0.042
	(-6.079)	(0.371)
LOSS	-1.592^{***}	0.067^{***}
	(-3.196)	(3.591)
VOLR	-50.662^{***}	1.136^{*}
	(-3.147)	(1.904)
RETURN	0.734^{**}	0.004
	(2.258)	(0.332)
COVER	0.556^{***}	-0.008
	(3.481)	(-1.366)
HORIZON	0.002	-0.000^{***}
	(0.679)	(-3.366)

表6-7(续)

变量	(1)	(2)
ANNUAL	−0.162	−0.067***
	(−0.648)	(−7.199)
NEWS	−0.090	0.001
	(−0.378)	(0.053)
SOE	−0.375	0.013
	(−1.212)	(1.163)
DUAL	−0.551*	−0.011
	(−1.860)	(−0.972)
INDR	2.460	0.148*
	(1.049)	(1.711)
INST	−0.184	−0.073
	(−0.132)	(−1.419)
常数项	−56.283***	0.217
	(−14.824)	(1.408)
N	3 657	3 657
ADJ−R^2	50.216%	16.017%
F−value	62.46***	12.81***

注：括号里的数字为 t 统计量值，*、**、*** 分别表示在 10%、5% 和 1% 的统计水平上显著。

六、进一步的分析

我国的制度环境和转轨经济体制造成了上市公司的非国有性质和国有性质共存的局面，进而导致了非国有与国有公司在许多方面存在显著差异。与非国有企业相比，我国国有企业往往拥有更加健全有效的内外部监督机制，这在很大程度上决定了国有企业财务披露质量较高。此外，在中国，国有企业更容易获得融资，包括股权融资和债务融资，政府更倾向于在国有企业陷入财务困境时给予扶持（Gordon、Li，2003；Sapienza，2004；Chen et al.，2010），这就弱化了它们操纵盈余的动机。以往的研究也发现，国有上市公司信息透明度较高，信息不对称程度较低，信息自愿性披露程度较高（Ferguson et al.，2002；Huang et al.，2017；Masanori，2010；罗炜、朱春艳，2010）。相比之下，非国有企业在公司治理方面表现相对较差，存在严重的信息不对称问题（Masanori，2010）。特别是在产权保护较弱的国家，非国有企业为了防止被政府征收，往往表现出较低的信息透明度（Bushman et al.，2004；Durnev et al.，

2009)。唐松等（2017）认为，对民营企业家"原罪"的怀疑导致了中国民营企业较低的信息透明度和盈余质量。因此，我们认为当国有企业的信息披露质量较高时，企业履行社会责任对提高管理层盈余预测精确度的作用可能并不强。同时，由于非国有企业在其披露实践中透明度普遍较低，履行社会责任对其披露质量的影响可能更加突出。也就是说，在非国有企业中，企业履行社会责任与管理层盈余预测精确度之间的正向关系可能更强。为了验证我们的预期，我们将整个样本分为国有企业子样本和非国有企业子样本，并分别对每个子样本进行回归分析。

此外，为了进一步探究企业所有权性质是否影响企业履行社会责任与管理层盈余预测精确度之间的关系，我们在模型（6.1）的基础上增加了企业履行社会责任与企业所有权性质的交互项（CSR×SOE），并构建了模型（6.2）来检验企业所有权性质的调节效应。

$$PRECISE = \beta_0 + \beta_1 CSR + \beta_2 CSR \times SOE + \beta_3 SOE + \beta_4 SIZE + \beta_5 BM + \beta_6 LEV + \beta_7 ROA +$$
$$\beta_8 LOSS + \beta_9 VOLR + \beta_{10} RETURN + \beta_{11} COVER + \beta_{12} HORIZON +$$
$$\beta_{13} ANNUAL + \beta_{14} NEWS + \beta_{15} DUAL + \beta_{16} INDR + \beta_{17} INST +$$
$$INDUSTRY + YEAR + \varepsilon \tag{6.2}$$

表6-8的第（1）、（2）两列是按企业所有权性质进行分组回归的结果，第（3）列是添加企业社会责任与企业所有权性质的交互项（CSR×SOE）后的回归结果。根据分组回归结果，我们发现在非国有企业样本中，企业履行社会责任对提高管理层盈余预测精确度的作用比在国有企业中的作用要大，这与我们的预期是一致的。此外，我们还考虑了交互项（CSR×SOE）的系数。正如我们所预料的那样，CSR×SOE的回归系数显著为负，这表明国有企业履行社会责任与管理层盈余预测精确度之间的正相关关系显著弱于非国有企业。我们的发现还意味着，与国有企业相比，非国有企业的社会责任取向对提高管理层业绩预测质量的作用更突出。这可能是基于这样的观点，即国有企业的信息披露质量本来就很高，因而企业的社会责任导向对信息披露的作用不会那么强，而我国民营企业由于信息披露不完善不规范，尤其要加强企业社会责任导向，以提高其信息披露质量。

表6-8　企业所有权性质的调节效应

变量	国有企业 （1）	非国有企业 （2）	调节效应 （3）
CSR	0.001 **	0.003 ***	0.003 ***
	(2.150)	(4.514)	(5.564)

表6-8(续)

变量	国有企业 （1）	非国有企业 （2）	调节效应 （3）
CSR×SOE			−0.003 ***
			（−3.886）
SOE			0.136 ***
			（4.367）
SIZE	−0.032 ***	−0.008	−0.016 ***
	（−3.598）	（−1.094）	（−2.973）
BM	−0.044 *	−0.205 ***	−0.084 ***
	（−1.686）	（−6.619）	（−4.384）
LEV	0.116 ***	−0.101 ***	−0.010
	（2.716）	（−2.721）	（−0.350）
ROA	−0.193	0.143	−0.056
	（−1.223）	（1.284）	（−0.603）
LOSS	0.049 **	0.094 ***	0.062 ***
	（2.553）	（4.072）	（4.308）
VOLR	0.088	1.160 *	0.771
	（0.108）	（1.938）	（1.571）
RETURN	0.009	0.003	0.017 *
	（0.515）	（0.260）	（1.677）
COVER	0.000	−0.018 ***	0.000
	（0.050）	（−2.884）	（0.073）
HORIZON	0.000 **	−0.001 ***	−0.001 ***
	（−2.157）	（−4.119）	（−4.85）
ANNUAL	−0.090 ***	−0.032 ***	−0.065 ***
	（−7.635）	（−3.407）	（−8.532）
NEWS	0.004	0.003	0.002
	（0.377）	（0.308）	（0.342）
DUAL	0.034 *	−0.013	0.006
	（1.649）	（−1.303）	（0.638）
INDR	0.030	0.124	0.099
	（0.251）	（1.517）	（1.455）
INST	−0.089 *	−0.100	−0.068 *
	（−1.889）	（−1.178）	（−1.727）

表6-8(续)

变量	国有企业 (1)	非国有企业 (2)	调节效应 (3)
常数项	0.531***	-0.162	0.046
	(2.868)	(-1.092)	(0.400)
N	2 276	2 916	5 192
ADJ-R²	10.44%	28.2%	15.16%
F-value	5.738***	19.768***	15.274***

注：括号里的数字为 t 统计量值，*、**、*** 分别表示在 10%、5% 和 1% 的统计水平上显著。

第六节　结论与启示

虽然越来越多的文献以历史财务信息为基础研究企业履行社会责任对信息质量的影响，但很少有学者关注企业履行社会责任是否会影响未来盈利预测的财务披露质量。然而，管理层盈余预测的精确性直接影响前瞻性信息披露的质量和有用性，也能充分体现管理者向利益相关者提供透明信息的社会责任。在此背景下，我们主要考察了企业履行社会责任与以预测精确度为代表的管理层盈余预测质量之间的关系。在利益相关者理论和代理理论的基础上，我们提出了两个相互竞争的假设，即透明预测假设和机会主义预测假设。通过实证研究，我们发现企业履行社会责任与管理层盈余预测精确度之间存在显著的正相关关系。这一发现支持了我们的透明预测假说，即高质量的信息披露是企业管理者与外部利益相关者互动与沟通过程中负责任和道德行为的重要体现。我们的结果与基于利益相关者理论的观点相一致，即公司对利益相关者利益的考虑对其信息披露质量有积极的影响，以企业社会责任为导向的公司在财务信息的生成和披露方面更加勤勉尽责，以满足各种利益相关者的需求。

本章的研究结论可以总结为，企业社会责任履行情况较好的企业往往也会表现出高质量的财务信息披露行为，即发布较高精确度的盈余预测信息。这主要是出于以下原因：企业社会责任导向与良好的企业道德行为声誉相关联，从而限制了管理者机会主义地利用企业履行社会责任活动的可能性。许多具有社会责任感的公司已经意识到，良好的企业声誉可以带来巨大的价值，因此，它们将继续在信息披露中建立透明披露声誉，以增强声誉的价值创造效果。

此外，考虑到我国的制度背景，我们继续考察了公司的所有权性质对本研究主要结论的影响。区分了国有企业和非国有企业后，我们发现在非国有企业中，企业社会责任履行水平与管理层盈余预测精确度的正向关系更强，这表明企业履行社会责任对提高非国有企业盈余预测精确度的作用比国有企业更大。这可能是因为与国有企业相比，非国有企业的信息透明度较低，因此企业的社会责任导向能够在信息披露实践中发挥更大的作用。通过考虑企业所有权性质，本研究拓展了我们对所有权性质如何影响企业履行社会责任的作用发挥的理解。这一发现也对我国和其他转型经济体资本市场信息披露监管制度的建立和完善具有一定的启示意义。

我们的研究提供了强有力的经验证据，即以企业社会责任为导向的公司的管理层通过提供更精确的盈余预测（更透明和更有信息含量的预测）来展现它们负责任的行事方式。现有关于企业履行社会责任和管理者行为的研究可以归结为一个基本论点：面对社会责任履行，管理者是天生的道德主义者还是机会主义者？本研究通过提供令人信服的证据表明企业履行社会责任的道德关注和声誉效应很可能是管理者提供高质量信息披露的驱动因素，支持了利益相关者理论，从而为这一研究做出了贡献。此外，我们的研究还表明，管理者的企业社会责任意识对其自由裁量决策（如盈余预测的精确性）有很大的影响，这一结果有助于信息使用者评价企业信息披露的透明度和信息含量。最后，我们的研究结果也有助于政策制定者和监管机构更好地理解上市公司在企业社会责任导向下的经营行为和信息披露实践。

与以往的研究一样，我们的研究也不可避免地存在一些局限性。首先，由于数据获取的困难，我们的样本仅限于中国上市公司，这可能限制了本研究结论的普适性。其次，我们只关注了管理层盈余预测的精确度，而没有关注其他质量特征。在未来的研究中，我们可能会采用国际样本来扩展现有的研究。此外，我们还可以继续探索企业社会责任与管理层盈余预测的其他质量特征之间的关系，如盈余预测偏差、预测一致性、预测可信度等。

第七章 ESG 披露的动因及其经济后果研究

——以吉利汽车公司为例

随着国内外资本市场对上市公司 ESG 信息披露的日益重视，ESG 信息在体现企业可持续发展能力和长期价值创造上起到了越来越重要的作用。自香港联合证券交易所（简称"港交所"）于 2012 年发布《环境、社会及管治报告指引》以来，ESG 披露在我国资本市场迅速发展。但是就现状来看，ESG 体系在我国资本市场的影响力依然有限，ESG 信息披露无法完全满足利益相关者需求，ESG 评级与指数处于初步发展阶段，无论是企业、市场还是监管部门，对 ESG 体系的重视程度均未达到理想的要求。

因此，为了进一步推动 ESG 体系在我国资本市场上的应用，我们在搜集整理非财务信息披露相关文献及 ESG 披露在国内外的发展情况的基础上，结合信号传递理论、合法性理论、制度理论与利益相关者理论对 ESG 披露的动因及其经济后果进行整合分析，并采用具备代表性的 A+H 上市公司——吉利汽车公司（简称"吉利汽车"）作为案例公司，挖掘其进行 ESG 披露的实际动因，再依据市场模型、剩余收益（GLS）模型、Tobin-Q 与融资计划模型等量化工具探讨吉利汽车 ESG 披露后在市场反应、资本成本，企业价值等经济后果方面的影响。最后根据实际分析结果对目前 ESG 体系的建立提出相关的建议，为 ESG 披露的理论框架提供了案例支撑，也为国内 ESG 体系的进一步完善提供了案例素材。

研究结果显示：第一，在吉利汽车进行 ESG 披露后，市场对该事件有积极反应，这表明 ESG 披露能够向市场传递利好信息；第二，在吉利汽车首次进行 ESG 披露后，其债务资本成本与权益资本成本均有所下降，这表明 ESG 披露有效缓解了企业融资约束；第三，在吉利汽车进行 ESG 披露后，Tobin-Q 逐步上升，在与同行业对比过程中剔除了行业影响，而从融资计划模型得到的结果发现，吉利汽车 ESG 披露前后外源融资对企业业绩的增长有明显的增幅，这也验证了吉利汽车通过 ESG 披露降低融资成本，最终提升了企业的价值。

基于上述结论，我们分别从企业层面、市场层面与监管层面提出了相应的建议。在企业层面，企业应当依据自身战略目标，合理规范披露 ESG 信息；在市场层面，资本市场应当加强 ESG 投资发展，提高 ESG 指数构建；在监管层面，应当加快 ESG 体系建设，引入权威第三方机构监管。

第一节　引言

一、研究背景

近年来，随着社会大众对上市公司非财务信息披露的不断重视，ESG 投资在当前的市场环境下受到了投资机构及投资者的关注。所谓 ESG 投资，其具体内容主要为：投资者在决策时，除了考虑上市公司的财务信息之外，还需要将企业的环境（E）、社会（S）和公司治理（G）等非财务因素纳入决策的依据中去。ESG 披露是当下新兴的非财务信息披露模式，近年来在国际社会引起了高度的关注。Bilbao-Terol 等（2017）指出 ESG 投资在全球范围内的发展引发了激烈的辩论，涉及了将 ESG 标准归入投资组合抉择的影响，而这类投资模式也越来越受到各大投资机构青睐。

我国 ESG 披露首先在香港资本市场试行。港交所 ESG 体系建设起源于 2012 年推出的《环境、社会及管治报告指引》。随后在 2019 年 5 月 17 日，为进一步补充与完善 2012 年推出的指引，港交所又推出了《检讨〈环境、社会及管治报告指引〉及相关〈上市规则〉条文》的咨询文件，其主要内容为进一步加强与规范上市公司 ESG 信息的披露，以提升上市公司整体质量。

而在我国资本市场上，随着绿色金融等新理念的不断提出，我国未来经济发展的主要方向为绿色经济，这也与 ESG 披露的最终目的不谋而合。诸如新版《上市公司治理准则》《绿色投资指引（试行）》等相关政策的颁布，均是为了规范上市公司在环境保护、社会责任、公司内部治理等方面的表现，从而建立起初步的 ESG 信息披露框架。

在新时代，金融机构、企业、政府、投资者都开始重视 ESG，全球范围内都对上市公司的 ESG 要求日趋严格。比如新加坡交易所在 2014 年 10 月就宣布强制规定上市公司出具 ESG 报告。欧盟于 2014 年 12 月开始要求员工人数多于 500 人的公司要披露 ESG 信息。2012 年港交所发布 ESG 报告指引，2015 年港交所规定发行人必须每年发布 ESG 报告。中国的上海证券交易所在科创板股票注册时加入了对 ESG 相关信息的强制性披露要求，明确要求上市公司披露保护环境、保障产品安全、维护用工与其他利益相关者的合法权益、履行社会责任的情况。

就目前我国上市公司的分布情况来看，有较大比例的内地企业在香港上市，即 A+H 股数量较多。随着香港资本市场对其 ESG 信息披露要求的不断规范与发展，在港交所上市的内地企业将会基于当地政策，进一步推动 H 股上市公司的 ESG 披露，这也对内地 A 股今后建设 ESG 体系有着极为宝贵的借鉴意义。港交所 ESG 体系的先行，能够有效评估 ESG 披露在我国资本市场的适用性，再进一步因地制宜，将外来引入的 ESG 体系改良成适合我国资本市场发展的模式，从而提高我国上市公司的质量。

二、研究意义

（1）在理论上，目前国外 ESG 体系建设相对成熟，关于 ESG 披露研究的外文文献也相对较多，而我国 ESG 披露正处于萌芽阶段，国内相关研究文献较少。本研究以单一企业 ESG 信息披露行为作为起点，剖析企业 ESG 披露的动因，进一步研究企业 ESG 披露后的经济后果，丰富现有企业社会责任披露领域的文献。

（2）通过对 ESG 披露进行单一案例研究，从信号传递理论、合法性理论、制度理论、利益相关者理论等信息披露理论出发，探究企业 ESG 披露动因及其经济后果，为上述理论提供了案例证据反馈。

（3）通过对 ESG 披露动因及其经济后果的挖掘，分析 ESG 体系建立在我国企业实施的必要性与迫切性，同时通过实例为企业 ESG 体系构建提供良好的现实依据和指导作用，对企业价值的分析为我国资本市场展示其运行后的利好情况，更对后来者的 ESG 体系建设过程提供一定的建议。

（4）为我国 ESG 披露制度的建立提供一定的指导建议。目前我国 ESG 披露相关制度尚不健全，并未建立起完整的 ESG 披露相关指引，企业 ESG 披露可比性较低，不利于企业进行横向与纵向的比较。因此，有必要构建一套适合我国国情的 ESG 披露制度，从而促进我国资本市场的进一步健康发展。

三、研究思路及方法

本章的研究主要运用了规范分析法、案例分析法及事件研究法。

规范分析法即通过搜集和整理非财务信息披露的有关文献，筛选出其中涉及上市公司 ESG 披露的前人研究，基于前人对于环境信息披露、社会责任信息披露、内部治理信息披露的文献，并依据相关理论探索了企业进行 ESG 披露的内在动因和潜在的经济后果。

之后，对吉利控股集团的案例采用定性和定量分析结合法，通过梳理吉利汽车 ESG 报告披露的内容及年报资料等数据，探究其进行 ESG 披露的逻辑与内在动因。而在定量分析上，采用事件研究法分析了吉利汽车 ESG 披露的市场反应，并运用剩余收益模型估计了吉利汽车 2015 年和 2016 年的事前权益资本成本，同时依据年报披露的各项债务及利息分析各种债务资本成本的变化趋势。最后，通过对 Tobin-Q 指标的计算与融资计划模型的应用，分析了 ESG 披露对吉利汽车价值的影响。

四、研究创新与贡献

随着我国资本市场的不断发展与完善，上市公司非财务信息的披露逐渐为投资者所重视，这使得企业对非财务信息的披露具有较大的需求。ESG 披露作为新型的非财务信息披露模式，能够有效地帮助投资者做出更为正确的投资决策。但就目前我国资本市场 ESG 体系建设现状来看，目前多数上市公司 ESG 披露的信息较为空洞，大多泛泛而谈，或者仅仅披露对公司有利的信息，整体披露质量不高，很难为投资者提供明确的信息。其本质原因是大多数上市公司并没有认识到良好的 ESG 披露能够为企业创造收益，其披露目的只是应付监管，而不是基于自身战略去实现企业与资本市场的双赢。因此，基于以上现状，本章以 ESG 披露的动因及其经济后果为题，主要创新及贡献如下：我们选择了具有代表性的吉利汽车，挖掘了其进行 ESG 披露的内在动因和相关经济后果，为非财务信息披露的理论框架提供了一定的实际依据。我们以吉利控股集团为例讨论了其 ESG 披露的动因，并通过市场模型、剩余收益模型、融资计划模型等量化工具分析吉利汽车进行 ESG 披露后的市场反应，ESG 披露对上市公司资本成本以及企业价值的影响，为理论框架提供了一定的现实基础，并以此对我国资本市场 ESG 披露的发展提出了一定的建议。

第二节 理论基础与文献综述

一、ESG 概念界定

ESG（environmental，social，governance）代表环境、社会和公司治理三大因素，是 ESG 投资中投资决策的重要考量因子。所谓 ESG 投资，指的是投资者在关注企业盈利等财务方面的表现外，还对企业关于环境、社会责任及公司内部治理等信息进行挖掘，根据上述非财务信息的优劣来判断该企业是否值得投资的投资理念。当投资者重视企业在 ESG 方面的表现后，企业为了吸引投资者，就会规范自身行为，在环境、社会责任、公司治理等非财务方面做出改善，以满足投资者需求。而对投资者而言，公司这一行动有利于企业可持续发展和企业价值持续提升。这也使得偏好于长期投资的投资者对企业 ESG 信息的披露会较为重视。

ESG 由三个字母组成，第一个字母 E 是指环境，这个指标要求企业提升生产经营中的环境绩效，降低单位产出带来的环境成本，如节能、减少温室气体排放、减少污染。ESG 的第二个字母 S 是指社会责任，是指员工管理、客户管理、社区管理、供应链管理、公益等，有客户价值、员工价值、股东价值、社会价值这四者之间的关系，以及企业和相关利益方的充分沟通。ESG 的第三个字母 G 是指公司治理，要求建立完善的现代企业制度。我们要把 ESG 理念真正融入企业的战略中去，将解决社会和环境问题、提升工人福祉作为企业发展的目标和创新的方向。

欧美国家较早注意到 ESG 投资信息对公司长期价值的影响。早在 20 世纪 70 年代，为了取得竞争优势，一些欧美企业开始在财务报告中进行环境信息披露。Friedman（1970）发表了关于企业社会责任方面的著名文章，激发了理论界对企业社会责任信息披露的经济后果的讨论。Porter 等（2006）指出，企业应基于自身战略来思考社会责任，并在企业内部运营和外部环境中，重点选择和业务有交叉的社会问题来解决，从而创造企业与社会共享的价值。随着 20 世纪可持续发展理论的兴起，投资者的投资观念发生了较大的改变，投资者在要求足够的财务回报的同时，也开始关注投资为环境和社会所带来的正向影响，这使得公众要求政府对企业的可持续发展信息披露进行干预，如欧盟开始实施 WEEE、RoHS 和 Eup 以促进企业的可持续发展。上述事件均为当下盛行的 ESG 投资体系的形成做好了铺垫。

二、相关理论基础

目前，根据不同的研究出发点，可将企业信息披露的研究文献分成自愿披露理论派（voluntary disclosure theories）和社会政治理论派（social‑political theories）。前者以 Verrecdcchia（1983）和 Dye（1985）为代表，后者以 Gray 等（1995）为代表。

（一）自愿披露理论派及其理论

自愿披露理论派认为企业进行信息披露是一种自愿行为，即受到内在动因的推动，其结果为主动披露信息者能够因为披露相关信息而获得回报。这种理论的衍生结论就是企业信息披露水平与企业的绩效水平存在正相关关系。自愿披露理论派可追溯至 Spencer（1973）的信号传递模型。该模型指出：内部信息的掌控者可以通过向外部传递信号，表明自己属于好的那一部分，从而获取购买者较高的竞价。

自愿披露理论主要有信号传递理论。信息披露的本质目的是解决信息的不对称性。随着该理论的不断发展，其应用范围和含义都被不断地扩大。信息不对称理论最早由经济学家 Akerlof（1970）提出。若要对信息不对称性进行根治，不但成本巨大，而且几乎不可能做到，这是由于信息具有时效性，即新的信息会随着时间的推移而不断产生。信号传递是低成本解决信息不对称的一种途径，这是因为在大多数时候，信息的使用者可以根据公司所发出的信号，对信息进行大致的判断，从而做出进一步的决策。基于非财务信息披露体系，信息不对称理论指出，拥有信息优势的一方，可以通过信息披露，向外界传递自己的实际情况以获得相关利益；而处于信息劣势的一方，也会施加压力，要求另一方披露相关的信息，以确保自身利益不被侵害。

拥有信息优势的一方即公司内部管理者。Healy 和 Palepu（2001）认为上市公司内外部信息不对称是上市公司选择进行信息披露的动因。其中，信号传递理论起到了较为重要的作用。企业的管理者掌握着企业实际的信息，而外部人并不知晓这些信息。如果企业不主动披露相关的企业内部信息，外部投资者就会担心企业利用信息优势损害他们的利益，从而进一步提高交易要价，诸如投资者要求更高的投资回报率，这会增加企业的成本。与此同时，季晓佳等（2019）发现政府和媒体也会通过相关渠道对企业造成舆论压力。企业为了降低自身成本，缓解自身压力，就会主动或被动地进行内部信息的披露。

处于信息劣势的一方即外部投资者。虽然外部投资者可以通过自行搜集和分析相关数据获得信息，但是上述活动无疑要产生一定的成本，这就导致了外部投资者对企业信息的披露有较高的需求。从社会的角度，不披露企业内部信息可以被认为是无效率的，因为这会导致大多数的投资者为搜集等额的信息而花费额外的成本。因此，企业会决定进行自愿性信息披露，以避免投资者为搜集信息而产生高额的成本。

（二）社会政治理论派及其理论

社会政治理论派认为，人类社会充满着各种政治与经济活动，社会、政治和经济相互作用并相互融合。Gray 等（1995）认为，社会中的各种群体组织有可能相互合作分享资源，但也有可能为了自身利益而相互竞争。企业受所处地区的法规和政治体系的影响，如果企业的行为偏离了社会主流价值观，就会受到利益相关者的压力。社会对企业的非财务信息披露的期望总是不断上升的，因此越是绩效差的企业，所受到的社会压力也就越大，越有动机通过主动的信息披露来为自己辩解，即企业信息披露水平与企业绩效会呈现反相关的关系。

社会与政治理论派更多地关注企业如何通过信息披露避免来自社会的负面影响。社会政治理论派的理论可以归纳为四种披露动机原理：①合法性理论（legitimacy theory），认为企业通过披露信息表明自己的绩效，向社会证明企业存在的理由与意义；②制度理论（institutional theory），认为企业为适应所处社会的背景，就必须达到该社会对企业行为的期望，因而通过信息披露行为来和社会进行交流；③资源依赖理论（resource theory），认为企业通过信息披露，来获得投资者的青睐和政府的支持等资源；④利益相关者理论（stakeholder theory），认为利益相关者的诉求导致了企业进行信息披露。上述四种理论都切合实际，但目前并没有某种理论占据主导地位。对于该流派，我们主要采用合法性理论、制度理论、利益相关者理论这三种理论对 ESG 披露进行理论分析。

1. 合法性理论

合法性理论是目前在解释企业信息披露中使用频率最高的理论。Suchman（1995）指出，合法性是指由一些道德规范、价值观、宗教信仰和社会规定所构成的社会系统中，一个实体的行为是被需要的、正当的或适当的。社会之所以能够有序运行并发挥其协同优势，达到众人拾柴火焰高的效果，其核心在于社会中每个人以及各个组织的行为必须遵循一定的约束。这些约束包括了法律、政治权威以及主流文化价值观等。符合上述约束的，社会就视之为"合法的"，即该事物能够继续存在下去；相反，如果发生了违反规范事件，就会被他人视为"异类"，从而难以在社会中生存发展。从合法性理论的角度看，企业进行 ESG 披露，其目的就是向社会表示自身的行动是"合法的"，即能够与社会的预期需求相契合，从而获得生存许可。

企业要提供产品，必然要对企业外部造成影响，诸如产生环境污染、承担社会责任。因此，企业会基于公共政策过程（public policy process）来保证自身的社会合法性。企业做出的行为，均是对自己有利的决策，并且企业为了获得社会合法性，就会积极参与相关社会活动。Higginson 等（2006）总结以前的研究发现，当企业发现自己在社会公众中的合法性形象受到威胁时，企业就会想通过增加与公众交流这种路径来展示企业的行为是符合投资者等利益相关者的道德以及价值标准的。因为就算企业符合相关政策，但是如果因为环境保护、社会责任或者内部管理问题被社会关注得过于频繁，也会影响企业的形象并给企业带来不利影响，这就是企业的"曝光成本"（exposurecost）。企业可以通过主动的 ESG 披露，在利益相关者心中塑造一个良好的形象，这样利益相关者就不会再用怀疑的眼光看待企业，就减少了对企业的压力，也就减少了企业的曝光成本。

2. 制度理论

制度是一个社会中约束和指导人们行为的规则的有机结果，是人们在决策和行动时的原则和指南。社会中最强力的就是法律，但是除了法律以外，还有其他各种明确的规定，要求人们必须遵守，否则就会遇到较大的阻力。制度最主要受到政治权威的影响，另外，人们的行为模式、文化习惯和价值观等也都是形成当地社会制度的基础。

制度理论指出，企业在进行信息披露时，会遵守当地的法律以及相关机构组织的规章制度，以保证自身能够在该地区继续经营。Cormier 等（2005）发现，随着时间的推移，不同企业关于环境保护、社会责任等非财务信息的披露都会逐渐变得相似，这表明了企业的环境保护、社会责任信息等非财务信息的披露会受到外部法律法规、社会要求和同业行为的影响，从而支持了制度理论假说。综上所述，ESG 披露受到当地制度的影响，随着 ESG 披露体系在国内的不断发展与完善，ESG 披露将会成为上市公司信息披露的一大重要趋势。

3. 利益相关者理论

企业本质上可以看成契约的集合。如果企业不能够满足利益相关者的要求和期望，企业就很难获得相应的稀缺资源和利益相关者的支持，从而失去可持续发展的可能性；同样，利益相关者需要了解企业的各种财务、非财务信息，以判断企业的行为后果是否符合他们的期望，从而确定是否去支持该企业。在非财务信息披露上，利益相关者理论指出企业迫于这些进行了专用性投资的个人或者组织的压力，进行非财务信息披露，得到与利益相关者的沟通交流。

（1）外部利益相关者

政府是对企业进行信息披露影响最大的利益相关者。如果企业不能够获得当地政府的认同，那么该企业的发展将会举步维艰，因此企业必须遵从政府的相关意愿和规定。从目前的趋势看，政府大力推进精准扶贫产业，这就促进了企业对其社会责任披露的重视。同时，由于公众投资意识的转变，人们在进行理性投资时，不再仅注重企业的财务业绩，更会关注企业的非财务信息，诸如环境保护、社会责任承担、内部治理等，这就导致政府在民意的压力下，会不断要求企业进行内部非财务信息的披露。Patten（1995）认为，企业通过对政府要求的信息进行披露能够获得政府的合法性印象。

贷款人也会对企业的信息披露产生影响。如果企业因为环境问题等非财务因素受到政府处罚，甚至停业关闭，这些事件均会影响到企业的偿债能力。在国内，当银行贷款给重污染型企业时，除了要求企业详细报告环保事项外，还会派遣专门人员进行尽职调查。除此之外，企业的内部治理程度也会影响贷款人对企业的贷款评估，内部治理越好，其无法偿还债务的风险也就越小，从而企业能够获得较多债务融资。因此，企业为了取得贷款人的信任，保证能够对贷款持续使用，就有动机在企业进行公开信息披露的时候，对企业环境信息、内部治理信息进行披露，以显示企业报告给贷款人的信息是受到多方监督的，从而保证了信息的可靠性与完整性。综上所述，非财务信息披露能够向贷款人保证自身的还贷能力，从而获得贷款人的信任，以获取优质的债务融资。

客户和供应商也对企业的非财务信息较为重视。高质量的非财务信息披露意味着企业今后面临的非财务风险较少，这样的企业会因为好的企业形象和口碑而获得上下游合作企业的青睐，而在信息披露方面表现较差的企业会连带损害合作伙伴的形象和声誉。综上所述，非财务信息披露水平高的企业就会在客户合作方面占有一定的优势。基于上述原因，企业也会积极提高非财务信息披露水平。

（2）内部利益相关者

股东是企业最大的内部利益相关者，企业在进行决策时，必须考虑到股东的利益。当前大量企业实行所有权与经营权分离，这就导致股东对企业的实际运行情况了解不多，这时股东就会要求经理人进行信息披露，从而让股东了解其关心的企业事项。即使企业存在参与经营的股东，企业的外部股东同样需要通过企业的信息披露来判断企业的发展情况，从而确定该企业是否值得自己继续投资。委托—代理理论指出，股东要求企业进行信息披露以改善信息不对称状况。当企业股权越分散的时候，股东要求信息披露的意愿就越强烈，从而越有动力监督企业的日常运作。企业内部的非财务信息直接关联到企业的可持续发展能力，股东基于自身利益有动机了解企业的非财务信息，从而进行下一步的决策。因此，良好的非财务信息披露能够有效缓解股东与经理人之间的信息不对称性状况，吸引更多的投资者进行投资。

企业雇员作为内部利益相关者，也会对企业的非财务信息披露产生影响。企业的环保绩效好、社会责任承担突出、内部治理优秀，这些都会使企业雇员获得心理上的满足感。反之，如果企业环保绩效差、社会责任感缺乏、内部治理薄弱，企业所面临的风险就会较大，从而影响到企业的长远发展前景，最终影响到雇员的职业发展和经济利益。因此企业雇员也需要了解企业的非财务信息，这就形成了雇员对企业非财务信息披露的推动。

（3）特殊利益相关者

非政府性质的环保组织是推动社会环保的特殊利益相关者，这种组织对于企业的环境保护行为有着较大的压力，并督促着企业进行环保改进。环保组织由热衷于环境保护的人自发形成，这种组织并不像政府一般要调节社会各利益群体的诉求，也不像股东和雇员那样与企业有直接的利益关系。它们以推动社会环保水平提升为自身的事业，其独立性可以得到有效保证。基于它们的社会公益性，它们的行为也会受到社会的支持与关注，具备一定的社会影响力。Cho 等（2007）的研究发现，当地环保组织的行为越活跃，环境敏感型企业的环境保护信息披露水平会越高。

除此之外，会计师事务所也会对企业非财务信息的披露产生显著的影响。企业披露的非财务信息，对企业财务信息真实性与持续性的判断，有着重要的参考作用。另外，企业通过对其非财务信息的披露，可展现其在环境治理、履行社会责任方面的态度，以及满足于利益相关者沟通的义务，从而使得企业的声誉得到有效提升。会计师事务所更乐于与声誉良好、发展稳定的企业打交道，目的是减少自己面临的职业风险。Watkins 等（2004）指出，会计师事务所特别是知名的会计师事务所，为了保持其自身良好的声誉与独立形象，都会尽力推动企业进行非财务信息的披露，以控制自身的审计风险。反过来看，企业为了迎合名牌中介会计师机构，也会主动进行非财务信息的披露，从而依靠名牌中介会计师的效应为企业带来利益。张学勇等（2014）通过实证发现，会计师事务所的声誉越高，其对企业与投资者间的信息不对称性缓解作用就会越大，最终起到降低企业权益资本成本的作用。

三、ESG 相关非财务信息披露文献回顾

目前，ESG 披露作为新型的非财务信息披露，已在全球范围内流行。但是基于我国目前资本市场非财务信息披露起步较晚的现状，ESG 披露体系正处于初步发展阶段，国内对于企业非财务信息的披露主要集中在环境保护、企业社会责任履行两个方面，且并没有形成完整的体系。因此，本研究在 ESG 相关非财务信息披露的文献梳理过程中，主要参考了环境保护、企业社会责任履行为主的相关文献。

（一）ESG 相关非财务信息披露动因分析

1. 政治成本假说动因

大量研究证明，企业规模与企业的信息披露水平有着密不可分的联系。政

治成本假说认为，大型企业尤其是上市公司容易被公众注意到，因此规模较大的企业会更主动地进行相关信息披露，维护自己的合法性。Aris 等（2002）发现，随着企业规模的不断扩大，其环境信息披露水平也会逐步提升。毕茜等（2012）发现公司规模越大的上市公司，其环境信息披露水平越高。当社会公众对企业的关注发生改变后，企业的非财务信息披露也会发生改变。Patten（1992）通过对石油企业发生石油泄漏后的研究发现，非财务信息披露的变化，与企业特定的社会和政治成本因素相关。Deegan 等（1996）也证明了外部环境的变化与企业在社会政治中的曝光有关，从而验证了这一假说。

2. 披露成本约束动因

肖曙光等（2017）认为，对于信息拥有者而言，存在信号传递的临界点，即传递信号的成本等于收益点。在临界点之前，信号传递的成本均超过收益，因而企业不会传递信号。无论是财务信息还是非财务信息，企业的信息披露都遵循收益—成本分析框架，即企业的信息披露虽然可能为企业带来利益，但同时也会产生相对应的成本。徐光华（2017）认为，非财务信息的披露是把"双刃剑"，一方面可以降低信息不对称性，另一方面也会过度挤占公司资源。企业非财务信息管理能力强、绩效好的企业，其披露成本相对较小，因为其披露的信息优异，社会压力小，具有较高的不可模仿性，能够向利益相关者展示自己属于"好孩子"的一面。胡玮佳等（2019）认为，投资者可以根据企业披露的信息来对股票的增持或减持进行决策，从而对企业起到监督的作用。

3. 业绩漂白动因

Graffin 等（2011）发现企业会通过采取积极的印象管理来缓解经营财务方面的压力，从而维护企业的合法性和实现企业战略利益。部分研究指出，如果企业的行为对企业的业绩会造成不利的影响，企业就会有动力通过主动的非财务信息的披露，来为自己辩解，即企业非财务信息披露水平会与企业绩效成反比关系。肖华等（2008）分析"松花江事件"对相关行业公司的股价以及信息披露行为的影响，发现样本公司在事件发生后两年的有关环境方面的信息披露比事件发生前两年显著增加，表明了经理人希望通过多披露自身环境方面的信息为企业进行辩解和保护。沈洪涛（2014）等以信号传递理论和合法性理论验证企业披露非财务信息的动机，发现当企业环境表现水平较高时，其信息披露水平也较高；当企业环境表现水平较低时，其信息披露水平也会提高。黄艺翔等（2016）指出，公司的业绩越糟糕，其对非财务信息的披露会进行更大程度的操纵，以达成管理社会印象的目的。

4. 缓解融资约束动因

外部融资需求是指企业在资本市场上筹集资金的需要。企业外部融资需求水平越高，其对外部融资的依赖也就越高，外部融资的压力也会越大。正是由于融资约束对公司的发展影响很大，因此企业往往会通过各种策略来缓解自身的融资约束。从信息披露的角度看，非财务信息披露能够有效缓解这一问题。Testa 等（2018）指出，企业公开披露非财务信息的目的往往是与企业的利益相关者建立一定的共识，进而影响利益相关者的决策，使他们维持或者改善与企业的某种关系。Dhaliwai 等（2012）发现，公司提高社会信息披露水平后往往会发行证券，暗示着企业的融资动机。Cheng 等（2014）指出公司的社会责任绩效有助于公司获得金融资源。Balakrishnan 等（2014）也认为自愿性信息披露可能是公司的一种策略性行为，有时其目的在于帮助公司获得外部融资。黄溶冰等（2019）通过实证分析发现，存在外部融资需求的重污染企业为满足监管要求，会采取印象管理策略粉饰环境业绩，以此获得融资的便利性。钱明（2017）等指出，企业自愿性的社会责任信息披露，特别是首次披露能够显著地降低其融资约束程度。

5. 迎合投资者偏好动因

王海妹等（2014）与秦续忠等（2018）通过实证均发现外资参股和机构持股能够促进企业积极承担企业社会责任。从外资投资者角度看，由于国外 ESG 体系建立较早，外国投资者对企业的非财务信息关注度较大，因此企业需要通过相关的信息披露来进一步获得外资的支持，而机构投资者由于其经验丰富，能够发现企业非财务信息与企业价值之间的联系，因此会更主动地去获取与公司价值提升相关的信息。John 等（2019）认为投资者可以利他地重视社会收益，因此更喜欢投资于其企业社会责任活动表现出相关价值的公司。Riedl 等（2017）发现，基金的个人投资者客户会根据其社会偏好放弃（不顾）财务表现来进行投资。Amel-Zadeh（2018）等对来自主流投资机构组织的高级投资专业经理人全球调查进行分析，发现这些经理认为企业的可持续发展性对企业长期价值有着重要影响，因此判断 ESG 信息对投资绩效具有财务重要性，被调查的投资专家会使用此类信息来衡量企业的投资风险，而不是公司的竞争地位或道德动机。

6. 政治关联动因

企业为获得政治关联或者维护政治关联，会主动披露非财务信息。Lin 等（2015）发现，主动承担企业社会责任的企业能够与政府建立起良好的关系，从而得到一定的政府补贴。基于政治关联角度，Marquis 等（2014）指出，政治关联的影响体现在：政治身份的存在会导致企业更多地与社会制度保持一致，从而影响企业的战略部署与实际经营。在国内，陈浩等（2018）基于制度理论对中国企业的政治背景、政府控制、产权性质的研究也表明，政治关联会影响到企业的社会责任报告披露水平。焦捷等（2018）认为，有政治关联的企业对政府的管制相对更为敏感，承受政府的较高预期，从而更加重视环境保护方面的信息披露。林润辉等（2015）通过实证研究发现，政治关联与环境信息披露存在正相关关系，其连接关系往往是通过政府补助搭建的。

7. 符合监管政策动因

企业在进行信息披露时，会受到外部监管政策的影响，企业会遵守法律和权威机构的规章要求，以求获得相关投资者以及政府的支持。杨春方（2008）发现，通过建立相关的行业监管和政府监管等监管政策，能够有效提升企业的信息披露质量。马文超（2016）通过双案例研究，认为企业披露环境信息是对政策管制压力的战略应对。钱雪松等（2018）通过实证研究，发现《深圳证券交易所上市公司社会责任指引》的出台，使得企业更愿意披露其相关环境信息，且对其环境信息披露质量的提升有重大的促进作用。

（二）ESG 相关非财务信息披露的经济后果文献回顾

1. 融资成本下降

良好的非财务信息的披露，会使企业的融资成本得到一定下降。Bae 等（2019）发现企业履行社会责任能够降低资本的高杠杆率。Yang 等（2018）认为企业能够通过企业社会责任报告向债权人传递信息，从而缓解信息的不对称性。Attig 等（2013）指出，企业社会责任绩效传达了重要的非财务信息，评级机构可能会在评估企业的信誉方面使用这些信息，最终获得较高的信用等级从而导致融资成本降低。Cheung 等（2018）指出，企业社会责任履行表现优异的企业更有可能享受较低的银行贷款成本。Goss（2011）以美国公司的 3 996 笔贷款作为样本，发现低质量的企业社会责任披露会面临更高的贷款利率。Huang 等（2018）通过对中国企业的研究，发现企业履行社会责任在降低公司债券的风险溢价中发挥着重要作用。李姝等（2014）通过研究发现，良好的信息披露能够有效降低企业债务的风险性溢价，带来良好的债务融资。Du 等（2017）通过使用中国私营企业的样本，表明企业的环境绩效与债务利率呈现负相关关系。Ye 等（2011）基于风险缓解理论，发现企业社会责任绩效的提高能够有效降低其债务融资成本。Yasser 等（2019）基于实证对欧盟 6 018 家企业的分析，发现 ESG 披露信息水平越高，企业的债务资本成本越低。Martin 等（2016）通过研究发现，良好的环保信息披露能吸引优秀投资者的投资关注，从而获得优良的权益资产。沈洪涛等（2010）指出，我国企业披露的环境信息能够降低企业的权益资本成本。叶陈刚等（2015）通过实证发现，随着外部治理压力的增大，环境的信息披露质量会逐步提升，其最终结果为企业股权融资成本随之下降。El 等（2011）通过对大量美国企业的研究，发现具有更高的企业社会责任评分的企业有更低廉的股权融资成本。Matthiesen 等（2017）使用 42 个国家（地区）的国际样本以及 2002—2013 年的公司级数据，指出更多负担企业社会责任的公司，其股权成本更低。由此可见，加强企业非财务信息的披露能有效地降低企业的融资成本。

2. 政府支持力度加强

王建玲等（2019）认为企业对政府、产业资源存在较大的依赖，企业的发展受到企业资源获得能力的制约。Flammer（2018）发现企业通过良好的信息披露向外界公布非财务的利好信息可以获得更多政府订单。姚圣等（2017）通过实证指出，环境信息披露水平与企业能够获得的政府补助呈正相关关系，且企业有动机去提高环境信息披露水平，从而获得很高的政府支持。由此可见，企业通过良好的非财务信息披露，能掌握更多的稀缺或关键资源，达到企业所预期的价值。

3. 企业价值提升

Xu（2014）通过对消费者调研发现，快餐消费者对公司的环境行为和绩效非常重视，企业是否做好环境保护以实现可持续发展决定了顾客的忠诚度和满意度。吴海霞等（2018）指出，行业的发展前景与企业对利益相关者诉求的回应质量息息相关。Newman 等（2015）指出，内部公司治理越好的企业，企业员工能够得到更高的幸福感和精神满足感，员工愿意长期效力于令他们感到自豪与满足的公司，并且加大对工作的投入度，最终使公司的营销业绩得到提升。汤谷良等（2015）通过实证研究，指出非财务信息披露管控能力能够在一定程度上体现企业的未来业绩，企业对于非财务信息披露的管控能力越好，其未来业绩往往会越好。朱炜等（2019）发现，高质量的环境信息披露能够挖掘出企业的潜在风险，从而保证企业的可持续发展。上述研究表明，提高非财务信息披露水平有助于企业业绩与企业价值的提升。

（三）文献评述

依据对已有文献的回顾，非财务信息披露作为改善企业内外部信息不对称状况的工具，由企业主动披露，受到各个方面的外部利益相关者特别是投资者与政府的关注。由于目前其大部分是自愿性披露，具有选择性披露的特点，因此其可靠性容易受到质疑。企业进行非财务信息披露的动机来自内部的动力和外部的压力，而从实际情况来看，企业的信息披露，可能是多个动机的综合结果，如图 7-1 所示。

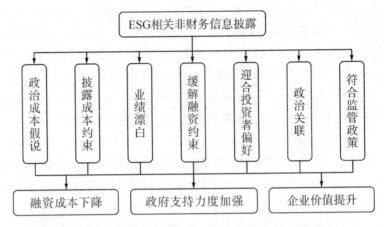

图 7-1　ESG 相关非财务信息披露动因及其经济后果框架图

目前，非财务信息披露已经逐渐受到投资者重视，但是无论是国内国外，非财务信息披露的实践和理论的发展都不同步。首先是环境会计理论进展缓慢，我们还很难在实践中精确确认和计量企业承担社会责任下的实际成本与收益。其次是公司内部治理情况很难量化，其公司架构、内部制度等无形资产价值难以精准度量。最后是非财务信息披露相关制度存在缺陷。各国经济由大量的企业贡献形成，因此国家经济的发展会较为依赖企业的经济贡献。若非迫不得已，政府往往会对企业不利的环境状况、社会责任履行等方面的非财务信息采取偏袒的态度，从而难以受到企业的重视。ESG 披露是新兴的非财务信息披露模式，如何推动 ESG 披露的成本和收益的计量，并带动 ESG 投资理论的发展，仍是需要大力研究的问题。

值得注意的是，当前一些国家已经开始重视企业 ESG 投资相关的信息披露，即使在中国，也有越来越多的企业开始编制并主动在企业社会责任报告中披露 ESG 投资信息。随着 ESG 投资的规范化，可量化的信息将会越来越多，公司 ESG 投资信息披露的价值也会越来越大。

本研究将通过案例公司说明 ESG 披露的动因，进而分析 ESG 披露对市场反应、资本成本、长期价值的影响，更好地评价 ESG 披露对于企业发展的重要性，为 ESG 披露的政策导向提供经验证据和案例证据的支持，并为 ESG 披露的应用提供广阔的思路，具有很强的实践意义；同时对国内鲜有研究的 ESG 相关文献提供一定的延伸和补充，具有一定的理论研究价值。

第三节　ESG 披露的现状与理论分析

一、新兴 ESG 披露与传统 CSR 披露的区别

ESG 披露衍生于企业社会责任（CSR）等非财务信息的披露，两者有着很多的相同点，两者都强调了非财务信息披露的重要性。但是这两者之间的区别也是比较明显的。从定义上看，ESG 相较于企业社会责任（CSR）的内涵更狭窄。第一，传统企业社会责任（CSR）披露与新兴的 ESG 披露的目标受众群体不同，这是两者最根本的区别。企业社会责任（CSR）披露的目标群体是企业各个方面的利益相关者，包括政府、企业员工、上下游的供应商与经销商以及 NGO 等，这是个较为分散的群体，这就要求企业在发布企业社会责任（CSR）报告时，其内容需要满足不同群体的要求。而 ESG 披露的目标群体则相对狭窄，主要是与资本市场相关的利益相关者，因为 ESG 披露的主要是与企业可持续发展相关的三个方面，是投资者在进行投资分析和决策时需要重点关注的非财务因素，而这些因素会在很大程度上影响企业维持其商业战略和创造企业长期价值的能力，这就导致了 ESG 披露的内容通常要和企业的财务绩效（短期和长期）有较为密切的关联度。第二，两者的框架和内容不同。CSR 一般不是强制性的，这就导致了企业在编制 CSR 报告时具有较大的自由度，只需要遵循一般性的报告框架即可，强调了报告的可读性；ESG 则有着相对详细的指引要求，除了需要参考 GRI（全球报告倡议组织）标准的框架外，还需要遵循地方相关的 ESG 报告要求，这部分主要体现在 ESG 披露内容上，要求企业对特定内容进行披露，甚至在某些关键性领域要求定量披露。第三，两者的发布和用途不同。CSR 报告强调披露内容的传播与沟通能力，主要着重点在于报告的可读性与传播性，部分企业还会专门将该报告与企业发布会或者企业的品牌活动相结合；而 ESG 报告主要面向投资者，根据规定，报告需要在指定时间内发布，并上传到公司官网，同时提交所在上市区域的交易所，即 ESG 报告能够起到与投资者沟通的作用。

新兴 ESG 披露与传统 CSR 披露的主要区别总结如表 7-1 所示。

表 7-1　CSR 与 ESG 的主要区别

项目	CSR	ESG
受众群体	各个方面的利益相关者	主要与资本市场相关的利益相关者，特别是机构投资者
报告框架	遵循一般性的报告框架	参考 GRI 标准等框架，并遵循地方相关 ESG 的报告要求
报告内容	根据框架展开，内容弹性大	对特定内容有明确要求（雇佣、供应链、环境污染情况、碳排放等），对量化信息披露要求较高
是否强制	一般为鼓励发布	从半强制性披露（不披露则解释）逐步向强制性披露转变
发布时间	由企业自行确定	与企业财务报告同步或在财务报告后的一定时间内发布
发布形式	单独发布或与企业活动结合	需上传到公司网页，并提交给所在上市区域的交易所
对外作用	向社会公众传播与沟通	与投资者沟通

二、ESG 披露发展现状

（一）全球 ESG 披露发展现状

ESG 投资作为一种新兴的投资策略，在国外已有较长时间的发展。各国（地区）政府通过制定相关的法律法规和相关政策，积极促进上市公司进行 ESG 信息披露。

与此同时，非政府组织的介入使得全球的 ESG 披露更为标准化，使得不同国家（地区）的企业披露的 ESG 信息更具有可比性，具体见表 7-2 所示。

随着金融市场的发展，ESG 股票指数也逐渐成为人们进行投资的判断标准之一，这些报告由专业的研究机构或资产管理人提供，诸如道琼斯可持续发展指数（DJSI）和英国富时指数（FTSE）都是 ESG 股票指数的成功典范。

表 7-2   国际组织发布的 ESG 信息披露标准

机构或组织	ESG 信息披露标准	发布或修订时间	主要内容
联合国责任投资原则机构（UNPRI）	联合国责任投资原则（PRI）	2006 年	首次提出 ESG 理念和评价体系，帮助投资者在做出投资决策时能够遵循 ESG 相关标准，鼓励企业在经营过程中遵循 ESG 的要求，保持企业的可持续发展，创造企业长期价值
联合国环境规划署金融行动机构（UNEPFI）			
联合国全球合约机构（UNGC）			
国际标准化组织（ISO）	ISO26000 社会责任指引	2010 年	首次将企业社会责任推广到社会责任，为组织履行社会责任提供指导原则
全球报告倡议组织（GRI）	可持续发展报告指南	2013 年	为企业可持续发展报告的披露内容和形式提供一套标准的体系
经济合作与发展组织（OECD）	OECD 国有企业公司治理指引	2015 年	为各国评估和改进本国公司治理法律制度和监管框架提供原则性指导
可持续发展会计准则委员会（SASB）	相关会计准则	2018 年	针对特定行业具有代表性企业的可持续发展问题造成的财务状况提供应对指导，帮助企业实现长期的价值创造，更为投资者做出正确的投资决策提供指导建议

以下列举世界上一些国家（地区）ESG 披露制度，如表 7-3 所示。

表 7-3   世界上一些国家（地区）ESG 披露制度

披露形式	国家(地区)	起始时间	内容
强制披露	美国	1934 年	强制上市公司公开环境相关信息，披露环境问题的影响
	法国	2012 年	强制上市公司披露与气候变化相关的风险
强制+自愿	欧盟	2003 年	强制重污染型企业披露，非重污染型企业可自主选择披露与否
	英国	1985 年	监管部门对部分企业要求强制披露 ESG 信息，对不符合强制要求的企业则鼓励其进行披露

表7-3(续)

披露形式	国家(地区)	起始时间	内容
不披露 就解释	巴西	2012 年	要求全部的上市公司发布 ESG 报告,若不披露,则必须解释原因
	新加坡	2011 年	要求全部的上市公司根据 ESG 披露指引发布 ESG 报告,若不披露,则必须解释原因

(二)我国 ESG 披露发展现状

我国 ESG 披露的发展首先在香港试行。早在 2012 年,港交所就发布了《环境、社会及管治报告指引》,该指引首次引入 ESG 概念,对港交所的 ESG 体系进行了初步建设。2015 年 12 月 21 日,港交所正式宣布将《环境、社会及管治报告指引》中的披露准则,从原先的自愿性披露上升到"不遵守就解释",即企业应当根据香港 ESG 披露指引进行相关的 ESG 信息披露,如果不进行披露,则需要对此进行解释。2019 年 5 月 17 日,港交所发布了《检讨〈环境、社会及管治报告指引〉及相关〈上市规则〉条文》的咨询文件,这一条文进一步完善了香港上市公司 ESG 披露的规范性与完整性,进一步完善了香港 ESG 体系的编制。

在我国内地,目前还没有明确的 ESG 报告体系。目前境内资本市场大多是用责任投资、绿色金融或者可持续发展来代替 ESG 理念,但是其本质都是将上市公司的非财务信息包含到投资决策的评价体系中。2015 年,中国金融学会在中国人民银行的支持下,成立了绿色金融专业委员会,并第一次系统性地提出了构建中国绿色金融体系的建议。2018 年 9 月,中国证监会发布新版《上市公司治理准则》,此次修订的重点包括强化上市公司在环境保护、社会责任方面的引领作用;确立环境、社会责任和公司治理(ESG)信息披露的基本框架等。相较于 2002 版老准则,修订版引入了 ESG 经营理念,并且搭建了上市公司 ESG 信息披露的基本框架,将"利益相关者、环境保护与社会责任"单独作为一章进行阐释和强调,倡导上市公司践行绿色发展理念,积极参与公益事业,履行社会责任,保护员工权益。紧接着,2018 年 11 月 10 日,中国证券投资基金业协会发布了《绿色投资指引(试行)》;随后,又在 2019 年 3 月 18 日,发布了《关于提交〈绿色投资指引(试行)〉自评估报告的通知》。这些最新出台的监管政策均有助于进一步完善国内 ESG 信息披露和评价体系。

（三）我国 ESG 披露的主要问题

1. 主流投资对 ESG 披露关注度不高

随着可持续发展理念的提出与发展，上市公司的利益相关者开始关注 ESG 信息，并以此为基础进行投资决策。同时，我国的监管机构和政府部门也推出了相应的政策文件，一定程度上推动了我国资本市场 ESG 披露的发展。但是从目前的情况来看，我国资本市场 ESG 指数产品规模还很小，并不能引起主流投资的广泛关注，且目前我国资本市场投资者的投资风格更偏好于短期收益，而 ESG 披露的信息更偏向于长期发展，这就导致了主流投资界并不会把主要精力放在 ESG 信息分析上。虽然目前有不少公募基金已经有了与 ESG 相关的产品，但是这也只是初步尝试，社会公众对此的认知也参差不齐。

2. 上市公司 ESG 披露的信息不足以满足利益相关者需求

就目前我国上市公司 ESG 信息披露情况来看，我国大部分上市公司的 ESG 信息披露处于初步阶段，信息披露严重失衡，即上市公司仅会披露对自己有利的正面信息，对于自身负面信息的披露则寥寥无几。2018 年 12 月 20 日，我国发布了第一本 ESG 相关蓝皮书：《中国上市公司环境、社会及管治（ESG）蓝皮书（2018）》，该书对中国 A 股上市公司的 ESG 披露进行了整体评定，发现目前上市公司对于企业的 ESG 信息披露绝大多数局限于定性披露，其披露程度并不能完全满足资本市场投资者的需求。虽然我国上市公司非财务信息报告发布的数量在不断增加，但是大多流于形式，缺乏统一的判断标准与评定体系，这使得上市公司的非财务信息很难具有可比性，阻碍了利益相关者对上市公司非财务信息的获得，这就直接导致了上市公司发布的 ESG 披露信息无法满足利益相关者对企业非财务信息的需求。

3. ESG 评价体系不完善

目前，我国传统的信用评级体系很少将企业 ESG 信息披露纳入考量范畴。但是企业在 ESG 因素上的表现在一定程度上代表着企业的潜在风险，即 ESG 信息披露的优劣会直接影响到企业的整体发展能力。因此，基于上述缺陷，在对企业进行信用评级时，应当将企业的 ESG 信息披露纳入评定标准之一。

在国际上，国外机构对于 ESG 评级的研究较为成熟，并衍生出了相关的 ESG 投资产品。如全球最大的 ESG 研究机构明晟指数公司发布的 MSCIESG 系列指数、标普道琼斯发布的 TheDowJones 可持续发展指数、富时发布的 FT-SE4Good 系列指数，领航（Vanguard）的 FTSESocial 基金、贝莱德（BlackRock）的 MCSIUSESGETF 基金。而在国内，对 ESG 的研究相对较少，虽然也有部分第三方机构参与了研究，但其规模较小，缺少权威的支持，因此较难被公众接受。就目前的情况来看，我国的 ESG 评价体系建设还存在较大不足，需要进一步改进与完善。

三、ESG 披露的动因分析

（一）向市场传递企业经营良好、可持续发展能力强的信号

由于信息不对称性的存在，企业有必要向外部投资者传递信息。根据信号传递理论，企业向外部市场进行信息发送能够有效避免"柠檬市场"下逆向选择情况的产生。ESG 披露能够有效地向外部投资者传递企业内部信息，这就意味着上市公司积极进行 ESG 信息披露这一行为，能够在市场上产生一定的积极信号效应。ESG 披露的信息主要体现了企业未来的隐性风险及可持续发展性，同时也能够对上市公司财务信息的真实性起到一定的验证作用。企业通过良好的 ESG 披露，更能够向外传递出上市公司治理水平高、潜在风险小、未来现金流充足的信号，提升投资者对上市公司价值的预期，从而带动企业市值的提升。

（二）基于自身实际情况，匹配当地法律环境和监管要求

目前，全球范围内对于 ESG 披露的主要监管形式有三种：强制披露模式、不披露即解释模式、自愿披露模式。针对不同的监管模式，企业进行 ESG 披露的本质动机有所区别。

（1）ESG 的强制披露模式。企业为了避免受到监管部门的处罚，不得不进行 ESG 披露，即这种情况下的 ESG 披露是较为被动的。企业在社会规制下进行自身的经营活动，必须要保证企业的合法性。在较多情况下，企业遵守制度所带来的收益可能不是很明显，违反这种规制所带来的损失却是较为巨大的。Marquis 等（2016）指出，面对外部规制所带来的合法性威胁和企业经营成本上升的两难困境，ESG 表现较差的企业往往会以象征性的形式去应付这个问题。在这种环境下，ESG 披露良好的企业通过良好的 ESG 披露，就能够在众多企业中脱颖而出，从而取得经营和融资等方面的支持。

（2）ESG 的不披露即解释模式。在这种半强制性披露模式下，企业有一定的选择空间，可自主选择 ESG 信息的披露与否。但是，从合法性的角度看，这种披露模式还是在督促企业进行披露。显然企业可以不进行 ESG 披露，即通过合理的解释来规避，但其带来的后果可能是增加了企业在资本市场中的曝光度，也很有可能面临更加严格的监管，而这是企业不希望发生的。因此，在这种半强制性披露的模式下，企业也有动机遵循当地规定对 ESG 信息进行披露，从而降低自身的政治成本。

（3）ESG 的自愿披露模式。在这种模式下，企业可根据自身需求自主选择披露与否。与上述两种模式不同，在强制性披露与半强制性披露模式下，企业更多的是基于合法性理论和制度理论而被迫进行披露，自愿性披露模式则基于利益相关者理论，更强调披露的主动性，即该披露能够对企业的发展产生正面作用的时候，企业才会有动机进行 ESG 披露。这就导致了只有 ESG 相关的信息表现良好，且该信息能够对市场释放积极信号的企业才会选择进行 ESG 披露。在这种模式下，企业通过自愿的 ESG 披露，能够与未进行披露的企业形成鲜明的对比，向市场传递自己"好孩子"的形象，以获得投资者的青睐。同时，企业通过自愿的 ESG 披露，顺应了政府对于信息披露发展的要求，也能在一定程度上获得政府的信任。

（三）降低信息不对称性，缓解融资约束

银行作为企业重要的利益相关者，对企业的偿债能力极为重视。但单独依靠企业的财务信息，银行较难获取关于企业未来隐性风险的信息。而 ESG 披露则能够缓解这一矛盾：良好的环境方面的信息披露能够表明企业未来面临环境处罚的风险较小；社会责任方面的信息披露表明企业符合国家相关政策，具有良好的政治关联性；内部治理方面的信息披露则表明企业内部管理风险小。这些都为企业未来的偿债能力提供了保障。因此，良好的 ESG 披露能有效缓解银行贷款方面的压力。

从企业债券的角度看，良好的 ESG 披露能够提高企业的信用评级，这无论是对企业债券发行的难易度还是企业债券利率的降低都有正面的促进作用。吴育辉等（2017）通过实证发现，当企业提高信息披露质量后，评级机构则会认为该企业管理层能力得到了一定程度的提升，从而提高了企业的信用评级。ESG 披露除了包括传统的环境信息、社会责任信息外，更是包含了企业内部治理的信息，使得债务资本市场对其企业内部的运作有了更进一步的了解，提高了信息透明度。因此，良好的 ESG 披露能够促进企业债券的发行及企业债券成本的降低。

从市场投资者的角度看，根据信号传递理论，良好的 ESG 披露能够向市场传递积极信号，减少了信息不对称性，从而增强了投资者对上市公司的信心，可以获得投资者的进一步投资。投资者在一定程度上也能够更有效地进行信息搜集，从而提高投资者对企业的信任水平。这就使得企业能够更容易地在资本市场上进行融资，放宽了企业在资本市场上的融资约束，为未来再融资打下良好的基础。

综上所述，基于利益相关者理论和信号传递理论，良好的 ESG 披露能够增强上市公司外部融资的可能性，缓解企业的融资约束。

四、ESG 披露的经济后果分析

（一）获得正向的超额市场收益，提升企业价值

良好的 ESG 披露往往向投资者传递了企业价值并没有被企业披露的财务信息所完全体现的意思，即向外传递了企业价值被低估，未来可持续发展性良好的信号。因此，在企业进行良好的 ESG 披露后，企业通常能够获得正向的超额市场收益。

企业通过良好的 ESG 披露，提升了企业的知名度和认可度，缓解了信息不对称对于外部投资者和机构证券分析师的负面影响，达到提升公司股价、获取超额市场收益的目的，最终实现企业整体价值上升的战略目标。Velte（2018）发现企业的 ESG 绩效对企业的资产回报率有促进作用。Aboud 等（2018）研究发现 ESG 指数越高，公司价值（托宾 Q）也会越高，即 ESG 披露能够提升利益相关者对于企业的信心，提升企业的长期价值。张琳等（2019）通过实证分析指出，污染度不同的企业，其企业价值受 ESG 披露情况影响而差别较大，其中高污染企业相对不被利益相关者看好。上述研究也证实了 ESG 信息披露与企业价值的正向相关性。

（二）降低企业资本成本

ESG 披露能够有效降低企业的资本成本（WACC）。Atan 等（2018）通过实证回归发现，ESG 指标与公司资本成本的下降呈现正相关关系。

从债务资本成本的角度看，企业债务主要由银行贷款与企业债券构成。银行对于其贷款的发放较为注重企业的长期偿债能力，而良好的 ESG 披露体现了企业具备一定可持续发展能力，保证了企业长期现金流的稳定，因此 ESG 披露能够满足银行对于企业的信息需求，从而使企业能够获得稳定持续且利率相对较低的银行贷款。企业债券的成本受到其信用等级及未来风险的影响，而 ESG 披露能够提高企业信用等级，向外界传递其未来风险情况，这就有利于企业以相对较低的利率发行债券，从而降低其债券融资成本。

从权益资本成本的角度看，良好的 ESG 披露促进了企业信息透明度的增加，使得企业的未来隐性风险更能为资本市场所认知，即企业内部的自利行为更容易被外部资本市场发现，从而投资者能够更为全面地认识到企业的潜在风险，降低了投资者的不确定认知，最终使得企业能够获取较低的权益资本成本。

（三）获得口碑效应、政治关联等隐性收益

有较多研究指出，企业环境保护、企业社会责任履行情况等非财务因素能

够使企业获得潜在的收益。陶文杰等（2013）通过实证研究发现，社会责任履行情况信息披露完整的企业，其财务绩效也相对较好。但这并不意味着一个企业积极披露非财务信息，就能够促进企业财务绩效的提升。ESG 披露包含环境保护、企业社会责任履行、内部治理等方面的信息，但是这些信息并不能形成直接收益。基于利益相关者理论，投资者是企业重要的利益相关者，这一群体会在很大程度上影响企业进行 ESG 披露的方式。就良好的 ESG 披露而言，这能够展示企业环境治理水平较好、承担社会责任积极、公司内部治理水平较高等信息，并通过信息披露降低信息不对称水平，建立良好的企业声誉，最终形成口碑效应，促进投资者投资。廉春慧等（2018）等通过实证发现，企业通过非财务信息的披露，能够加强与利益相关者的沟通，提升企业的整体声誉，最终实现企业的价值创造。

良好的 ESG 披露也能够帮助企业获得一定程度的政治关联。郑丹辉等（2015）通过实证指出，当企业在自身利润得到保证之后，将会为获得进一步发展所需的资源和机会，顺应政策变化、最大化全社会福利等行为，去赢得政府的好感。基于我国资本市场现状，目前我国资本市场正在大力对 ESG 披露进行试点，企业通过主动、积极且有效的 ESG 披露，能够响应政府号召，从而获取一定的政治地位，也能够为企业今后取得银行贷款、获取政府补助等提供一定的便利。

第四节　吉利汽车公司 ESG 披露的案例背景介绍

一、案例选择原因

我们选取吉利汽车公司作为本章的研究案例，主要基于以下几点原因：

第一，在我国资本市场中，港交所最先实行 ESG 体系，而吉利汽车在港交所已进行 ESG 披露数年，且已被纳入 MSCI 指数体系，其 ESG 披露相对成熟。

香港资本市场从 2012 年开始逐步构建 ESG 体系，至 2020 年已发展 9 年。自《环境、社会及管治报告指引》开始至《检讨〈环境、社会及管治报告指引〉及相关〈上市规则〉条文》咨询文件，表明香港资本市场 ESG 体系的构建已经逐渐成熟。吉利汽车作为在港上市公司，历年来均主动配合港交所 ESG 体系构建。在 2019 年 10 月，MSCI（摩根士丹利国际公司）发布 ESG 评级报告，吉利汽车评级上升至 AA 级，表明吉利汽车 ESG 披露成绩优秀，其案例具备较强的代表性与典型性。

第二，吉利汽车公司作为在香港上市的内地企业，对于内地企业 ESG 体系的构建具有较强的指导与借鉴意义。

目前，内地资本市场对于 ESG 的披露还处于自愿性阶段，而在香港资本市场，自 2016 年开始，ESG 披露已从原先的自愿性披露转变至"不披露就解释"模式。虽然在该模式下，规定了企业需要披露的 11 个层面、43 个指标的披露内容，但是仍然存在较多的自愿性披露，诸如董事会参与情况、报告遵守的原则、报告边界的规定、环境范畴指标、社会范畴指标等大多无相关的披露事项，对于其相关的关键绩效也只是停留在建议披露层面，这使得企业对其披露的信息具有较高的自由控制度。从实施结果看，较多上市公司仅进行例行公事的披露，整体质量较差。而吉利汽车遵循香港资本市场规则，已连续数年发布 ESG 报告，其 ESG 报告内容充实，量化数据丰富。吉利汽车作为优秀的 A+H 股上市公司，其 ESG 披露的经验可以为内地上市公司提供借鉴，也能够为内地 ESG 体系的建立提供实际经验。

第三，吉利汽车作为大型上市公司，其公司数据易于获取，从而其资料的完整性可以得到有效保障。

二、吉利汽车公司简介

吉利控股集团建立于 1986 年，总部设在杭州，在 1997 年进入汽车行业，之后一直专注于汽车制造，不断创新发展，连续 7 年进入世界 500 强。目前，吉利旗下拥有吉利汽车、沃尔沃汽车、Polestar、伦敦电动汽车、领克汽车、路特斯汽车、宝腾汽车、远程新能源商用车等汽车品牌，资产总值超过 2 700 亿元。

吉利控股集团核心价值理念为"快乐人生，吉利相伴"。为实现企业愿景与使命，吉利控股集团在环境、社会、内部治理三个领域全力投入，不断提升企业治理水平，推进可持续发展。吉利控股集团于 2015 年第一次使用 ESG 体系对外公布 ESG 信息，至 2019 年已连续 5 年发布 ESG 报告。该企业以车为载体，开展了一系列具有行业引领性的环境保护、社会公益项目，并带动更多的利益相关方关注和参与。过去 10 余年，吉利控股集团在环境公益领域投入资金超过 8 亿元；同时，该企业大力推进产学研结合，培养了大量技师、技工人才，为内部员工的成长提供了良好的平台。

三、吉利汽车 ESG 披露情况介绍

（一）环境（E）相关信息披露

吉利汽车 ESG 披露信息显示，近几年来，吉利的多项自主创新汽车技术获得国家相关部门认可，是全国首批创新型企业之一。吉利不断深化精品车发展战略，其汽车制造的使命为制造"最安全、最环保、最节能的好车"，在保证企业利润的同时关注环境治理，避免污染过度产生。

基于"以人为本"的健康设计理念，吉利汽车一直非常重视对车内环境品质的打造与提升。从 2016 年开始，吉利汽车融合汽车 3.0 时代的要求，致力于打造最环保、最安全的生态汽车。在新型车辆进行市场投入前，该型号首先要通过吉利内部的车内环境品质健康考核，不合格者禁止上市。吉利汽车非常重视制造过程的环保性，选用绿色材料与绿色工艺进行生产，通过对车辆全方位的校正，从而保障车内环境品质适于实际应用，处于无毒、零异味、防过敏水平，避免产生污染。2018 年，吉利汽车可再生材料使用率为 93%，较 2017 年提高 8.4%，原材料循环利用率为 97%，较 2017 年提高 2.1%

2017 年，吉利汽车生态管理体系建设获第二十二届中国机械行业企业管理现代化创新一等成果，吉利汽车的生态设计逐步得到汽车制造业的认可。

吉利汽车旗下的吉利博瑞和缤瑞荣获 2018 年度《中国生态汽车评价规程》（C-ECAP）白金牌。帝豪 GL、帝豪 GS、博瑞 GE、博越和领克 01 均顺利通过 2018 年工业和信息化部绿色制造体系"绿色设计产品"评价。

（二）社会（S）相关信息披露

吉利控股集团扶贫工作在董事长李书福的领导下，建立了扶贫工作机制，联合董事局办公室、李书福教育基金会、人力资源部、财务部、8 家制造基地、5 家吉利院校，共同成立项目推进组合执行组，分工明确，坚持"输血"更"造血"的扶贫模式，通过实施调研、规划制定、项目实施、考核评价的科学扶贫流程管控，扎实推进精准扶贫工作有效落实。

2016 年 3 月，吉利正式启动"吉时雨"扶贫项目，6 月完成立项并在河北张家口，陕西宝鸡，贵州贵阳、四川成都、雅安、南充、浙江淳安、台州、景宁等 5 省 9 地区开展扶贫公益项目，总计投入 1 720 万元，直接帮扶人数达 3 190 人，直接帮助 551 人实现就业脱贫。

2017 年 2 月，吉利汽车增加山西晋中、湖南湖潭两地开展扶贫工作，同年下半年又在新增的贵州黔东南州、陕西汉中、湖南永州、福建宁德、江西上饶等地开展扶贫工作。2017 年，吉利汽车共投入 6 968.4 万元，资助建档立卡

贫困户 6 716 户，帮助建档立卡贫困户 2 745 人实现就业，在 11 个县区 20 个村启动 13 个农业扶贫项目，带动建档立卡贫困户 857 户 2 707 人。

2018 年，吉利汽车在贵阳试点建设"吉时雨"扶贫示范工厂，向贵阳市慈善总会捐赠 6 335 万元，在贵阳市观山湖区新建扶贫零部件制造工厂，为吉利贵阳基地提供小冲压件等零部件。除了必要的技术人员外，吉利汽车拟在该工厂招收 100 名左右的建档立卡户就业，确保实现"一人就业、全家脱贫"。此外，工厂盈利的 40% 也将捐赠给贵阳市慈善总会，从而更好地促进社会公益事业的发展。该年度，吉利汽车投入资金 2.75 亿元，帮扶建档立卡户 8 933 户 15 881 人，解决就业 1 579 人，在 20 县 39 村开展农业项目 25 个，责任采购农副产品 2 242.37 万元。

2016—2018 年，"吉时雨"项目累计投入资金超过 2.5 亿元，全国启动农业帮扶项目 25 个，帮助 9 省 17 地的 13 000 余个建档立卡家庭 25 213 人次，在社会责任承担方面发挥了巨大的作用。

（三）公司治理（G）相关信息披露

1. 员工福利

吉利汽车人力资源的管理理念为"尊重人、成就人、幸福人"。基于上述管理理念，吉利汽车积极推动内部人力资源的管理转型，从而提高内部人力资源服务管理的总体质量。与此同时，非常重视人力资源系统的建设，并没有将人力资源管理简单地当成从属部门，而是通过成立研发，营销、制造、智能领域专家委员会，让人力资源真正参与到企业整体的价值提升中来，从而实现员工和企业的双赢。2017 年员工满意度调查显示，员工满意度为 80.4%，较 2016 年提高 1.4 个百分点。

随着吉利汽车的不断发展壮大，其品牌影响力逐渐提升，其业务范围也逐渐扩大，这就要求吉利汽车对人才的需求变得多样。为了寻访多层次人才，吉利为此建立了对应的人才寻访团队，在传统招聘的基础上，结合新媒体等新兴方式拓展人才招聘渠道。同时，吉利汽车为了优化招聘流程，一方面对企业的内部招聘和推荐流程进行了简化；另一方面成立了北京、上海和哥德堡招聘公司分中心，从而更有效地吸引到海内外优秀人才。

吉利重视"以人为本"这一理念也体现在吉利汽车的日常运营中，诸如重视安全生产，从源头上防止隐患的产生；同时，吉利每年为员工安排健康体检；从 2017 年开始，吉利汽车为员工及其家属购买全方位的商业保险，减轻员工家庭因为意外或疾病所带来的压力和风险，增强了企业凝聚力和员工幸福感。

2. 供应链体系构建

为实现"让吉利汽车走遍全世界"的美好愿景,吉利控股集团注重与供应商、经销商等伙伴建立长期的合作关系,在技术、管理、人员等方面提供支持,共同打造具有国际竞争力和影响力的价值链体系。同时,通过自主研发、自主创新和自主知识产权,不断探索业内领先的生产工艺和管理经验,助力汽车工业的可持续发展。

为适应新制造时代发展需要,提高供应商产品开发能力、制造保障能力和质量管控能力,吉利汽车成立了 SQE 中心,通过"引进、淘汰、培育"三结合的方式,优化吉利供应链体系。在日常管理中,重视风险零部件和风险供应商的识别,按质量、成本、交付、技术服务四个维度对供应商进行评价,并对潜在风险采取快速预警机制。

经销商是吉利品牌的直接塑造者和传播者,必须具备统一的形象和高效的运营管理水平,才能赢得客户的信赖。在整合汽车行业发展趋势和吉利经销商效能评价结果的基础上,以提升用户体验、增强购车"仪式感"为目的,吉利汽车于 2017 年 2 月 15 日发布《经销商销售运营标准 3.0》手册,对全网880 家经销商开展全面贯标。2017 年 J. D. POWER 针对经销商售车过程满意度(SSI)的调查结果显示,吉利以 630 分的成绩位列整个乘用车品牌第 24位,较 2016 年提升 12 名。

(四)吉利汽车 ESG 披露现状总结

就吉利汽车进行 ESG 信息披露的结果来看,该企业以其产品作为核心,不断拓展其在环境保护、社会责任领域的活动,并依托有效的内部治理,秉持"不忘初心,继续前行"的理想信念,坚持自己的可持续发展道路。

吉利汽车以车为载体,坚持环保理念,倡导绿色工艺,有效缓解了其车辆出行时可能造成的环境污染。吉利汽车通过有效的环境信息披露,向公众传递了自身产品环保节能,且今后很难会面临由于自身的环境污染而面临处罚的风险,即自身产品可持续发展性优异,未来隐性风险较小的信号,从而吸引了投资者进行投资。

吉利汽车热心于公益事业,就"吉时雨"项目来看,该企业积极响应扶贫政策,大力开展产业扶贫,践行企业的可持续发展与社会责任。吉利汽车在履行社会责任方面的努力,得到了社会各界的关注和认可,其连续三年获得"中国工业行业履行社会责任五星级企业""中国民营企业责任榜年度最佳责任企业"等奖项,受到了多家媒体,诸如 CCTV-2《经济半小时》栏目以及《人民政协报》的采访。吉利汽车通过良好的社会责任信息披露,向公众展示了其积极、慈善的正面形象，进一步促进了企业良好声誉与口碑的建立。

吉利汽车也非常重视其公司内部治理，且从披露的信息来看，内部治理的良好也体现了吉利汽车的可持续发展性。从员工方面来看，对员工福利的保证能够有效降低员工流失率，这就能够提高产品开发与制造的稳定性；从供应链方面来看，与供应商、经销商长期合作等管理模式保证了原材料与销售的持续性与可靠性，避免了原材料质量、销售服务等变化带来的不确定性，进一步降低了吉利汽车产业链未来整体的隐性风险。

综上所述，吉利汽车通过良好的 ESG 信息披露，体现了其优秀的可持续发展能力，未来隐性风险较小，其 ESG 信息披露对于企业未来的发展具有一定的正面效果。

第五节　吉利汽车公司 ESG 披露的动因分析

一、符合市场监管要求

自香港资本市场于 2015 年开始对在港上市公司的 ESG 披露实施"不披露就解释"模式以来，吉利汽车积极响应政策号召，开始对其 ESG 信息进行详细披露。从制度理论来看，法律法规是规范企业所有决策的基本标准，是企业维持其生存与发展的最根本前提条件。就港交所公布的《环境、社会及管治报告指引》而言，该指引一方面使企业的 ESG 信息披露得到了有效的规范，另一方面也为企业的相关决策提供了合理的指导与建议。虽然在港上市公司也可以通过解释来规避 ESG 信息的披露，但这样做无疑额外增加了企业的运营成本，有可能会对企业的经济效益造成损失。从合法性角度来看，若企业仅通过解释而不公布 ESG 报告，即使该企业在环境、社会责任、公司治理等方面运营良好，也会受到来自公众的质疑，增加了企业的"曝光成本"，不利于企业良好的声誉与口碑的建立。

综上所述，符合市场监管要求是吉利汽车进行 ESG 披露的基本动因。

二、传递利好消息

ESG 报告作为企业对外披露非财务信息的重要手段，能够有效地向外部市场传递自身的非财务风险信息。根据信号传递理论，企业为了能够在资本市场中获得良好的形象，会倾向于披露更多的信息，以减少企业与投资者的信息不对称状况；同时，企业潜在价值高、未来业绩好的企业，为了避免"柠檬市场"下"劣币驱逐良币"现象的发生，也更愿意将企业内部信息对外进行披露，以获取市场的支持。优质的 ESG 报告能够向公众传递企业具备良好的可持续发展能力的信息，而这部分信息并不能被企业的财务信息完全体现。因此，吉利汽车通过对外披露 ESG 报告，能够有效传递企业持续发展、未来现金流稳定的利好消息，从而有效吸引投资者的关注与投资，提高企业的整体价值。

综上所述，传递利好信息也是吉利汽车进行 ESG 披露的重要动因。

三、缓解融资约束

吉利汽车作为我国汽车制造业的龙头企业，近年来其业务连续扩张，连续并购了沃尔沃汽车、宝腾汽车、路特斯汽车等多家汽车品牌。在这段连续扩张的进程中，必定需要大量的资金支持，因此吉利汽车具有较强烈的融资需求。潘越等（2008）认为，上市公司的再融资行为可能将公司经营管理不佳的信号传递给投资者；而且，上市公司在进行了股权再融资后，将会受到更严格的资金监管和更高的资本回报率的压力。吉利汽车也存在着股权融资能力不足的情况，因此吉利汽车的外源融资主要以债务融资为主导。

从吉利汽车的债务融资情况来看，从 2012 年开始，其银行贷款额度不断下降，甚至于在 2015 年，吉利汽车的期末银行借款数为 0。吉利汽车年报数据显示，从 2012 年起，其营业收入同比增长率不断下降，2014 年更是达到了近十年未有的负增长，这表明吉利汽车所面临的融资困境对其业绩造成了较大的负面影响。

从利益相关者理论出发，有效的 ESG 披露有助于提高贷款人与股东对企业的风险认知水平，改善他们之间的信息不对称状况，从而为缓解企业融资约束起到积极作用。

综上所述，本研究认为，降低融资约束是吉利汽车进行 ESG 披露的核心动因。

第六节　吉利汽车公司 ESG 披露的经济后果分析

一、吉利汽车 ESG 披露的市场反应分析

自香港资本市场于 2015 年开始对在港上市公司的 ESG 披露实施"不披露就解释"模式以来，吉利汽车积极响应政策号召，开始对其 ESG 信息进行详细披露。

（一）研究设计

我们采用测度市场反应的常用方法——事件研究法来测度吉利汽车 ESG 披露的市场反应，事件选取包括 2016 年、2017 年、2018 年吉利汽车发布 ESG 报告的时点作为事件日，其具体时间分别是 2017 年 5 月 26 日、2018 年 5 月 25 日和 2019 年 6 月 17 日。测量市场反应的所有数据均来自同花顺 iFinD。

对事件窗口期的选择，大多数文献将其界定在 $[-30, 30]$ ~ $[-1, 1]$ 之间。为了更好地反映 ESG 报告发布所带来的的影响，我们选择 $[-3, 3]$、$[-3, 7]$、$[-3, 11]$ 短、中、长三个窗口期分布估计期市场反应。对于估计期的选择，大多数学者通常采用 100 天到 300 天这个范围，本研究选择 $[-185, -4]$ 作为估计期，剔除数据缺失以及非交易日的天数，各时间的具体估计期和窗口期见表 7-4。

表 7-4　事件和时间窗口期的确定

2016 年	事件日	窗口期 1	窗口期 2	窗口期 3	估计期
T=	0	$[-3, 3]$	$[-3, 7]$	$[-3, 11]$	$[-185, -4]$
日期	2017. 5. 26	2017. 5. 23 ~ 2017. 6. 1	2017. 5. 23 ~ 2017. 6. 7	2017. 5. 23 ~ 2017. 6. 13	2016. 8. 11 ~ 2017. 5. 22
2017 年	事件日	窗口期 1	窗口期 2	窗口期 3	估计期
T=	0	$[-3, 3]$	$[-3, 7]$	$[-3, 11]$	$[-185, -4]$
日期	2018. 5. 25	2018. 5. 21 ~ 2018. 5. 30	2018. 5. 21 ~ 2018. 6. 4	2018. 5. 21 ~ 2018. 6. 8	2017. 8. 10 ~ 2018. 5. 18
2018 年	事件日	窗口期 1	窗口期 2	窗口期 3	估计期
T=	0	$[-3, 3]$	$[-3, 7]$	$[-3, 11]$	$[-185, -4]$
日期	2019. 6. 17	2019. 6. 12 ~ 2019. 6. 20	2019. 6. 12 ~ 2019. 6. 25	2019. 6. 12 ~ 2019. 7. 2	2018. 8. 29 ~ 2019. 6. 11

基于所选案例研究需要的数据特征，我们选用单因素市场模型法估计正常报酬率，计算方法及模型如下：

第一步，估计 α、β 系数，计算正常报酬率的公式如式（7.1）所示：

$$R_i = \alpha_i + \beta_i R_m + \varepsilon \tag{7.1}$$

其中 R_i 指股票 i 的日收益率，具体的算法为 R_i, t=（$P_{i,t}$-$P_{i,t-1}$）/$P_{i,t-1}$，其中 $P_{i,t}$ 指个股 i 在第 t 日的收盘价；R_m 指市场收益率，具体的算法为 Rm, t=（Index$_t$-Index$_{t-1}$）/Index$_{t-1}$，Index$_t$ 指第 t 日的恒生指数。以 $[-185, -4]$ 作为估计期，采用 OSL 回归估计获得 α、β 系数。

第二步，计算预期收益率，将第一步估计得的α、β代入以上式（7.1），获得股票的预期收益率 E（$R_{i,t}$），如式（7.2）所示：

$$E（R_{i,t}）=α_i+β_iR_{m,t}+ε \tag{7.2}$$

第三步，计算超额收益率（AR）和累计超额收益率（CAR）：

$$AR_{i,t}=R_{i,t}-E(R_{i,t}) \tag{7.3}$$

$$CAR_i=\sum AR_{i,}（t=t_1,t_2,\cdots） \tag{7.4}$$

（二）研究结果与分析

基于上述资料与方法，各事件的估计期的相关数据经过回归分析后，得到结果见表7-5。从表7-5的结果可以看出，回归结果中的$β_i$的系数均在1%水平上显著，因此可以用该回归得出的正常报酬率算式获取窗口期的正常报酬率，再进一步获取该事件期的累计超额收益率，各事件窗口期走势如图7-2所示。

表7-5　各事件正常收益率公式回归结果

事件名称	$α_i$	$β_i$	回归结果
2016年 ESG报告披露	0.004 89 （2.372 566）	1.388 808 *** （4.104 99）	$E(R_{i,t})=0.004\ 89+1.388\ 808R_{m,t}$
2017年 ESG报告披露	0.002 232 （1.229 931）	1.711 549 *** （7.746 526）	$E(R_{i,t})=0.002\ 232+1.711\ 549R_{m,t}$
2018年 ESG报告披露	−0.001 02 （−0.465 4）	2.237 86 *** （8.749 805）	$E(R_{i,t})=-0.001\ 02+2.237\ 86R_{m,t}$

注：* 表示10%的显著性水平，** 表示5%的显著性水平，*** 表示1%的显著性水平。

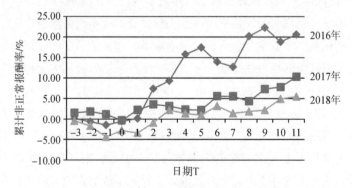

图7-2　吉利汽车 ESG 披露事件窗口期的 CAR 走势

首先，基于信号传递理论，吉利汽车通过 ESG 披露向市场及投资者传递了公司可持续发展能力良好、信息披露透明等积极信号，因此吉利汽车能够在 ESG 披露后获得良好的市场反应。王诗雨等（2019）认为投资者倾向于对企业披露持正向看法，体现为股票累计超额收益率与信息披露呈正相关关系。这也表明目前投资者的投资观念正在发生变化，相较于企业的财务绩效，投资者也逐渐开始对企业非财务信息予以关注。

其次，在窗口期 [-3，-0] 期间超额收益率并无明显异常，且部分时段持续为负，说明吉利汽车 ESG 披露的利好信息并没有提前被投资者察觉，即该利好信息并没有提前泄露。

最后，从窗口期的 CAR 走势来看，长窗口期的市场反应积极程度最为明显。我们认为，这可能是由于 ESG 报告所披露的信息大多为非财务信息，其包含的利好消息需要通过解读才能为投资者所认知，而这对普通投资者而言存在较大的难度，即 ESG 披露所能够带来的市场反应存在较强的滞后性，其信息不能较快地完全融入市场股价中。

综上所述，吉利汽车通过 ESG 披露产生了正向的市场效应，表明这种披露方式传递利好消息是有效的，也证实了传递利好消息是吉利汽车进行 ESG 披露的动机之一。

二、吉利汽车融资成本变化情况分析

（一）研究设计

为进一步观察吉利汽车 ESG 披露对吉利汽车融资成本的影响，我们选择其 2016 年进行首次 ESG 披露前后的资本成本进行对比测量。

首先测量吉利汽车的权益资本成本。权益资本成本根据测量方法的不同可以分为事前权益资本成本与事后权益资本成本，即基于预期财务指标的事前估计法和已实现回报的事后估计法。事后估计法在早期的研究中受到较为广泛的使用，其理论模型或是根据 Sharp（1964）的 CAPM，或是采用 Fama 等（1992）的三因素模型。但是，之后较多的相关实证研究发现这类方法得到的权益资本成本结果并不准确。Elton（1999）认为，事后估计法假定了事后已经实现的回报是未来预期回报的无偏差估计。但是，毛新述（2012）在其研究中表示，基本市场并不是完全有效的，这导致了所获得的事后收益数据存在一定程度上的"噪音"干扰。基于上述原因，我们采用事前权益资本成本法对吉利汽车的权益资本成本进行测量计算。

在测量模型的选择方面，用于测量事前权益资本成本的剩余收益模型（GLS）被认为其测量结果优于传统的权益资本成本计算模型。Gebhardt（2001）、Claus 等（2001）、Hou 等（2012）和张景奇等（2006）均采用该方法，其结果均表明该模型能够更好地反映上市公司的风险溢价，同时该模型也被诸多学者广泛应用（王亮亮，2013；雷霆 等，2014；肖作平，2016），因而我们选择 GLS 模型来测量吉利汽车的权益资本成本。GLS 模型的公式见式（7.5）：

$$P_t = bps_t + \sum_{i=1}^{12} \left[\frac{FROE_{t+i} - r_e}{(1 + r_e)^i} * bps_{t+i-1} \right] + \frac{FROE_{t+12} - r_e}{r_e (1 + r_e)^{12}} * bps_{t+11} \quad (7.5)$$

其中 P_t 指第 t 年末的股票收盘价格，bps_t 指第 t 年的每股净资产，$FROE_{t+1}$ 指第 $t+1$ 年的预期净资产收益率，r_e 指估计的事前权益资本成本。

在 GLS 模型里，通常可预测的区间是 12 年。其中，对已经发生年度的数据采用其企业的实际数据，对之后三年的数据采用证券分析师的预测数据，再以后的年度数据需要通过一定的估计方法获得。

对于 FROE 的估计，假设该上市公司的 ROE 朝着行业 ROE 历史数据（一般为过去 10 年）的中位数进行等差回归，对 bps 的估算采用式（7.6）计算，其中 k 指的是预期股利支付率，该股利支付率根据过去三年公司股利支付率的算术平均数确定。

$$Fbps_{t+i} = \frac{bps_{t+i-1}}{1 - FROE_{t+i} * (1 - k)} \quad (7.6)$$

对于吉利汽车债务资本成本的计算，我们采用吉利汽车年报中披露的各类借款的实际利率，运用算术加权平均来计算其债务资本成本。

（二）数据来源

在对权益资本成本的计算中，GLS 模型证券分析师数据来源于 Wind 数据库，其数据采用了基于高华证券、海通证券等各机构证券分析师预测处理后的一致性预测结果，股票收盘价格、已发生年度的每股净资产、ROE、股利支付率及行业 ROE 数据则来源于同花顺 iFinD。对于债务资本成本的计算，数据来源于吉利汽车各个年度公布的年度报告。

（三）研究结果与分析

首先，对吉利汽车 2015 年与 2016 年的事前权益资本成本进行计算，得到了 ROE 和 bps 的结果，见表 7-6。

表 7-6 2015 年和 2016 年吉利汽车 ROE 与 bps 结果

2015 年	0	1	2	3	4	5	6	7	8	9	10	11	12
P	4. 13												
ROE(%)		23. 26	36. 11	31. 62	16. 48	16. 06	16. 18	15. 48	16. 00	16. 51	17. 02	17. 53	18. 05
bps		2. 22	2. 75	3. 84	5. 00	5. 94	6. 81	7. 87	9. 34	11. 11	13. 31	16. 04	19. 45
2016	0	1	2	3	4	5	6	7	8	9	10	11	12
P	7. 41												
ROE(%)		36. 11	31. 62	16. 48	16. 06	16. 18	15. 48	15. 84	15. 84	15. 84	15. 84	15. 84	17. 64
bps		2. 75	3. 84	5. 00	5. 94	6. 81	7. 87	9. 34	11. 09	13. 18	15. 66	18. 61	22. 11

之后,我们根据式(7.5)编写 Excel 公式,采用试错法求得吉利汽车 2015 年和 2016 年的事前权益资本成本分别为 15.42% 与 12.05%,表明吉利汽车的权益资本成本在首次进行 ESG 披露的年度存在一定幅度的下降。

对吉利汽车 2012—2017 年度的债务资本成本测算结果见表 7-7 和图 7-3 及图 7-4。

表 7-7 吉利汽车 2012—2017 年税前债务资本成本测算结果

金额单位:千元

测算项目	2012 年		2013 年		2014 年	
	金额	利率	金额	利率	金额	利率
银行贷款	1 903 933	5. 72%	965 565	4. 55%	691 616	4. 55%
债券	848 649	6. 58%				
优先票据					1 820 138	5. 54%
加权债务资本成本	5. 99%		4. 55%		5. 27%	
测算项目	2015 年		2016 年		2017 年	
	金额	利率	金额	利率	金额	利率
银行贷款			174 375	1. 83%	1 296 460	2. 62%
债券						
优先票据	1 929 856	5. 54%	2 068 316	5. 54%		
加权债务资本成本	5. 54%		5. 25%		2. 62%	

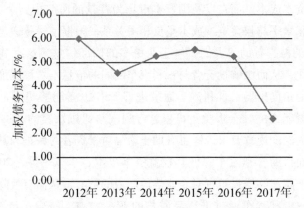

图 7-3 吉利汽车 2012—2017 年税前加权债务资本成本走势

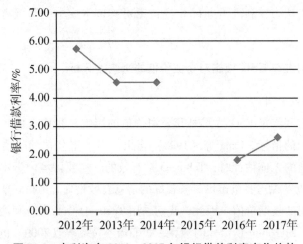

图 7-4 吉利汽车 2012—2017 年银行借款利率变化趋势

根据表 7-7、图 7-3 与图 7-4，吉利汽车在 2016 年首次披露 ESG 信息前后，其债务资本成本呈现下降趋势，其主要表现在银行贷款利率明显降低。在吉利汽车进行 ESG 披露前，其银行贷款利率在 4.55%～5.99% 浮动，在 2015 年，吉利汽车期末银行贷款为 0，存在一定的银行贷款融资困难；而在进行 ESG 披露后，2016 年首年，吉利汽车即以 1.83% 这一个极低的利率拿到了银行贷款，2017 年度，吉利汽车的银行贷款利率虽有所上升，但是仍然低于 ESG 披露前年度的利率。

综上所述，吉利汽车在 2016 年首次进行 ESG 披露后，其权益资本成本和部分债务资本成本均有一定程度的降低。Shroff 等（2013）发现，在发达资本市场，信息披露能够提高股票的流动性以及降低投资者的预测风险，从而降低企业的权益资本成本。而在以我国资本市场为背景的研究中，李慧云（2016）发现信息披露水平与权益资本成本呈反相关关系。根据信号传递理论，吉利汽车 ESG 信息的披露有助于人们了解企业更多的内部信息，这有利于促进企业信息的透明化，从而缓解投资者与吉利汽车之间的信息不对称程度；同时，从合法性理论的角度出发，吉利汽车通过进行 ESG 披露能够塑造企业具有良好的可持续发展能力的社会形象；再者，吉利汽车通过及时的 ESG 披露，符合港交所的相关制度规章要求，这也有助于增强对投资者的保护和其对吉利汽车的信心，从而帮助吉利汽车降低其权益资本成本。李志军等（2011）发现高质量的信息披露能够增强银行对企业偿债能力的信心，从而有效降低企业的债务资本成本。吉利汽车通过进行高质量的 ESG 披露，符合了港交所的要求，这也能够为吉利汽车在获取银行贷款方面获得政府的支持，从而能够获得较低的利率。我们认为吉利汽车进行 ESG 披露对其资本成本的降低有直接的正向影响作用。

三、吉利汽车 ESG 披露对企业价值的影响性分析

（一）研究设计

为测量吉利汽车 ESG 披露对其公司价值的影响，我们选取 Tobin-Q 作为衡量公司价值的指标。Lang 等（1994）指出，当上市公司的价值等于其未来现金流量现值的无偏估计时，Tobin-Q 是有效的。在我国境内资本市场，许健等（2004）也发现当股票市场具备较好的信息有效性时，Tobin-Q 能够较好地反映上市公司的长期价值。因此，我们采用 Tobin-Q 作为对吉利汽车公司价值的衡量指标。对 Tobin-Q 指标的测算，我们借鉴黄磊等（2009）的研究，公式见式（7.7）所示。

$$Tobin\text{-}Q = \frac{企业市场价值}{企业重置成本} \tag{7.7}$$

由于获得企业重置成本数据很困难，本研究采用企业总资产账面价值来代替。

此外，为了进一步观察吉利汽车 Tobin-Q 的变动，我们选择了当前未进行 ESG 披露的在内地证券市场上市的内地汽车制造业企业东风科技（600081）、金龙汽车（600686）、渤海汽车（600960）、中国重汽（000951）进行对比。

为了观察吉利汽车缓解融资约束前后的业绩增长情况，我们采用了 Dermiguc 等（1998）的融资计划模型，估计缓解融资约束后给企业带来的成长情况。

$$EFN_t = (G_t * A_t) - (1 + G_t) * (E_t * b_t) \qquad (7.8)$$

其中 EFN_t 指的是上市公司在第 t 期所需要的的外部融资；G_t 指的是上市公司在第 t 期实现的增长率，这里的增长率采用营业收入的增长率来计算；A_t 指的是上市公司在第 t 期初的资产，E_t 指的是上市公司第 t 期初的净利润，b_t 指的是上市公司税后利润用于在投资的比例。

以式（7.8）作为基础，我们再参照孔宁宁等（2009）的方法，假设企业的短期负债和总资产始终保持固定的比率，税后利润的再投资比例为1，从而计算企业使用内源融资和短期负债所能实现的成长 SFG，可得到式（7.9）；并假设企业的短期负债和长期负债均能够与总资产保持固定的比例，从而计算企业使用内源融资和全部负债所能够实现的成长 SG，可得到式（7.10）。

$$SFG_t = \frac{ROLTC_{t-1}}{1 - ROLTC_{t-1}} \qquad (7.9)$$

在式（7.9）中，ROLTC 指的是上市公司净利润与长期资本的比率。参照 Dermiguc 等（1998）的方法，我们定义长期资本等于总资产与其流动资产的差额。

$$SG_t = \frac{ROE_{t-1}}{1 - ROE_{t-1}} \qquad (7.10)$$

在式（7.10）中，ROE 指的是净资产收益率。

我们使用主营业务收入增长率来衡量公司实现的增长率，公式见式（7.11）：

$$G_t = \frac{SALE_t - SALE_{t-1}}{SALE_{t-1}} \qquad (7.11)$$

其中，$SALE_t$ 指的是上市公司第 t 年度实现的主营业务收入。

我们再根据上市公司当年增长率 G 分别减去 SFG 与 SG，可获得上市公司由于外源融资实现的成长 EFG，公式见式（7.12）和式（7.13）。

$$EFG_1 = G - SFG \qquad (7.12)$$
$$EFG_2 = G - SG \qquad (7.13)$$

其中，EFG_1 指的是上市公司依赖股权融资和长期债务融资实现的成长，而 EFG_2 指的是上市公司依赖股权融资实现的成长。

企业价值指标计算中所有企业的市场价值、总资产、流动资产、账面价值、主营业务收入、净资产收益率数据均来自同花顺 iFinD。

（二）研究结果与分析

根据式（7.7）计算获得的 Tobin-Q 指标结果见表 7-8 和图 7-5。

表 7-8　吉利汽车及对比公司 2015—2017 年报 Tobin-Q 明细值

公司	2015 年	2016 年	2017 年
吉利汽车	0.86	1.57	2.86
金龙汽车	1.16	1.12	1.07
渤海汽车	1.87	1.33	1.24
中国重汽	1.14	1.18	1.20
东风科技	2.28	1.36	1.07

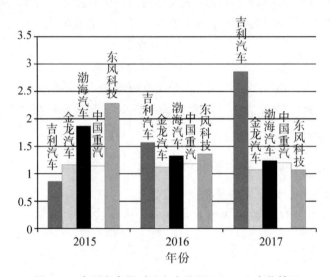

图 7-5　吉利汽车及对比上市公司 Tobin-Q 变化情况

　　基于表 7-8，我们可以发现吉利汽车 Tobin-Q 值处于持续上升状态，说明市场对吉利汽车的未来期望逐渐上升，吉利汽车的公司价值正在不断提升。根据图 7-5，对比内地部分汽车制造业上市公司的 Tobin-Q 走势，其 Tobin-Q 变化不明显，这表明吉利汽车 Tobin-Q 的提升并不是行业整体环境变化所导致的。王垒等（2019）基于信号传递理论，发现非财务信息披露能够通过向投资者传递信息，从而减少外部风险，提高外部声誉，进而提升企业价值。宋晓华等（2019）指出，从长期市场价值来看，非财务信息披露对企业的长期价值提升具有正向的促进作用。我们认为，吉利汽车首次进行的 ESG 披露，对外展现了其良好的可持续发展能力，向外传递了其非财务风险较低、未来现金流稳定的信号，这使得投资者愿意相信公司未来利润能够得到有效提升，最终提升了市场对企业的估值。因此，我们认为，吉利汽车进行 ESG 披露对其价值的提升有较好的正向影响。

表7-9和图7-6为吉利汽车缓解融资约束后的业绩成长情况。我们采用了吉利汽车首次进行 ESG 披露前后的年度进行数据分析。

表7-9　吉利汽车业绩成长情况 单位:%

项目	2015 年	2016 年	2017 年
G	38.64	78.25	72.67
SFG	14.41	16.53	44.76
SG	9.39	14.00	30.31
EFG_1	24.23	61.72	27.91
EFG_2	29.25	64.25	42.36

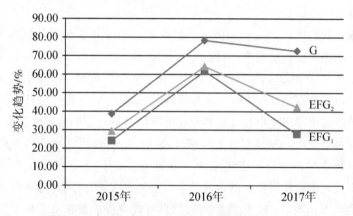

图7-6　吉利汽车 2015—2017 年业绩增长变化趋势

依据表7-9及图7-6的数据可以发现，在吉利汽车进行 ESG 披露前，企业的成长性主要依靠其股权融资，且存在较大程度上的债务融资约束，严重阻碍了吉利汽车的发展。但是在 2016 年吉利汽车进行 ESG 披露后，吉利汽车依赖外源融资实现的成长大幅上升，2017 年度虽有所回落，但数值仍然高于 ESG 披露前。从长期债务融资的角度看，债务融资约束对吉利汽车所带来的负面影响有所缓解，与此同时，吉利汽车依赖股权融资所带来的成长较 ESG 披露前也有一定幅度的上升。

基于上述数据，我们认为吉利汽车通过 ESG 披露，有效缓解了其融资约束，促进了企业稳定的业绩增长。从利益相关者理论出发，吉利汽车通过高质量的 ESG 信息披露，提高了企业的信息透明度，从而提升了银行给予贷款人的安全性承诺，最终获取了银行的信任，确保了银行贷款的稳定；同时，这也改善了企业内部经理人与外部股东的信息不对称状况，即通过 ESG 披露传递企业能够稳定长久发展的信息，从而获得了持续的较低成本率的股权融资。金祥义等（2019）从信息披露的影响渠道出发，发现有效的信息披露可以降低企业的融资成本，从而对企业的成长能力带来积极的影响。李韵婷等（2016）通过实证研究发现，高质量的非财务信息披露对企业成长绩效具有正向的促进作用。

综上所述，我们认为，吉利汽车通过其有效的 ESG 披露降低了其融资成本，从而推动了企业业绩的增长，最终实现了企业价值的提升。

四、本节小结

该部分从市场反应、融资成本及企业价值三个方面观察吉利汽车公司进行 ESG 披露后的经济后果。

首先，我们将吉利汽车 2016 年、2017 年、2018 年进行 ESG 披露作为研究事件，运用实践研究法以事件日前后 [−3，11] 的交易日作为窗口期，并选择 [−3，3]、[−3，7]、[−3，11] 短、中、长三个窗口期分布估计期市场反应，同时以窗口期之前的 190 个交易日即 [−185，−4] 作为估计期将吉利汽车的股票收益率与恒生指数收益率带入市场模型进行回归分析，获得 α、β 系数，再对窗口期内的超额累计收益率（CAR）进行计算。之后根据获得的实际数据分析吉利汽车进行 ESG 披露后的市场反应：①吉利汽车连续三年在 ESG 披露后均能够获得积极的市场反应；②[−3，−0] 期间超额收益率持续为负，说明吉利汽车 ESG 披露的利好信息并没有提前被投资者察觉，即该利好信息并没有提前泄露；③从窗口期 CAR 走势来看，长窗口期的市场反应积极程度最为明显。吉利汽车通过 ESG 披露产生了正向的市场效应，表明以这种披露方式去传递利好消息是有效的，也证实了传递利好消息是吉利汽车进行 ESG 披露的动机之一。

其次，吉利汽车进行首次 ESG 披露后，其权益资本成本和债务资本成本均有所降低。我们认为，吉利汽车进行良好的 ESG 披露，有效降低了信息不对称状况，符合了市场监管与利益相关者需求，因此有利于资本成本的降低。我们选取剩余收益模型（GLS 模型）对吉利汽车的事前权益资本成本进行估计，2015 年与 2016 的估计结果分别是 15.42% 和 11.32%，这表明吉利汽车的权益资本成本有所降低；根据吉利汽车年报披露的借款及利率明细用加权平均计算获得吉利汽车税前债务资本成本，2015 年与 2016 年的计算结果分别为

5.54%与5.25%，尤其是银行贷款方面，2016年吉利汽车以1.83%这一极低利率获得了银行借款，这表明ESG披露帮助其获得了较低利率的银行借款。

最后，ESG披露有助于提升企业的价值。我们选用Tobin-Q作为企业价值指标，并挑选了4家未进行ESG披露的境内上市公司进行对比，同时，通过融资计划模型计算了吉利汽车依靠股权融资和长期债务融资带来的业绩增长。计算得到的结果表明，在2016年吉利汽车进行ESG披露后，其Tobin-Q有上升，依靠股权融资和长期债务融资获得的业绩增长比披露前有明显的提升，这表明ESG披露能够以降低企业资本成本的方式促进企业实现价值提升。

第七节　研究结论、建议及展望

一、研究结论

本研究结合现有关于非财务信息披露的文献对ESG披露的理论体系进行整合，并选取吉利汽车作为案例对象，对其ESG披露的内在动因及其经济后果进行探讨。依据本研究的数据所呈现的结果，我们所得到的主要研究结论如下：

第一，缓解融资约束是企业进行ESG披露的核心动因。在目前经济全球化的大环境下，特别是民营企业，融资问题一直是制约企业扩张的重要因素，因此良好的ESG披露能够有效传递公司隐性价值，从而吸引银行借款与投资者投资，缓解融资约束。除此之外，提升企业估值也是推动企业ESG披露的重要动机，ESG披露能够提高投资者对企业长期发展的信心，从而有利于提升企业整体的长期价值。

第二，企业进行ESG披露能够向市场及投资者传递公司利好消息，诸如公司价值被低估、可持续发展能力良好、信息披露透明等信号，这对上市公司而言是一个利好的事件。但是由于ESG披露的信息属于非财务信息，其大多难以在短时间内量化，也很难快速地与企业的长期经营相结合，这使得投资者对企业ESG披露存在一定的滞后反应。

第三，企业进行ESG披露后有利于降低上市公司的资本成本，并进一步对企业长期价值提升起到促进作用。企业通过高质量的ESG信息披露，向外公布更多的内部可持续发展信息，有助于提升投资者投资的精准度，因此吉利控股集团能够以较低的资本成本进行股权融资；同时，高质量ESG披露符合了当地的法律法规要求，能够给政府带来良好的印象，也能够提高银行对企业债务风险的管控能力，因此也能够获得较低利率的银行贷款，最终带动企业业绩与价值的提升。

二、对策及政策建议

尽管目前 A 股并未对所有上市公司 ESG 信息披露做出强制性要求，但就我国目前对绿色金融发展推进的逐步重视、MSCI 指数对上市公司的 ESG 评价的逐步细化以及香港不断改进 ESG 披露政策的趋势来看，为了提升内地上市公司的整体质量，未来内地资本市场建设统一的 ESG 披露体系将会是大势所趋。因此，无论是已在香港上市的公司，还是仅在内地上市的公司，都应当加强公司内部的 ESG 信息管理，从而应对未来监管改革的变化以及满足境内外投资者的需求。

近年来投资者等利益相关者对企业非财务信息的关注度不断提升，ESG 披露虽然满足了部分利益相关者需求，但是仍然存在着诸多问题。目前，我国非财务信息披露的发展仍处于初步阶段，较多上市公司对其非财务信息的披露内容仅仅停留在法律层面，缺乏对其可持续发展信息的深层挖掘，同时，ESG 评价体系缺乏统一的标准，国内缺少具有权威的第三方鉴证机构，这使得国内评价的 ESG 指数缺乏足够的可信度。基于上述现状，我们根据吉利汽车 ESG 披露这一优秀案例，对境内 ESG 披露的发展与完善提出相应的建议，希望对 ESG 披露的规范化提供一点思路。

（一）企业层面：依据自身战略目标，合理规范披露 ESG 信息

作为上市公司，为持续保持其上市资格，都需要付出相应的成本。随着公众对非财务信息的不断重视，单纯的财务数据披露已经不能够满足利益相关者的需求。对于新发展的 ESG 披露，势必会增加企业的披露成本以顺应投资者的要求。对于境内企业，虽然还没有明确的政策要求对企业 ESG 信息进行标准性的披露，但是良好的 ESG 披露能够有效降低企业的融资成本，提升企业长期价值，这对企业的持续发展有着至关重要的影响。

因此，基于利益相关者视角，上市公司在披露 ESG 信息时，应当基于自身战略目标，将着重点放于该披露信息对股东以及潜在的投资者的有用性上，即分析该披露信息对股东和投资者潜在的影响，只要有可能对公司的股价或投资者对公司认识产生影响的事件信息，都应该披露完整。特别是可能与投资者出现分歧的相关披露事项，都应该从"财务重大性"和"ESG 实质影响程度"两个方面进行判断。对 ESG 信息的披露则需要大量的非财务数据信息搜集工作，而报告筹备时间却较为短暂，这就要求上市公司将 ESG 工作融入日常，

避免报告阶段的突击，同时积极使用数字化手段，建立 ESG 体系编制系统，从而提升后期 ESG 报告编制的效率与质量。

（二）市场层面：加强 ESG 投资发展，加快 ESG 指数构建

目前，在我国资本市场，ESG 指数产品规模很小，并不能引起主流投资的广泛关注。因此，基于上述现状，我国资本市场应当加快开发 ESG 指数等相关权威数据，从而推动 ESG 投资基金的发展。从美国市场经验来看，在所披露的责任投资管理工具中，66% 的责任投资资产投向了公募基金、ETF 等传统标准化基金产品。日本政府养老投资基金在追踪 3 只 ESG 指数的同时，还在积极呼吁成立国际环境类股票指数，以满足其投资需求。因此，在壮大责任投资队伍的同时，还必须积极开发满足责任投资需求的多元化产品。

随着《上市公司治理准则》的修订发布，未来我国 ESG 信息披露将进一步完善，建议加快开展对上市公司践行 ESG 理念的有效性评价，积极构建并发布契合中国实际的上市公司 ESG 指数。同时在指数构建过程中，建议针对每个行业，按照 ESG 评分的高低选择样本股，并以 ESG 评分与市值的乘积作为权重，降低市值对指数构成的影响，从而确保指数切实反映上市公司整体 ESG 表现。同时，鼓励基金公司成立追踪 ESG 指数的被动型基金或是成立基于负面筛选、ESG 整合、股东主张等策略的主动型 ESG 基金，不断丰富 ESG 金融产品，从而提升上市公司 ESG 信息的披露水平。

（三）监管层面：加快 ESG 体系建设，引入权威第三方机构监管

首先，在我国资本市场上虽已经推出 ESG 披露相关政策，诸如港交所的《环境、社会及管治报告指引》、中国证监会的《上市公司治理准则》，但是我国 ESG 披露仍然处于初步发展阶段，缺乏有效统一的模板。从目前 ESG 披露的现状来看，我国上市公司非财务信息报告发布的数量在不断增加，但由于缺乏有效的编制规范和评价体系，使得上市公司的非财务信息很难具有可比性。这就要求我国监管部门加快 ESG 披露相关政策的完善，提高上市公司非财务信息对投资者投资判断的可用性，从而促进我国资本市场的发展。

其次，为了推动国内 ESG 披露，也需要推进国内 ESG 投资的发展与监管。这一方面可以考虑行业自律组织的作用，积极推动机构投资者在自愿基础上加入联合国 PRI（负责任投资）原则，鼓励或强制要求金融机构定期披露其在责任投资方面的工作进展。境外市场为了扩大了 ESG 投资的市场影响，成立了责任投资论坛、绿色金融咨询委员会、特定工作小组等行业自律组织。同时，可参考哥伦比亚的做法，鼓励或要求所有金融机构必须定期向行业自律组织报告其 ESG 投资实践情况，通过提升信息透明度来发挥公众的监督作用，从而

督促上市公司提升其 ESG 披露质量。

最后，会计师事务所也能对企业 ESG 披露产生监督作用。企业披露的非财务信息，对判断企业财务信息的可靠性和持续性有着重要的参考作用。会计师事务所对上市公司披露质量的认可，能够使投资者更愿意相信该上市公司披露信息的真实性，提升其口碑，从而带来价值的提升。因此，我们认为，随着 ESG 披露在我国资本市场的不断发展与完善，ESG 披露等非财务信息也应当被纳入会计师事务所的审计工作中，从而督促上市公司进行良好、有效的 ESG 信息披露。

三、本章研究不足及未来研究展望

本章尝试对近年来新兴的 ESG 披露构建了简要的理论体系，并通过吉利汽车这一 A+H 股的优秀 ESG 披露案例，为探讨企业进行 ESG 披露的动因及其经济后果提供一定的现实依据，并为境内上市公司 ESG 体系的构建提供了经验证据。但受相关条件限制，对企业 ESG 披露这一新兴体系无法做到尽善尽美，因而本研究还存在着较大的不足，主要包括以下几个方面：

第一，本章虽在已有文献的基础上，对企业 ESG 披露的动因及其经济后果进行了理论分析，但其大多是建立在环境信息披露、社会责任披露的基础上，对 ESG 整体的披露特点把握不足。尽管我们尝试全面系统地剖析企业 ESG 披露的动因及其经济后果，但是缺乏大样本数据的检验，对 ESG 披露动因及其经济后果的探讨可能也不够完善。

第二，本章仅通过单一企业进行研究，而该案例具有一定的特异性，更多的量化分析结果还需要更多的大样本数据进行实证检验。对于吉利汽车而言，其在香港的 ESG 披露获得了较大的成功结果，因而能够表明在香港市场上，ESG 披露是有效且可行的。但就境内而言，ESG 披露还处于初步阶段，其最终的发展结果如何还需要今后的实际结果进行检验。

从当前的形势来看，ESG 披露这一话题在国内有着较为丰富的研究空间，包括 ESG 披露体系的运作形式和体系建立、ESG 披露风险管理以及对 ESG 披露动因及其经济后果在实证中的检验与深化，都可以作为未来的研究主题。随着我国资本市场的不断完善，完善上市公司 ESG 披露势必会成为非财务信息披露的主流趋势。

参考文献

韦森，2002. 经济学与伦理学：探寻市场经济的伦理维度与道德基础［M］. 上海：
上海人民出版社.

张维迎，柯荣住，2002a. 信任及其解释：来自中国的跨省调查分析［J］. 经济研究
（10）：59-70.

张维迎，2002b. 我国上市公司业绩预告状况研究［J］. 中国对外贸易商务月刊
（9）：42-45.

夏冬林，2004. 财务会计信息的可靠性及其特征［J］. 会计研究（1）：20-27.

许健，魏训平，2004. 价值取向投资模型及其实证研究：对中国沪深股市 A 股的
实证分析［J］. 金融研究（5）：89-98.

白春阳，2006. 社会信任的基本形式解析［J］. 河南社会科学，14（1）：4-6.

李正，2006. 企业社会责任与企业价值的相关性研究：来自沪市上市公司的经
验证据［J］. 中国工业经济（2）：79-85.

张景奇，孟卫东，陆静，2006. 股利贴现模型、自由现金流量贴现模型及剩余
收益模型对股票价格与价值不同解释力的比较分析：来自中国证券市场的实证
数据［J］. 经济评论（6）：92-98.

徐尚昆，杨汝岱，2007. 企业社会责任概念范畴的归纳性分析［J］. 中国工业
经济（5）：71-79.

晁罡，袁品，段文，2008. 企业领导者的社会责任取向、企业社会表现和组织
绩效的关系研究［J］. 管理学报（3）：445-453.

陆铭，李爽，2008. 社会资本、非正式制度与经济发展［J］. 管理世界（9）：
161-166.

潘越，戴亦一，2008. 双重上市与融资约束：来自中国"A+H"双重上市公司的
经验证据［J］. 中国工业经济（5）：139-149.

杨春方，2008. 企业社会责任、绩效的外部性与自身因素［J］. 改革（2）：

111-117.

黄磊，王化成，裘益政，2009. Tobin-Q 反映了企业价值吗：基于市场投机性的视角 [J]. 南开管理评论，12（1）：90-95.

孔宁宁，闫希，2009. 交叉上市与公司成长：来自中国"A+H"股的经验证据 [J]. 金融研究（7）：134-145.

刘凤委，李琳，薛云奎，2009. 信任、交易成本与商业信用模式 [J]. 经济研究（8）：60-72.

贾明，张喆，2010. 高管的政治关联影响公司慈善行为吗？[J]. 管理世界（4）：99-114.

李越冬，张会芹，2010. 产权性质、企业社会责任与资本市场认可度 [J]. 宏观经济研究（1）：48-52.

罗炜，朱春艳，2010. 代理成本与公司自愿性披露 [J]. 经济研究（10）：143-155.

沈洪涛，游家兴，刘江宏，2010. 再融资环保核查、环境信息披露与权益资本成本 [J]. 金融研究（12）：159-172.

杨书怀，2010. 上市公司年报业绩预告的信息含量分析：兼论《上市公司信息披露管理办法》的实施效果 [J]. 财贸研究（5）：113-119.

樊纲，王小鲁，2011. 我国市场化指数 [M]. 北京：经济科学出版社.

高勇强，何晓斌，李路路，2011. 民营企业家社会身份、经济条件与企业慈善捐赠 [J]. 经济研究，46（12）：111-123.

高敬忠，周晓苏，王英允，2011. 机构投资者持股对信息披露的治理作用研究：以管理层盈余预告为例 [J]. 南开管理评论（5）：129-140.

李培功，沈艺峰，2011. 社会规范、资本市场与环境治理：基于机构投资者视角的经验证据 [J]. 世界经济（6）：126-146.

李志军，王善平，2011. 货币政策、信息披露质量与公司债务融资 [J]. 会计研究（10）：56-62，97.

王晓巍，陈慧，2011. 基于利益相关者的企业社会责任与企业价值关系研究 [J]. 管理科学（6）：29-37.

肖作平，杨娇，2011. 公司治理对公司社会责任的影响分析：来自中国上市公司的经验证据 [J]. 证券市场导报（6）：34-40.

张然，张鹏，2011. 中国上市公司自愿业绩预告动机研究 [J]. 中国会计评论（1）：3-20.

朱松，2011. 企业社会责任、市场评价与盈余信息含量 [J]. 会计研究（11）：29-36.

毕茜，彭珏，左永彦，2012. 环境信息披露制度、公司治理和环境信息披露
　　[J]. 会计研究 (7)：39-47.

郝云宏，唐茂林，王淑贤，2012. 企业社会责任的制度理性及行为逻辑：合法性
　　视角 [J]. 商业经济与管理 (7)：74-81.

黄珺，周春娜，2012. 股权结构、管理层行为对环境信息披露影响的实证研究：
　　来自沪市重污染行业的经验证据 [J]. 中国软科学 (1)：133-143.

李四海，陆琪睿，宋献中，2012. 亏损企业慷慨捐赠的背后 [J]. 中国工业经济
　　(8)：148-160.

毛新述，叶康涛，张頔，2012. 上市公司权益资本成本的测度与评价：基于我国
　　证券市场的经验检验 [J]. 会计研究 (11)：12-22.

王玉涛，王彦超，2012. 业绩预告信息对分析师预测行为有影响吗 [J]. 金融
　　研究 (6)：193-206.

张敦力，李四海，2012. 社会信任、政治关系与民营企业银行贷款 [J]. 会计
　　研究 (8)：17-24.

周中胜，何德旭，李正，2012. 制度环境与企业社会责任履行：来自中国上市
　　公司的经验证据 [J]. 中国软科学 (10)：59-68.

陈冬华，等，2013. 宗教传统与公司治理 [J]. 经济研究 (9)：71-84.

钱先航，曹春方，2013. 信用环境影响银行贷款组合吗？[J]. 金融研究 (4)：
　　57-70.

陶文杰，金占明，2013. 媒体关注下的 CSR 信息披露与企业财务绩效关系研究
　　及启示：基于我国 A 股上市公司 CSR 报告的实证研究 [J]. 中国管理科学，
　　21 (4)：162-170.

王亮亮，2013. 真实活动盈余管理与权益资本成本 [J]. 管理科学，26 (5)：
　　87-99.

张兆国，靳小翠，李庚秦，2013. 企业社会责任与财务绩效之间交互跨期影响
　　实证研究 [J]. 会计研究 (8)：32-39.

陈德球，梁媛，胡晴，2014. 社会信任、家族控制权异质性与商业信用资本
　　配置效率 [J]. 当代经济科学 (9)：18-28.

高敬忠，王英允，2014. 强制或自愿：哪种披露政策下的业绩预告可靠性
　　更高？——基于中国 A 股上市公司的经验研究 [J]. 财贸研究 (1)：149-155.

蒋尧明，郑莹，2014. 企业社会责任信息披露高水平上市公司治理特征研究：
　　基于 2012 年沪市 A 股上市公司的经验证据 [J]. 中央财经大学学报 (11)：
　　52-59.

雷霆，周嘉南，2014. 股权激励、高管内部薪酬差距与权益资本成本［J］. 管理科学，27（6）：12-26.

李姝，谢晓嫣，2014. 民营企业的社会责任、政治关联与债务融资：来自中国资本市场的经验数据［J］. 南开评论管理，17（6）：30-40.

李国平，韦晓茜，2014. 企业社会责任内涵、度量与经济后果：基于国外企业社会责任理论的研究综述［J］. 会计研究（8）：33-40.

沈洪涛，黄珍，郭肪汝，2014. 告白还是辩白：企业环境表现与环境信息披露关系研究［J］. 南开管理评论，17（2）：56-63.

王海妹，吕晓静，林晚发，2014. 外资参股和高管、机构持股对企业社会责任的影响：基于中国 A 股上市公司的实证研究［J］. 会计研究（8）：81-87.

袁振超，岳衡，谈文峰，2014. 代理成本、所有权性质与业绩预告精确度［J］. 南开管理评论（3）：49-61.

张学勇，何姣，陶醉，2014. 会计师事务所声誉能有效降低上市公司权益资本成本吗？［J］. 审计研究（5）：86-93.

曹新伟，洪剑峭，贾琬娇，2015. 分析师实地调研与资本市场信息效率：基于股价同步性的研究［J］. 经济管理（8）：141-150.

贾琬娇，洪剑峭，徐媛媛，2015. 我国证券分析师实地调研有价值吗：基于盈余预测准确性的一项实证研究［J］. 投资研究（4）：96-113.

姜付秀，石贝贝，李行天，2015. "诚信"的企业诚信吗：基于盈余管理的经验证据［J］. 会计研究（8）：24-31.

雷光勇，邱保印，姜彭，2015. 社会信任、法律执行与股权制衡效果［J］. 证券市场导报（1）：19-31.

林润辉，等，2015. 政治关联、政府补助与环境信息披露：资源依赖理论视角［J］. 公共管理学报，12（2）：30-41.

彭钰，陈红强，2015. 内部控制、市场化进程与企业社会责任［J］. 天津财经大学学报（6）：43-47.

权小锋，吴世农，尹洪英，2015. 企业社会责任与股价崩盘风险："价值利器"或"自利工具"？［J］. 经济研究（11）：51-66.

汤谷良，栾志乾，2015. 非财务信息披露、管控能力和企业业绩［J］. 北京工商大学学报（社会科学版），30（5）：4-14.

谭松涛，崔小勇，2015. 上市公司调研能否提高分析师预测精度［J］. 世界经济（4）：126-145.

辛杰，吴创，2015. 企业家文化价值观对企业社会责任的影响机制研究［J］.

中南财经政法大学学报 (1)：105-115.

叶陈刚，等，2015. 外部治理、环境信息披露与股权融资成本 ［J］. 南开管理
　　评论，18 (5)：85-96.

郑丹辉，李孔岳，2015. 合法性视角下的民营企业绩效、政治关联与社会责任
　　［J］. 商业研究 (10)：110-117.

黄艺翔，姚铮，2016. 企业社会责任报告、印象管理与企业业绩 ［J］. 经济管理，
　　38 (1)：105-115.

贾兴平，刘益，廖勇海，2016. 利益相关者压力、企业社会责任与企业价值
　　［J］. 管理学报 (2)：267-274.

李慧云，刘镝，2016. 市场化进程、自愿性信息披露和权益资本成本 ［J］. 会计
　　研究 (1)：71-78，96.

李韵婷，欧晓明，2016. 社会责任信息披露与企业成长绩效：基于行业情境的
　　调节作用 ［J］. 广东财经大学学报，31 (6)：102-111.

刘华，魏娟，巫丽兰，2016. 企业社会责任能抑制盈余管理吗：基于强制披露
　　企业社会责任报告准实验 ［J］. 中国软科学 (4)：95-107.

马文超，2016. 经济业绩与环境业绩的因果之谜：省域环境竞争对企业环境
　　管理的影响——基于"宝钢"与"鞍钢"的案例分析 ［J］. 会计研究 (5)：
　　71-78.

谭劲松，林雨晨，2016. 机构投资者对信息披露的治理效应：基于机构调研
　　行为的证据 ［J］. 南开管理评论 (19)：115-126.

吴良海，等，2016. 产权性质、公益性捐赠与债务资本成本：来自中国 A 股资本
　　市场的经验证据 ［J］. 中国会计评论 (4)：445-464.

王士红，2016. 所有权性质、高管背景特征与企业社会责任披露：基于中国上市
　　公司的数据 ［J］. 会计研究 (11)：53-61.

许年行，李哲，2016. 高管贫困经历与企业慈善捐赠 ［J］. 经济研究 (12)：
　　133-146.

肖作平，2016. 终极所有权结构对权益资本成本的影响：来自中国上市公司的
　　经验证据 ［J］. 管理科学学报，19 (1)：72-86.

肖红军，王晓光，李伟阳，2016. 中国上市公司社会责任能力成熟度报告：
　　2016 ［M］. 北京：社会科学文献出版社.

程小可，李昊洋，高升好，2017. 机构投资者调研与管理层盈余预测方式
　　［J］. 管理科学 (1)：131-145.

钱明，2017. 民营企业自愿性社会责任信息披露与融资约束之动态关系研究

　　［J］. 管理评论, 29 (12)：163-174.

唐松, 温德尔, 孙铮, 2017. "原罪"嫌疑与民营企业会计信息质量 ［J］. 管理世界 (8)：106-122.

文雯, 宋建波, 2017. 高管海外背景与企业社会责任 ［J］. 管理科学 (2)：119-131.

吴育辉, 吴世农, 魏志华, 2017. 管理层能力、信息披露质量与企业信用评级 ［J］. 经济管理, 39 (1)：165-180.

肖曙光, 罗美, 张延平, 2017. 企业自愿性信息披露的决策机理差异性：基于不同时代与市场结构的比较研究 ［J］. 经济管理, 39 (6)：86-100.

徐光华, 宛思嘉, 2017. 环境信息披露、媒体关注与企业价值研究 ［J］. 会计之友 (10)：35-42.

姚圣, 周敏, 2017. 政策变动背景下企业环境信息披露的权衡：政府补助与违规风险规避 ［J］. 财贸研究, 28 (7)：99-110.

陈浩, 刘春林, 鲁悦, 2018. 政治关联与社会责任报告披露 ［J］. 山西财经大学学报, 40 (4)：75-85.

杜勇, 张欢, 陈建英, 2018. CEO 海外经历与企业盈余管理 ［J］. 会计研究 (2)：27-33.

焦捷, 等, 2018. 政治关联、企业环境治理投资与企业绩效 ［J］. 技术经济, 37 (6)：130-139.

李昊洋, 程小可, 姚立杰, 2018. 机构投资者调研抑制了公司避税行为吗：基于信息披露水平中介效应的分析 ［J］. 会计研究 (9)：56-63.

廉春慧, 王跃堂, 2018. 企业社会责任信息、企业声誉与投资意向的实证研究 ［J］. 东南大学学报 (哲学社会科学版), 20 (3)：53-59.

秦续忠, 王宗水, 赵红, 2018. 公司治理与企业社会责任披露：基于创业板的中小企业研究 ［J］. 管理评论, 30 (3)：188-200.

钱雪松, 彭颖, 2018. 社会责任监管制度与企业环境信息披露：来自《社会责任指引》的经验证据 ［J］. 改革 (10)：139-149.

肖翔, 张靖, 权忠光, 2018. 投资者调研影响上市公司商业信用融资研究：基于深市 A 股上市公司的实证 ［J］. 财经理论与实践 (6)：92-99.

张勇, 殷俊明, 2018. 投资者实地调研活动能够促进企业创新吗：来自深市上市公司的经验证据 ［J］. 山西财经大学学报 (9)：94-109.

胡玮佳, 张开元, 2019. 投资者关注与年报问询函市场反应：价格压力还是信息传递 ［J］. 经济管理 (10)：162-177.

黄溶冰，陈伟，王凯慧，2019. 外部融资需求、印象管理与企业漂绿 [J].
经济社会体制比较 (3)：81-93.

季晓佳，陈洪涛，王迪，2019. 媒体报道、政府监管与企业环境信息披露
[J]. 中国环境管理 (2)：44-54.

姜付秀，张晓亮，郑晓佳，2019. 学者型 CEO 更富有社会责任感吗：基于企业
慈善捐赠的研究 [J]. 经济理论与经济管理 (4)：35-51.

金祥义，张文菲，2019. 有效信息披露与企业成长能力 [J]. 经济文汇 (3)：
38-56.

宋晓华，2019. 企业碳信息披露的价值效应研究：基于公共压力的调节作用
[J]. 会计研究 (12)：78-84.

王建玲，李玥婷，吴璇，2019. 企业社会责任与风险承担：基于资源依赖理论
视角 [J]. 预测，38 (3)：45-51.

王垒，曲晶，刘新民，2019. 异质机构投资者投资组合、环境信息披露与企业
价值 [J]. 管理科学，32 (4)：31-47.

王诗雨，汪官镇，陈志斌，2019. 企业社会责任披露与投资者响应：基于多层次
资本市场的研究 [J]. 南开管理评论，22 (1)：151-165.

吴海霞，陈利斯，葛岩，2019. 食品安全信息披露于企业价值实现：基于利益
相关者视角 [J]. 中国农业大学学报，24 (8)：217-228.

朱炜，孙雨兴，汤倩，2019. 实质性披露还是选择性披露：企业环境表现
对环境信息披露质量的影响 [J]. 会计研究 (3)：10-17.

张琳，赵海涛，2019. 企业环境、社会和公司治理（ESG）表现影响企业价值吗：
基于 A 股上市公司的实证研究 [J]. 武汉金融 (10)：36-43.

赵阳，沈洪涛，周艳坤，2019. 环境信息不对称、机构投资者实地调研与企业
环境治理 [J]. 统计研究 (7)：104-118.

钟芳，2020. 机构投资者实地调研能缓解企业非效率投资吗？[J]. 财经问题
研究 (4)：56-65.

DAVIS K, 1960. Can business afford to ignore social responsibility? [J]. California
Management Review, 2 (3)：70-76.

SHARPE W, 1964. Capital asset prices：a theory of market equilibrium under con-
ditions of risk [J]. Journal of Finance, 16：425-442.

MILGRAM S, BICKMAN L, BERKOWITZ L, 1969. Note on the drawing power of
crowds of different size [J]. Journal of Personality and Social Psychology, 13
(2)：79-82.

GEORGE A, AKERLOF, 1970. The market for "lemons": Quality uncertainty and the market mechanism [J]. Quarterly Journal, 84 (3): 488−500.

DAVIS K, 1973. The case for and against business assumption of social responsibilities [J]. Academy of Management Journal, 16 (2): 312−322.

SPENCE M, 1973. Job market signaling [J]. The Quarterly Journal of Economics, 87 (3): 355−374.

DOWLING J, PFEFFER J, 1975. Organizational legitimacy: social values and organizational behavior [J]. Pacific Sociological Review, 18 (1): 122−136.

CARROLL A B, 1979. A three dimensional conceptual model of corporate performance [J]. The Academy of Management Review, 4 (4): 497−505.

TELSER L G, 1980. A theory of self − enforcing agreements [J]. Journal of Business, 53 (1): 27−44.

DIMAGGIO P J, POWELL W W, 1983. The iron cage revisited: Institutional isomorphism and collective rationality in organizational fields [J]. American Sociological Review, 48 (2): 147−160.

MEYER J W, SCOTT W R, 1983. Organizational environments: ritual and rationality [M]. Beverly Hills, CA: Sage.

ROSENBAUM P R, RUBIN D B, 1983. The central role of the propensity score in observational studies for causal effects [J]. Biometrika, 70 (1): 41−55.

VERRECCHIA R E, 1983. Discretionary disclosure [J]. Journal of accounting and economics (5): 179−194.

AJINKYA B, GIFT M, 1984. Corporate managers' earnings forecasts and symmetrical adjustments of market expectations [J]. Journal of Accounting Research, 22 (2): 425−444.

FREEMAN R E, 1984. Strategic management: A stakeholder approach [M]. Boston: Pitman.

HAMBRICK D C, MASON P A, 1984. Upper echelons: The organization as a reflection of its top managers. Academy of Management Review, 9 (2): 193−206.

DYE R, 1985. Disclosure of nonproprietary information [J]. Journal of Accounting Research, 23 (1): 123−145.

SCHEIN E H, 1985. Organizational culture and leadership−A dynamic view [M]. San Francisco: Jossey−Bass.

ANDERSON C A, ANTHONY R N, 1986. The new corporate directors [M]. New

York: Wiley.

GAMBETTA D, 1988. Trust: making and breaking cooperative relations [M]. New York: Blackwell.

ELSTER J, 1989. Social norms and economic theory [J]. Journal of Economic Perspectives, 3 (4): 99-117.

DENISON D R, 1990. Corporate culture and organizational effectiveness [M]. Oxford, England: John Wiley and Sons.

FOMBRUN C, SHANLEY M, 1990. What's in a name? Reputation building and corporate strategy [J]. The Academy of Management Journal, 33 (2): 233-258.

KING R, POWNALL G, WAYMIRE G, 1990. Expectation adjustments via timely management forecasts: review, synthesis, and suggestion for future research [J]. Journal of Accounting Literature, 9 (9): 113-144.

NORTH D C, 1990. Institutions, institutional change, and economic performance [M]. Cambridge, UK: Cambridge University Press.

CIALDINI R B, KALLGREN C A, RENO R R, 1991. A focus theory of normative conduct: A theoretical refinement and reevaluation of the role of norms in human behavior [J]. Advances in Experimental Social Psychology, 24: 201-234.

CLARKSON M B E, 1991. Defining, evaluating, and managing corporate social performance: The stakeholder management model. In: Post, J. E., Ed., Research in Corporate Social Performance and Policy [M]. Greenwich: JAI Press Inc, 12: 331-358.

DIMAGGIO P J, POWELL W W, 1991. New institutionalism and organizational analysis [M]. Chicago, IL: University of Chicago Press.

DONALDSON L, DAVIS J H, 1991. Stewardship theory or agency theory: CEO governance and shareholder returns [J]. Australian Journal of Management, 16 (1): 49-64.

GALASKIEWICZ J, 1991. The new institutionalism in organizational analysis [M]. Chicago: University of Chicago Press.

KIM O, VERRECCHIA R, 1991. Trading volume and price reactions to public announcements [J]. Journal of Accounting Research, 29 (2): 302-321.

OLIVER C, 1991. Strategic responses to institutional processes [J]. Academy of Management Review, 16 (1): 145-179.

ROE M J, 1991. A political theory of American corporate finance [J]. Columbia

Law Review, 91 (1): 10-67.

WOOD D J, 1991. Social issues in management: Theory and research in corporate social performance [J]. Journal of Management, 17 (2): 383-384.

FAMA E F, FRENCH K R, 1992. The cross-section of expect stock return [J]. Journal of Finance, 47: 427-465.

GORDON G G, DITOMASO N, 1992. Predicting corporate performance from organizational culture [J]. Journal of Management Studies, 29 (6): 783-798.

KOTTER J P, HESKETT J L, 1992. Corporate culture and performance [M]. New York: Free Press.

ROBERTS R W, 1992. Determinants of corporate social responsibility disclosure: An application of stakeholder theory [J]. Accounting Organizations & Society, 17 (6): 595-612.

BAGINSKI S P, CONRAD E J, HASSELL J M, 1993. The effects of management forecast precision on equity pricing and on the assessment of earnings uncertainty [J]. The Accounting Review, 68 (4): 913-927.

PUTNAM R, 1993. The prosperous community: Social capital and public life [J]. The American Prospect, 13 (1): 35-42.

POWNALL G, WASLEY C, WAYMIRE G, 1993. The stock price effects of alternative of management earnings forecasts [J]. The Accounting Review, 68 (4): 896-912.

WILLIAMSON O, 1993. Calculativeness, trust, and economic organization [J]. Journal of Law and Economics, 36 (1): 453-486.

BURT R S, et al., 1994. Contingent organization as a network theory: The culture-performance contingency function [J]. Acta Sociologica, 37 (4): 345-370.

ELSBACH K D, 1994. Managing organizational legitimacy in the California cattle industry: The construction and effectiveness of verbal accounts [J]. Administrative Science Quarterly, 39 (1): 57-88.

FINKELSTEIN S, D'AVENI R A, 1994. CEO duality as a double-edged sword: How boards of directors balance entrenchment avoidance and unity of command [J]. Academy of Management Journal, 37: 1079-1108.

GRIEF A, 1994. Cultural beliefs and organizations of society: a historical and theoretical reflection on collectivist and individualist societies [J]. Journal of Political Economy, 102 (5): 912-950.

SKINNER D J, 1994. Why firms voluntarily disclose bad news [J]. Journal of Accounting Research, 32 (1): 38-60.

CARROLL A B, SULLIVAN S C, MARKOWITZ L, 1995. Understanding the impact of corporate social responsibility (CSR) in the marketplace: A reputation and social performance assessment study [J]. International Association for Business and Society Proceedings, 6: 653-661.

SCOTT W R, 1995. Institutions and Organizations [M]. Sage Publications: Thousand Oaks, CA.

DENISON D, MISHRA A, 1995. Toward a theory of organizational culture and effectiveness [J]. Organization Science, 6 (2): 204-223.

DONALDSON T, PRESTON L E, 1995. The stakeholder theory of the corporation: Concepts, evidence, and implications [J]. The Academy of Management Review, 20 (1): 65-91.

FLIGSTEIN N, FREELAND R, 1995. Theoretical and comparative perspectives on corporate organization [J]. Annual Review of Sociology, 21: 21-43.

GRAY R, KOUHY R, LAVERS S, 1995. Corporate social and environmental reporting: a review of the literature and a longitudinal study of UK disclosure [J]. Accounting, Auditing&Accounting Accountability Journal, 8 (2): 47-77.

JONES T, 1995. Instrumental stakeholder theory: A synthesis of ethics and economics [J]. Academy of Management Review, 20 (2): 404-437.

SUCHMAN M C, 1995. Managing Legitimacy: Strategic and Institutional Approaches [J]. Academy of Management Review, 20 (3): 571-610.

PATTEN D M, 1995. Variability in social disclosure: A legitimacy-based analysis [J]. Advances in public interest accounting, 6 (4): 273-285.

WOOD C, 1995. Corporations, stakeholders and sustainability development: A theoretical exploration of business- society relations [J]. Journal of Business Ethics, 63 (5): 263-281.

BURKE L, LOGSDON J M, 1996. How corporate social responsibility pays off [J]. Long Range Planning, 29 (4): 495-502.

DEEPHOUSE D L, 1996. Does isomorphism legitimate? [J]. Academy of Management Journal, 39 (4): 1024-1039.

DEEGAN C, GORDON B, 1996. A study of the environmental disclosure practices of Australian corporations [J]. Accounting and Business Research, 26 (3): 187-199.

FOMBRUN C, 1996. Reputation: Realizing value from the corporate image [M]. Boston, MA: Harvard Business School Press.

GRAY R H, OWEN D L, ADAMS C, 1996. Accounting and accountability: Changes and challenges in corporate social and environmental reporting [M]. London: Prentice Hall.

O'REILLY C, CHATMAN J, 1996. Culture as social control: Corporations, cults, and commitment [J]. Research in Organizational Behavior, 18: 157–200.

PAVA M L, KRAUSZ J, 1996. The association between corporate social-responsibility and financial performance: The paradox of social cost [J]. Journal of Business Ethics, 15 (3): 321–357.

REICHHELD F, TEAL T, 1996. The loyalty effect: The hidden force behind growth, profits, and lasting value [M]. Boston: Harvard Business School Press.

SUBRAMANYAM K R, 1996. Uncertain precision and price reactions to information [J]. The Accounting Review, 71 (2): 207–220.

TOLBERT P S, ZUCKER L G, 1996. Studying organization: Theory and method [M]. London: Sage Publications.

BAGINSKI S P, HASSELL J M, 1997. Determinants of management forecast precision [J]. The Accounting Review, 72 (2): 303–312.

CANNELLA A A, MONROE M J, 1997. Contrasting perspectives on strategic leaders: toward a more realistic view of top managers [J]. Journal of Management, 23 (3): 213–237.

COLLER M, YOHN T L, 1997. Management forecasts and information asymmetry: an examination of bid-ask spreads [J]. Journal of Accounting Research, 35 (2): 181–191.

ELKINGTON J, 1997. Cannibals with Forks: The Triple Bottom Line of 21st Century Business [M]. Oxford, UK: Capstone Publishing Ltd.

FUKUYAMA F, 1997. Social capital and the modern capitalist economy: Creating a high trust workplace [J]. Stern Business Magazine, 4: 1–16.

KNACK S, KEEFER P, 1997. Does social capital have an economic payoff? A cross-country investigation [J]. The Quarterly Journal of Economics, 112 (4): 1251–1288.

LA PORTA R, et al., 1997. Legal determinants of external finance [J]. The Journal of Finance, 52 (3): 1131–1150.

SKINNER D, 1997. Earnings disclosures and stockholder lawsuits [J]. Journal of Accounting and Economics, 23 (3): 249-262.

TURBAN D, GREENING D, 1997. Corporate social performance and organizational attractiveness to prospective employees [J]. Academy of Management Journal, 40 (3): 658-672.

WADDOCK S A, GRAVE S B, 1997. The corporate social performance-financial performance link [J]. Strategic Management Journal, 18 (4): 303-319.

ADAMS M, HARDWICK P, 1998. An analysis of corporate donations: United Kingdom evidence [J]. Journal of Management Studies, 35 (5): 641-654.

BAMBER L S, CHEON Y S, 1998. Discretionary management earnings forecast disclosures: Antecedents and outcomes associated with forecast specificity choices [J]. Journal of Accounting Research, 36 (2): 167-190.

DEMIRGUC-KUNT A, MAKSIMOVIC V, 1998. Law, finance and firm growth [J]. Journal of Finance, 53: 2107-2131.

HOLLEY D M, 1998. Information disclosure in sales [J]. Journal of Business Ethics, 17 (6): 631-641.

MURPHY P, 1998. Eighty exemplary ethics statements [M]. Notre Dame: University of Notre Dame Press.

NEU D, WARSAME H, PEDWELL K, 1998. Managing public impressions: Environmental disclosures in annual reports [J]. Accounting, Organizations and Society, 23 (3): 265-282.

ROUSSEAU D M, et al., 1998. Not so different after all: A cross-discipline view of trust [J]. Academy of Management Review, 23 (3): 393-404.

SAKO M, HELPER S, 1998. Determinants of trust in supplier relations: Evidence from the automotive industry in Japan and the United States [J]. Journal of Economic Behavior and Organization, 34 (3): 387-417.

DONALDSON T, DUNFEE T W, 1999. Ties that bind: a social contracts approach to business ethics [M]. Boston, MA: Harvard Business Review Press, 93-96.

ELTON E, 1999. Expected return, realized return, and asset pricing tests [J]. Journal of Finance, 54: 1199-1220.

JONES T M, WICKS A C, 1999. Convergent stakeholder theory [J]. Academy of Management Review, 24 (2): 206-221.

MAINES L, MCDANIEL L, 2000. Effects of comprehensive-income characteristics on nonprofessional investors' judgments: the role of financial statement presentation format [J]. The Accounting Review, 75 (2): 179-208.

RUPPEL C P, HARRINGTON S J, 2000. The relationship of communication, ethical work climate, and trust to commitment and innovation [J]. Journal of Business Ethics, 25 (4): 313-328.

WILLIAMSON O E, 2000. The New Institutional Economics: Taking Stock, Looking Ahead [J]. Journal of Economic Literature, 38 (3): 595-613.

CLAUS J, THOMAS J, 2001. Equity premia as low as three percent? Evidence from analysts' earning forecasts for domestic and international stock markets [J]. Journal of Finance, 56 (5): 1629-1666.

FLAMHOLTZ E, 2001. Corporate culture and the bottom line [J]. European Management Journal, 19: 268-275.

GELB D S, STRAWSER J A, 2001. Corporate social responsibility and financial disclosures: An alternative explanation for increased disclosure [J]. Journal of Business Ethics, 33 (1): 1-13.

GEBHARDT L S, 2001. Toward an implied cost of capital [J]. Journal of Accounting Research, 39: 135-176.

HEALY P M, PALEPU K G, 2001. Information asymmetry, corporate disclosure, and the capital markets: A review of the empirical disclosure literature [J]. Journal of accounting and economics, 31 (1): 405-440.

HALL P A, SOSKICE D, 2001. Varieties of capitalism: The institutional foundations of comparative advantage [M]. New York: Oxford University Press.

JOHNSON M F, KASZNIK R, NELSON K K, 2001. The impact of securities litigation reform on the disclosure of forward-looking information by high technology firms [J]. Journal of Accounting Research, 39 (2): 297-327.

MCWILLIAMS A, SIEGEL D, 2001. Corporate social responsibility: a theory of the firm perspective [J]. Academy of Management Review, 26 (1): 117-127.

SCOTT W R, 2001. Institutions and Organizations (2nd ed) [M]. Thousand Oaks, CA: Sage Publications.

ZAK P J, KNACK S, 2001. Trust and Growth [J]. The Economic Journal, 111 (470): 295-321.

DEEGAN C, 2002. Introduction: the legitimising effect of social and environmental disclosures—a theoretical foundation [J]. Accounting, Auditing and Accountability

Journal, 15 (3): 282-311.

FERGUSON M J, LAM K C, LEE G M, 2002. Voluntary disclosure by state - owned enterprises listed on the stock exchange of Hong Kong [J]. Journal of International Financial Management and Accounting, 13 (2): 125-152.

HAUSMAN D M, 2002. Trustworthiness and Self-interest [J]. Journal of Banking and Finance 26 (9): 1767-1783.

MILLER P, BAHNSON P, 2002. Quality financial reporting [M]. New York: McGraw-Hill.

PATTEN D M, 2002. Exposure, legitimacy and social disclosure [J]. Organizations and Society, 27 (8): 763-773.

PORTER M E, KRAMER M R, 2002. The competitive advantage of corporate philanthropy [J]. Harvard Business Review, 80 (12): 56-69.

ROBERTS P W, DOWLING G R, 2002. Corporate reputation and sustained superior financial performance [J]. Strategic Management Journal, 23: 1077-1093.

SIMONS T, 2002. The high cost of lost trust [J]. Harvard Business Review, 80 (9): 18-19.

SØRENSEN J B, 2002. The strength of corporate culture and the reliability of firm performance [J]. Administrative Science Quarterly, 47 (1): 70-91.

BERTRAND M, SCHOAR A, 2003. Managing with style: The effect of managers on firm policies [J]. The Quarterly Journal of Economics, 118: 1169-1198.

GORDON R H, LI W, 2003. Government as a discriminating monopolist in the financial market: the case of China [J]. Journal of Public Economics, 87 (2): 283-312.

HUTTON A P, MILLER G S, SKINNER D J, 2003. The role of supplementary statements with management earnings forecasts [J]. Journal of Accounting Research, 41 (5): 867-890.

MARGOLIS J, WALSH J, 2003. Misery loves companies: Rethinking social initiatives by business [J]. Administrative Science Quarterly, 48: 268-305.

ORLITZKY M, SCHMIDT F L, RYNES S L, 2003. Corporate social and financial performance: A meta-analysis [J]. Organization Studies, 24 (3): 403-441.

PFEFFER J, SALANCIK G, 2003. The external control of organizations: A resource dependence perspective [M]. Redwood City, CA: Stanford Business Books.

SCOTT W R, 2003. Organizations: Rational, natural, and open systems (5th ed.) [M]. Upper Saddle River, NJ: Prentice-Hall.

BAGINSKI S P, HASSELL J M, KIMBROUGH M D, 2004. Why do managers explain their earnings forecasts? [J]. Journal of Accounting Research, 42 (1): 1-29.

BHATTACHARYA C B, SEN S, 2004. Doing better at doing good: when, why, and how consumers respond to corporate social initiatives [J]. California Management Review, 47 (1): 9-24.

BRAMMER S, PAVELIN S, 2004. Voluntary social disclosures by large UK companies [J]. Business Ethics: A European Review, 13 (2-3): 86-99.

BUSHMAN R, PIOTROSKI J, SMITH A, 2004. What determines corporate transparency? [J]. Journal of Accounting Research, 42 (2): 207-252.

BANSAL P, CLELLAND I, 2004. Talking trash: Legitimacy, impression management, and unsystematic risk in the context of the natural environment [J]. Academy of Management Journal, 47 (1): 93-103.

CAMPBELL J L, 2004. Institutional change and globalization [M]. Princeton, NJ: Princeton University Press.

COX P, BRAMMER S, MILLINGTON A, 2004. An empirical examination of institutional investor preferences for corporate social performance [J]. Journal of Business Ethics, 52 (1): 27-43.

GUISO L, SAPIENZA P, ZINGALES L, 2004. The role of social capital in financial development [J]. American Economic Review, 94 (3): 526-556.

GARRIGA E, MELE' D, 2004. Corporate social responsibility theories: Mapping the territory [J]. Journal of Business Ethics, 53 (1-2): 51-71.

HEMINGWAY C, MACLAGAN P, 2004. Managers' personal values as drivers of corporate social responsibility [J]. Journal of Business Ethics, 50 (1): 33-44.

SAPIENZA P, 2004. The effects of government ownership on bank lending [J]. Journal of Financial Economics, 72 (2): 357-384.

WATKINS A L, HILLISON W, MORECROFT S E, 2004. Audit quality: A synthesis of theory and empirical evidence [J]. Journal of Accounting Literature, 23: 153-193.

AJINKYA B, BHOJRAJ S, SENGUPTA P, 2005. The association between outside directors, institutional investors and the properties of management earnings forecasts [J]. Journal of Accounting Research, 43 (3): 343-376.

ALLEN F, QIAN J, QIAN M, 2005. Law, finance and economic growth in China [J]. Journal of Financial Economics, 77 (1): 57-116.

BRAMMER S, MILLINGTON A, 2005. Corporate reputation and philanthropy: an empirical analysis [J]. Journal of Business Ethics, 61: 29-44.

CORMIER D, MAGNAN M, VAN VELTHOVEN B, 2005. Environmental disclosure quality: Do firms respond to economic incentives, public pressures or institutional conditions [J]. European Accounting Review, 14 (1): 1-37.

CHAPPLE W, MOON J, 2005. Corporate social responsibility (CSR) in Asia: A seven country study of CSR website reporting [J]. Business&Society, 6 (44): 415 -441.

DEEPHOUSE D L, CARTER S M, 2005. An examination of differences between organizational legitimacy and organizational reputation [J]. Journal of Management Studies, 42 (2): 329-360.

GODFREY P C, 2005. The relationship between corporate philanthropy and shareholder wealth: A risk management perspective [J]. Academy of Management Review, 30 (4): 777-798.

HANIFFA R M, COOKE T E, 2005. The impact of culture and governance on corporate social reporting [J]. Journal of Accounting & Public Policy, 24 (5): 391-430.

KARAMANOU I, VAFEAS N, 2005. The association between corporate boards, audit committees, and management earnings forecasts: an empirical analysis [J]. Journal of Accounting Research, 43 (3): 453-486.

KOEHN D, 2005. Integrity as a business asset [J]. Journal of Business Ethics, 58: 125-136.

NORTH D C, 2005. Institutions and the process of economic change [J]. Management International, 9 (3): 1-7.

WRIGHT M, et al., 2005. Strategy research in emerging economies: Challenging the conventional wisdom [J]. Journal of Management Studies, 42: 1-33.

BESLEY T, PRAT A, 2006. Handcuffs for the grabbing hand? Media capture and government accountability [J]. American Economic Review, 96 (3): 720-736.

CAMPBELL J L, 2006. Institutional analysis and the paradox of corporate social responsibility [J]. American Behavioral Scientist, 49 (7): 925-938.

DOH J P, GUAY T R, 2006. Corporate social responsibility, public policy, and NGO activism in Europe and the United States: An institutional-stakeholder perspective [J]. Journal of Management Studies, 43 (1): 47-73.

GUISO L, SAPIENZA P, ZINGALES L, 2006. Does culture affect economic outcomes? [J]. The Journal of Economic Perspectives, 20 (2): 23-48.

HIGGINSON N, SIMMONS C, WARSAME H, 2006. Environmental disclosure and legitimation in the annual report: Evidence from the joint solutions project [J]. Journal of Applied Accounting Research, 8 (2): 3-23.

LIBBY R, TAN H, HUNTON J E, 2006. Does the form of management's earnings guidance affect analysts' earnings forecasts? [J]. The Accounting Review, 81 (1): 207-225.

PORTER M E, KRAMER M R, 2006. Strategy society and society: The link between competitive advantage and corporate social responsibility [J]. Harvard Business Review, 84 (12): 78-92.

SACCONI L, 2006. A social contract account for CSR as an extended model of corporate governance (I): Rational Bargaining and Justification [J]. Journal of Business Ethics, 68 (3): 259-281.

AGUILERA R V, et al., 2007. Putting the S back in corporate social responsibility: A multilevel theory of social change in organizations [J]. Academy of Management Review, 32 (3): 836-863.

BRICKSON S L, 2007. Organizational identity orientation: The genesis of the role of the firm and distinct forms of social value [J]. Academy of Management Review, 32 (3): 864-888.

CHO C H, PATTEN D M, 2007. The role of environmental disclosures as tools of legitimacy: A research note [J]. Accounting, organizations and society, 36 (1): 107-117.

CAMPBELL J L, 2007. Why would corporations behave in socially responsible ways? An institutional theory of corporate social responsibility [J]. Academy of Management Review, 32 (3): 946-967.

CHOI J, WANG H, 2007. The promise of a managerial values approach to corporate philanthropy [J]. Journal of Business Ethics, 75 (4): 345-359.

CESPA G, CESTONE G, 2007. Corporate social responsibility and managerial entrenchment [J]. Journal of Economics and Management Strategy, 16 (3): 741-771.

FARH J L, HACKETT R D, LIANG J, 2007. Individual-Level cultural values as moderators of perceived organizational support - employee outcome relationships in

China: Comparing the effects of power distance and traditionality [J]. Academy of Management Journal, 50 (3): 715-729.

FALCK O, HEBLICH S, 2007. Corporate social responsibility: Doing well by doing good [J]. Business Horizons, 50 (3): 247-254.

FREEMAN R E, HARRISON J S, WICKS A C, 2007. Managing for stakeholders: survival, reputation, success [M]. Oxford, UK: Oxford University Press.

HSU S, 2007. A new business excellence model with business integrity from ancient Confucian thinking [J]. Total Quality Management and Business Excellence, 18 (4): 413-423.

JO H, KIM Y, 2007. Disclosure frequency and earnings management [J]. Journal of Financial Economics, 84 (2): 561-590.

MARQUIS C, GLYNN M A, DAVIS G F, 2007. Community isomorphism and corporate social action [J]. Academy of Management Review, 32 (3): 925-945.

CHEN J C, PATTEN D M, ROBERTS P R W, 2008. Corporate charitable contributions: A corporate social performance or legitimacy strategy? [J]. Journal of Business Ethics, 82 (1): 131-144.

CHIH H L, SHEN C H, KANG F C, 2008. Corporate social responsibility, investor protection, and earnings management: Some international evidence [J]. Journal of Business Ethics, 79 (1-2): 179-198.

HIRST D E, KOONCE L, VENKATARAMAN S, 2008. Management earnings forecasts: a review and framework. Accounting Horizons, 22 (3): 315-338.

MATTEN D, MOON J, 2008. "Implicit" and "Explicit" CSR: A conceptual framework for a comparative understanding of corporate social responsibility [J]. Academy of Management Review 33 (2): 404-424.

NORTH D C, 2008. Handbook of new institutional economics [M]. Berlin, Heidelberg: Springer.

UDAYASANKAR K, 2008. Corporate social responsibility and firm size [J]. Journal of Business Ethics, 83 (2): 167-175.

PRIOR D, SURROCA J, TRIBO J, 2008. Are socially responsible managers really ethical? Exploring the relationship between earnings management and corporate social responsibility [J]. Corporate Governance, 16 (3): 160-177.

SCOTT W R, 2008. Approaching adulthood: The maturing of institutional theory [J]. Theory and Society, 37 (5): 42-442.

SURROCA J, TRIBÓ J, 2008. Managerial entrenchment and corporate social performance [J]. Journal of Business Finance and Accounting, 35 (5): 748-789.

VERHEZEN P, 2008. The (Ir) Relevance of Integrity in Organizations [J]. Public Integrity, 10 (2): 133-149.

WANG Q, WONG T J, XIA L J, 2008. State ownership, the institutional environment, and auditor choice: Evidence from China [J]. Journal of Accounting and Economics, 46 (1): 112-134.

WALDMAN D A, SIEGEL D, 2008. Defining the socially responsible leader [J]. The Leadership Quarterly, 19: 117-131.

WILLIAMS C A, AGUILERA R V, 2008. Corporate social responsibility in a comparative perspective. In: CRANE A, MCWILLIAMS A, MATTEN D, MOON J, SIEGEL D (Eds.). The Oxford Handbook of Corporate Social Responsibility [M]. Oxford, UK: Oxford University Press.

YU F F, 2008. Analyst coverage and earnings management [J]. Journal of Financial Economics, 88: 245-271.

AHLERUP P, OLSSON O, YANAGIZAWA D, 2009. Social Capital vs Institutions in the Growth Process [J]. European Journal of Political Economy, 25 (1): 1-14.

CHOI J, WANG H, 2009. Stakeholder relations and the persistence of corporate financial performance [J]. Strategic Management Journal, 30 (8): 895-907.

DURNEV A, ERRUNZA V, MOLCHANOV A, 2009. Property rights protection, corporate transparency and growth [J]. Journal of International Business Studies, 40 (4): 1533-1562.

DENNIS B S, BUCHHOLTZ A K, BUTTS M M, 2009. The nature of giving: A theory of planned behavior examination of corporate philanthropy [J]. Business and Society, 48 (3): 360-384.

FINKELSTEIN S, HAMBRICK D C, CANNELLA A A, 2009. Strategic leadership: Theory and research on executives, top management teams, and boards [M]. New York: Oxford University Press.

GUJARATI D N, 2009. Basic Econometrics [M]. New York: Tata McGraw-Hill Education.

GODFREY P C, MERRILL C B, HANSEN J M, 2009. The relationship between corporate social responsibility and shareholder value: an empirical test of the risk management hypotheses [J]. Strategic Management Journal, 30 (4): 425-445.

GOSLING M, HUANG H, 2009. The fit between integrity and integrative social contracts theory [J]. Journal of Business Ethics, 90: 407-417.

REVERTE C, 2009. Determinants of corporate social responsibility disclosure ratings by Spanish listed firms [J]. Journal of Business Ethics, 88 (2): 351-366.

SLATER D J, DIXON-FOWLER H R, 2009. CEO International Assignment Experience and Corporate Social Performance [J]. Journal of Business Ethics, 89 (3): 473-489.

SIMNETT R, VANSTRAELEN A, CHUA W F, 2009. Assurance on sustainability reports: an international comparison [J]. The Accounting Review, 84 (3): 937-967.

WEN S, 2009. Institutional investor activism on socially responsible investment: Effects and expectations [J]. Business Ethics: A European Review, 18 (3): 308-333.

ZHANG R, REZAEE Z, ZHU J, 2009. Corporate philanthropic disaster response and ownership type: Evidence from Chinese firms' response to the Sichuan earthquake [J]. Journal of Business Ethics, 91 (1): 51-63.

ALGAN Y, CAHUC P, 2010. Inherited trust and growth [J]. The American Economic Review, 100 (5): 2060-2092.

ANGUS-LEPPAN T, METCALF L, BENN S, 2010. Leadership styles and CSR practice: An examination of sense making, institutional drivers and CSR leadership [J]. Journal of Business Ethics, 93: 189-213.

BEYER A, et al., 2010. The financial reporting environment Review of the recent literature [J]. Journal of Accounting and Economics, 50 (2-3): 296-343.

CHIH H L, CHIH H H, CHEN T Y, 2010. On the determinants of corporate social responsibility: International evidence on the financial industry [J]. Journal of Business Ethics, 93 (1): 115-135.

CHOI J, et al., 2010. The roles that forecast surprise and forecast error play in determining management forecast precision [J]. Accounting Horizons, 24 (2): 165-188.

CHEN H, et al., 2010. Association between borrower and lender state ownership and accounting conservatism [J]. Journal of Accounting Research, 48 (5): 973-1014.

GARGOURI R M, FRANCOEUR C, SHABOU R, 2010. The relationship between corporate social performance and earnings management [J]. Canadian Journal of Administrative Sciences, 27 (4): 320-334.

ISLAM M A, DEEGAN C, 2010. Media pressures and corporate disclosure of social responsibility performance information: a study of two global clothing and sports retail companies [J]. Accounting and Business Research, 40 (2): 131-148.

JACKSON G, APOSTOLAKOU, 2010. Corporate social responsibility in Western Europe: An institutional mirror or substitute? [J]. Journal of Business Ethics, 94 (3): 371-394.

KOLK A, PEREGO P, 2010. Determinants of the adoption of sustainability assurance statements: an international investigation [J]. Business Strategy and the Environment, 19 (3): 182-198.

LI Y, LIU Y, 2010. Blue book on corporate social responsibility in China: 2010 [M]. Beijing, China: People's Publishing House.

MASANORI O, 2010. Between Mao and markets: New evidence on segmentation of the bank loan market in China [J]. Applied Economics Letters, 17 (12): 1213-1218.

MISHRA S, SUAR D, 2010. Does corporate social responsibility influence firm performance of Indian companies? [J]. Journal of Business Ethics, 95 (4): 571-601.

SURROCA J, TRIBÓ J A, WADDOCK S, 2010. Corporate responsibility and financial performance: The role of intangible resources [J]. Strategic Management Journal, 31 (5): 463-490.

STEEN E V, 2010. Culture clash: The costs and benefits of homogeneity [J]. Management Science, 56 (10): 1718-1738.

CHIU S C, SHARFMAN M, 2011. Legitimacy, visibility, and the antecedents of corporate social performance: an investigation of the instrumental perspective [J]. Journal of Management, 37 (6), 1558-1585.

CHOI T H, PAE J, 2011. Business ethics and financial reporting quality: Evidence from Korea [J]. Journal of Business Ethics, 103 (3): 403-427.

EL GHOUL S, et al., 2011. Does corporate social responsibility affect the cost of capital? [J]. Journal of Banking and Finance, 35 (9): 2388-2406.

FAN J P H, WEI K C J, XU X, 2011. Corporate finance and governance in emerging markets: A selective review and an agenda for future research [J]. Journal of Corporate Finance, 17 (2): 207-214.

GOSS A, ROBERTS G S, 2011. The impact of corporate social responsibility on the cost of bank loans [J]. Journal of Banking and Finance, 35 (7): 1794-1810.

GRAFFIN S D, CARPENTER M A, BOIVIE S, 2011. What's all that (strategic) noise? Anticipatory impression management in CEO succession [J]. Strategic Management Journal, 32 (7): 748-770.

HONG Y, ANDERSEN M L, 2011. The relationship between corporate social responsibility and earnings management: An exploratory study [J]. Journal of Business Ethics, 104 (4): 461-471.

PAYNE G T, et al., 2011. Multilevel challenges and opportunities in social capital research [J]. Journal of Management, 37 (2): 491-520.

PHILIPPE D, DURAND R, 2011. The impact of norm conforming behaviors on firm reputation [J]. Strategic Management Journal, 32: 969-993.

WANG H L, QIAN C L, 2011. Corporate philanthropy and corporate financial performance: The roles of stakeholder response and political access [J]. Academy of Management Journal, 54 (6): 1159-1181.

YE K, ZHANG R, 2011. Do Lenders Value Corporate Social Responsibility? Evidence from China [J]. Journal of Business Ethics, 104 (2): 197-206.

ARIS S, LEWIS L, 2012. Incentives and disincentives for corporate environmental disclosure [J]. Business Strategy and the Environment, 11: 154-169.

BEYER A, DYE R A, 2012. Reputation management and the disclosure of earnings forecasts [J]. Review of Accounting Studies, 17 (4): 877-912.

BAE S C, CHANG K, KANG E, 2012. Culture, corporate governance, and dividend policy: International evidence [J]. Journal of Financial Research, 35 (2): 289-316.

BRAMMER S, JACKSON G, MATTEN D, 2012. Corporate social responsibility and institutional theory: New perspectives on private governance [J]. Socio-Economic Review, 10 (1): 3-28.

CRILLY D, ZOLLO M, HANSEN M T, 2012. Faking it or muddling through? Understanding decoupling in response to stakeholder pressures [J]. Academy of Management Journal, 55: 1429-1448.

DUARTE J, SIEGEL S, YOUNG L, 2012. Trust and credit: The role of appearance in peer-to-peer lending [J]. The Review of Financial Studies, 25 (8): 2455-2484.

DHALIWAL C, et al., 2012. Non-fianancial disclosure and analyst forecast accuracy: International evidence on corporate social responsibility disclosure [J]. The Accounting Review, 87 (3): 723-759.

HOU K W, et al., 2012. The implied cost of capital: A new approach [J]. Journal of Accounting and Economics, 53 (3): 504-526.

IOANNOU I, SERAFEIM G, 2012. What drives corporate social performance? The role of nation-level institutions [J]. Journal of International Business Studies, 43 (9): 834-864.

KIM Y, PARK M S, WIER B, 2012. Is earnings quality associated with corporate social responsibility [J]. The Accounting Review, 87 (3): 761-796.

SKARE M, GOLJA T, 2012. Corporate social responsibility and corporate financial performance - Is there a link? [J]. Economic Research - Ekonomska Istra? ivanja, 25 (1): 215-242.

ZYGLIDOPOULOS S C, et al., 2012. Does media attention drive corporate social responsibility? [J]. Journal of Business Research, 65 (11): 1622-1627.

ATTIG N, et al., 2013. Corporate social responsibility and credit ratings [J]. Journal of Business Ethics, 117 (4): 679-694.

AN H, ZHANG T, 2013. Stock price synchronicity, crash risk, and institutional investors [J]. Journal of Corporate Finance, 21: 1-15.

CHENG Q, LUO T, YUE H, 2013. Managerial incentives and management forecast precision [J]. The Accounting Review, 88 (5): 1575-1602.

CHO S Y, LEE C, PFEIFFER R J, 2013. Corporate social responsibility performance and information asymmetry [J]. Journal of Accounting and Public Policy, 32 (1): 71-83.

IRANI R M, OESCH D, 2013. Monitoring and corporate disclosure: evidence from a natural experiment [J]. Journal of Financial Economics, 109: 398-418.

SCHOLTENS B, KANG F C, 2013. Corporate social responsibility and earnings management: Evidence from Asian economies. Corporate Social Responsibility and Environmental Management, 20 (2): 95-112.

SAPIENZA P, TOLDRA A, ZINGALES L, 2013. Understanding Trust [J]. The Economic Journal, 123: 1313-1332.

SHROFF N, et al., 2013. Voluntary disclosure and information asymmetry: Evidence from the 2005 securities offering reform [J]. Journal of Accounting Research, 51 (5): 1299-1345.

BALAKRISHNAN K, et al., 2014. Shaping liquidity: on the causal effects of voluntary disclosure [J]. The Journal of Finance, 69 (5): 2237-2278.

CAVACO S, CRIFO P, 2014. CSR and financial performance: Complementarity between environmental, social and business behaviours [J]. Applied Economics, 46: 3323-3338.

CHENG B, IOANNOU I, SERAFEIM G, 2014. Corporate social responsibility and access to finance [J]. Strategic Management Journal, 35 (1): 1-23.

DU X Q, et al., 2014. Religion, the nature of ultimate owner, and corporate philanthropic giving: Evidence from China [J]. Journal of Business Ethics, 123 (2): 235-256.

DU X Q, et al., 2014. Corporate environmental responsibility in polluting industries: Does religion matter? [J]. Journal of Business Ethics, 124 (3): 485-507.

JO H, HARJOTO M, 2014. Analyst coverage, corporate social responsibility, and firm risk [J]. Business Ethics: A European Review, 23: 272-292.

GAO F, LISIC L L, ZHANG I X, 2014. Commitment to social good and insider trading [J]. Journal of Accounting and Economics, 57 (2): 149-175.

KIM Y, LI H, LI S, 2014. Corporate social responsibility and stock price crash risk [J]. Journal of Banking and Finance, 43: 1-13.

LU Y, ABEYSEKERA I, 2014. Stakeholders'power, corporate characteristics, and social and environmental disclosure: evidence from China [J]. Journal of Cleaner Production, 64: 426-436.

MARQUIS C, QIAN C L, 2014. Corporate social responsibility reporting in China: Symbol or substance [J]. Organization Science, 25 (1): 127-148.

WU W F, FIRTH M, RUI O M, 2014. Trust and the provision of trade credit [J]. Journal of Banking and Finance, 39 (1): 146-159.

XU Y, 2014. Understanding CSR from the perspective of Chinese diners: the case of McDonald's [J]. International Journal of Contemporary Hospitality management, 26 (6): 1002-1020.

ANG J S, CHENG Y, WU C, 2015. Trust, investment, and business contracting [J]. Journal of Financial and Quantitative Analysis, 50 (3): 569-595.

ATHANASOPOULOU A, SELSKY J W, 2015. The social context of corporate social responsibility: Enriching research with multiple perspectives and multiple levels [J]. Business and Society, 54: 322-364.

BOZZOLAN S, et al., 2015. Corporate social responsibility and earnings quality: International evidence [J]. The International Journal of Accounting, 50 (4):

361-396.

BASU P K, et al., 2015. Mining operations and corporate social responsibility: A case study of a large gold mine in regional Australia [J]. The Extractive Industries and Society, 2 (3): 531-539.

CALLEN J L, FANG X, 2015. Religion and stock price crash risk [J]. Journal of Financial and Quantitative Analysis, 50 (1-2): 169-195.

CHEN T, HARFORD J, LIN C, 2015. Do analysts matter for governance? Evidence from natural experiments [J]. Journal of Financial Economics, 115 (2): 383-410.

DING Z J, AU K, CHIANG F, 2015. Social trust and angel investors' decisions: A multilevel analysis across nations [J]. Journal of Business Venturing, 30 (2): 307-321.

DHANANI A, CONNOLLY C, 2015. Non-governmental organizational accountability: Talking the talk and walking the walk? [J]. Journal of Business Ethics, 129 (3): 613-637.

FLAMMER C, 2015. Does product market competition foster corporate social responsibility? Evidence from trade liberalization [J]. Strategic Management Journal, 36 (10): 1469-1485.

GUISO L, SAPIENZA P, ZINGALES L, 2015. The value of corporate culture [J]. Journal of Financial Economics, 117: 60-76.

HARJOTO M, LAKSMANA I, LEE R, 2015. Board diversity and corporate social responsibility [J]. Journal of Business Ethics, 132 (4): 641-660.

IOANNOU I, SERAFEIM G, 2015. The impact of corporate social responsibility on investment recommendations: Analysts'perceptions and shifting institutional logics [J]. Strategic Management Journal, 36 (7): 1053-1081.

JHA A, CHEN Y, 2015. Audit fees and social capital [J]. The Accounting Review, 90 (2): 611-639.

LI Y, ZHANG L, 2015. Short selling pressure, stock price behavior, and management forecast precision: Evidence form a natural experiment [J]. Journal of Accounting Research, 53 (1): 79-117.

LIN K J, et al., 2015. In the name of charity: Political connections and strategic corporate social responsibility in a transition economy [J]. Journal of Corporate Finance, 32: 327-346.

LUO X, et al., 2015. Corporate social performance, analyst stock recommendations, and firm future returns [J]. Strategic Management Journal, 36 (1): 123-136.

NEWMAN A, NIELSEN I, MIAO Q, 2015. The impact of employee perceptions of organizational corporate social responsibility practices on job performance and organizational citizenship behavior: Evidence from Chinese private sector [J]. The International Journal of Human Resource Management, 26 (9): 1226-1242.

PEVZNER M, XIE F, XIN X, 2015. When firms talk, do investors listen? The role of trust in stock market reactions to corporate earnings announcements [J]. Journal of Financial Economics, 117 (1): 190-223.

SCHEIBER F, 2015. Dressing up for diffusion: Codes of conduct in the German textile and apparel industry: 1997—2010 [J]. Journal of Business Ethics, 126 (4): 559-580.

SHEEHY B, 2015. Defining CSR: Problems and solutions [J]. Journal of Business Ethics, 131 (3): 625-648.

SETO-PAMIES D, 2015. The relationship between women directors and corporate social responsibility [J]. Corporate Social Responsibility and Environmental Management, 22 (6): 334-345.

TANG Y, et al., 2015. How CEO hubris affects corporate social responsibility [J]. Strategic Management Journal, 36 (9): 1338-1357.

ZHANG M, et al., 2015. Analyst coverage and corporate social performance: Evidence from China [J]. Pacific-Basin Finance Journal, 32: 76-94.

ADHIKARI B K, 2016. Causal effect of analyst following on corporate social responsibility [J]. Journal of Corporate Finance, 41: 201-216.

BALVERS R J, GASKI J F, MCDONALD B, 2016. Financial disclosure and customer satisfaction: Do companies talking the talk actually walk the walk? [J]. Journal of Business Ethics, 139: 29-45.

CHENG Q, et al., 2016. Seeing is believing: analysts'corporate site visits [J]. Review of Accounting Studies, 21 (4): 1245-1286.

CHEUNG A, 2016. Corporate social responsibility and corporate cash holdings [J]. Journal of Corporate Finance, 37: 412-430.

DU X Q, 2016. Media coverage, family ownership, and corporate philanthropic giving: evidence from China [J]. Journal of Management and Organization, 22 (2): 224-253.

DU X, et al., 2016. Religious atmosphere, law enforcement, and corporate social responsibility: Evidence from China [J]. Asia Pacific Journal of Management, 33 (1): 229-265.

EL GHOUL S, et al., 2016. Family control and corporate social responsibility [J]. Journal of Banking and Finance, 73: 131-146.

LAU C, et al., 2016. Corporate social responsibility in China: A corporate governance approach [J]. Journal of Business Ethics, 136 (1): 73-87.

MOUSSU C, OHANA S, 2016. Do leveraged firms underinvest in corporate social responsibility? Evidence from health and safety programs in US firms [J]. Journal of Business Ethics, 135 (4): 715-729.

MARTÍNEZ-FERRERO J, et al., 2016. Corporate social responsibility as an entrenchment strategy, with a focus on the implications of family ownership [J]. Journal of Cleaner Production, 135: 760-770.

MARQUIS C M, TOFFEL M W, ZHOU Y, 2016. Scrutiny, norms and selective disclosure: A global study of green-wishing [J]. Organization Science, 27 (2): 483-504.

MARTÍNEZ-FERRERO J, BANERJEE S, GARCÍA-SÁNCHEZ I M, 2016. Corporate social responsibility as a strategic shield against costs of earnings management practices [J]. Journal of Business Ethics, 133: 305-324.

MENG X, et al., 2016. The impact of product market competition on corporate environmental responsibility [J]. Asia Pacific Journal of Management, 33 (1): 267-291.

MARTIN P R, MOSER D V, 2016. Managers' green investment disclosures and investors' reaction [J]. Journal of Accounting and Economics, 61 (1): 239-254.

GARCÍA-SÁNCHEZ I M, et al., 2016. Impact of the institutional macro context on the voluntary disclosure of CSR information [J]. Long Range Planning, 49 (1): 15-35.

HAN Y, ZHENG E, 2016. Why firms perform differently in corporate social responsibility? Firm ownership and the persistence of organizational imprints [J]. Management and Organization Review, 12 (3): 605-629.

STEVENS C, XIE E, PENG M, 2016. Toward a legitimacy-based view of political risk: the case of google and yahoo in China [J]. Strategic Management Journal, 37: 945-963.

WANG Q, DOU J, JIA S, 2016. A meta-analytic review of corporate social responsibility and corporate financial performance: The moderating effect of contextual factors [J]. Business and Society, 55 (8): 1083-1121.

WU D, LIN C, LIU S, 2016. Does community environment matter to corporate social responsibility? [J]. Finance Research Letters, 18: 127-135.

ALI W, FRYNAS J G, MAHMOOD Z, 2017. Determinants of corporate social responsibility (CSR) disclosure in developed and developing countries: A literature review [J]. Corporate Social Responsibility and Environmental Management, 24 (4): 273-294.

BILBAO-TEROL A, et al., 2017. Hedonic evaluation of the SRI label of mutual funds using matching methodology [J]. International Review of Financial Analysis (52): 213-227.

CHAN C-Y, CHOU D-W, LO H-C, 2017. Do financial constraints matter when firms engage in CSR? [J]. North American Journal of Economics and Finance, 39: 241-259.

CRONQVIST H, YU F, 2017. Shaped by their daughters: Executives, female socialization, and corporate social responsibility [J]. Journal of Financial Economics, 126 (3): 543-562.

DU X Q, et al., 2017. Do lenders applaud corporate environmental performance? Evidence from Chinese private-owned firms [J]. Journal of Business Ethics, 143 (1): 179-207.

ERHARD W, JENSEN M, 2017. Putting integrity into finance: A purely positive approach [J]. Capitalism and Society, 12 (1): 1-91.

FUENTE J A, et al., 2017. The role of the board of directors in the adoption of GRI guidelines for the disclosure of CSR information [J]. Journal of Cleaner Production, 141 (10): 737-750.

GALLEGO - ALVAREZ I, et al., 2017. Institutional constraints, stakeholder pressure and corporate environmental reporting policies [J]. Corporate Social Responsibility and Environmental Management, 26 (6): 807-825.

GARCÍA-SÁNCHEZ I-M, MARTÍNEZ-FERRERO J, 2017. Independent Directors and CSR Disclosures: The moderating effects of proprietary costs [J]. Corporate Social Responsibility and Environmental Management, 24 (1): 28-43.

GARDE SANCHEZ R, et al., 2017. Corporate and managerial characteristics as drivers of social responsibility disclosure by state-owned enterprises [J]. Review of Managerial Science, 11 (3): 633-659.

GAO S H, CAO F, LIU X Q, 2017. Seeing is not necessarily the truth: Do institutional investors' corporate site visits reduce hosting firms' stock price crash risk? [J]. International Review of Economics and Finance, 52: 165-187.

HARJOTO M, JO H, KIM Y, 2017. Is institutional ownership related to corporate social responsibility? The nonlinear relation and its implication for stock return volatility [J]. Journal of Business Ethics, 146 (1): 77-109.

HUANG J, DUAN Z, ZHUO G, 2017. Does corporate social responsibility affect the cost of bank loans? Evidence from China [J]. Emerging Markets Finance and Trade, 53 (7): 1589-1602.

HASAN M M, HABIB A, 2017. Corporate life cycle, organizational financial resources and corporate social responsibility [J]. Journal of Contemporary Accounting and Economics, 13 (1): 20-36.

JAIN T, AGUILERA R V, JAMALI D, 2017. Corporate stakeholder orientation in an emerging country context: a longitudinal cross industry analysis [J]. Journal of Business Ethics, 143 (4): 701-719.

JAMALI D, KARAM C M, YIN J, 2017. CSR logic in developing countries: Translation, adaptation and stalled development [J]. Journal of World Business, 52 (3): 343-359.

JIZI M, 2017. The influence of board composition on sustainable development disclosure [J]. Business Strategy and the Environment, 26 (5): 640-655.

KATMON N, et al., 2017. Comprehensive board diversity and quality of corporate social responsibility disclosure: Evidence from an emerging market [J]. Journal of Business Ethics, 157 (2): 447-481.

LEE D, 2017. Corporate social responsibility and management forecast accuracy [J]. Journal of Business Ethics, 140 (2): 353-367.

LIANG H, RENNEBOOG L, 2017. On the foundations of corporate social responsibility [J]. The Journal of Finance, 72 (2): 853-910.

LI X, WANG S S, WANG X, 2017. Trust and stock price crash risk: Evidence from China [J]. Journal of Banking and Finance, 76: 74-91.

LOPATTA K, JAESCHKE R, CHEN C, 2017. Stakeholder engagement and corporate social responsibility (CSR) performance: International evidence [J]. Corporate Social Responsibility and Environmental Management, 24 (3): 199-209.

LIU S, DAI Y, KONG D, 2017. Does it pay to communicate with firms? Evidence from firm site visits of mutual funds [J]. Journal of Business Finance and Accounting, 44 (5-6): 611-645.

LOPATTA K, et al., 2017. International evidence on the relationship between insider and bank ownership and csr performance [J]. Corporate Governance-An International Review, 25 (1): 41-57.

MATTHIESEN M-L, SALZMANN A J, 2017. Corporate social responsibility and firms' cost of equity: how does culture matter? [J]. Cross Cultural & Strategic Management, 24 (1): 105-124.

MCGUINNESS P B, VIEITO J P, WANG M, 2017. The role of board gender and foreign ownership in the CSR performance of Chinese listed firms [J]. Journal of Corporate Finance, 42: 75-99.

RIEDL A, SMEET P, 2017. Why do investors hold socially responsible mutual funds? [J]. The Journal of Finance, 72 (6): 2505-2550.

SUN S L, PENG M W, TAN W, 2017. Institutional relatedness behind product diversification and international diversification [J]. Asia Pacific Journal of Management, 34 (2): 339-366.

VELTE P, 2017. Does ESG performance have an impact on financial performance? Evidence from Germany [J]. Journal of global responsibility, 8 (2): 169-178.

XIE X M, et al., 2017. Corporate social responsibility, customer satisfaction, and financial performance: The moderating effect of the institutional environment in two transition economies [J]. Journal of Cleaner Production, 150: 26-39.

YANG S, YE H, ZHU Q, 2017. Do peer firms affect firm corporate social responsibility? [J]. Sustainability, 9 (11): 1967-1973.

YASSER Q R, MAMUN A A, AHMED I, 2017. Corporate social responsibility and gender diversity: Insights from Asia Pacific [J]. Corporate Social Responsibility and Environmental Management, 24 (3): 210-221.

YIN J, 2017. Institutional drivers for corporate social responsibility in an emerging economy: A mixed-method study of Chinese business executives [J]. Business and Society, 56 (5): 672-704.

ALI W, FRYNAS J G, 2018. The role of normative CSR-promoting institutions in stimulating CSR disclosures in developing countries [J]. Corporate Social Responsibility and Environmental Management, 25: 373-390.

ATAN R, ALAM M, SAID J, 2018. The impacts of environmental, social, and governance factors on firm performance: Panel study of Malaysian companies [J]. Management of Environmental Quality: An International Journal, 29 (2): 182-194.

AMEL-ZADEH A, SERAFEIM G, 2018. Why and how investors use ESG information: Evidence from a global survey [J]. Financial Analysts Journal, 74 (3): 87-103.

ABOUD A, DIAB A, 2018. The Impact of Social, Environmental and corporate governance disclosures on firm value [J]. Journal of Accounting in Emerging Economics, 8 (4): 442-458.

BEN-AMAR W, BELGACEM I, 2018. Do socially responsible firms provide more readable disclosures in annual reports? [J]. Corporate Social Responsibility and Environmental Management, 25 (5): 1009-1018.

BOZANIC Z, ROULSTONE D T, BUSKIRK A V, 2018. Management Earnings Forecasts and Other Forward-Looking Statements [J]. Journal of Accounting and Economics, 65: 1-20.

BENLEMLIH M, BITAR M, 2018. Corporate social responsibility and investment efficiency [J]. Journal of Business Ethics, 148 (3): 647-671.

CHEN D, et al., 2018. Social trust and auditor reporting conservatism [J]. Journal of Business Ethics, 153 (4): 1083-1108.

CHEUNG Y L, TAN W, WANG W, 2018. National stakeholder orientation, corporate social responsibility, and bank loan cost [J]. Journal of Business Ethics, 150 (2): 505-524.

CHEN R C Y, HUNG S-W, LEE C-H, 2018. Corporate social responsibility and firm idiosyncratic risk in different market states [J]. Corporate Social Responsibility and Environmental Management, 25 (4): 642-658.

COSTA-CLIMENT R, MARTÍNEZ-CLIMENT C, 2018. Sustainable profitability of ethical and conventional banking [J]. Contemporary Economics, 12 (4): 519-530.

DONG W, et al., 2018. Social trust and corporate misconduct: Evidence from China [J]. Journal of Business Ethics, 151 (2): 539-562.

FALLER C M, KNYPHAUSEN-AUFSESS D Z, 2018. Does equity ownership matter for corporate social responsibility? A literature review of theories and recent empirical findings [J]. Journal of Business Ethics, 150 (1): 15-40.

FENG Z-Y, CHEN C R, TSENG Y-J, 2018. Do capital markets value corporate social responsibility? Evidence from seasoned equity offerings [J]. Journal of Banking and Finance, 94: 54-74.

FERNÁNDEZ-GAGO R, CABEZA-GARCÍA L, NIETO M, 2018. Independent directors' background and CSR disclosure [J]. Corporate Social Responsibility and Environmental Management, 25 (5): 991-1001.

FRANCESCO T, OLIVIER B, FABIO I, 2018. Internalization of Environmental Practices and Institutional Complexity: Can Stakeholders Pressures Encourage Greenwashing? [J]. Journal of Business Ethics, 147 (2): 287-307.

FLAMMER C, 2018. Competing for government procurement contracts: The role of corporate social responsibility [J]. Strategic Management Journal, 39 (5): 1299-1324.

GRIFFIN P, SUN E, 2018. Voluntary corporate social responsibility disclosure and religion [J]. Sustainability Accounting, Management and Policy Journal, 9 (1): 63-94.

HAN B, KONG D, LIU S, 2018. Do analysts gain an informational advantage by visiting listed companies? [J]. Contemporary Accounting Research, 35 (4): 1843-1867.

HUANG J, HU W, ZHU G, 2018. The effect of corporate social responsibility on cost of corporate bond: Evidence from China [J]. Emerging Markets Finance and Trade, 54 (2): 255-268.

JIANG X Y, YUAN Q B, 2018. Institutional investors' corporate site visits and corporate innovation [J]. Journal of Corporate Finance, 48: 148-168.

LIAO L, LIN T, ZHANG Y, 2018. Corporate board and corporate social responsibility assurance: Evidence from China [J]. Journal of Business Ethics, 150 (1): 211-225.

LU X, FUNG H-G, SU Z, 2018. Information leakage, site visits, and crash risk: Evidence from China [J]. International Review of Economics and Finance, 58: 487-507.

MOHAMMADI M A, et al., 2018. Corporate sustainability disclosure and market valuation in a Middle Eastern Nation: evidence from listed firms on the Tehran Stock Exchange: sensitive industries versus non-sensitive industries [J]. Economic research-Ekonomska istra? ivanja, 31 (1): 1488-1511.

PAN X, CHEN X, NING L, 2018. The roles of macro and micro institutions in corporate social responsibility (CSR): Evidence from listed firms in China [J]. Management Decision, 56 (5): 955-971.

PUCHETA-MARTÍNEZ M C, LÓPEZ-ZAMORA B, 2018. Engagement of directors representing institutional investors on environmental disclosure [J]. Corporate Social Responsibility and Environmental Management, 25 (6): 1108-1120.

SIAL M S, et al., 2018. Does firm performance influence corporate social responsibility reporting of Chinese listed companies? [J]. Sustainability, 10 (7): 1-12.

YANG S, et al., 2018. How does corporate social responsibility change capital structure? [J]. Asia-Pacific Journal of Accounting & Economics, 25 (3-4): 352-387.

AMOR-ESTEBAN V, et al., 2019. An extension of the industrial corporate social responsibility practices index: New information for stakeholder engagement under a multivariate approach [J]. Corporate Social Responsibility and Environmental Management, 26 (1): 127-140.

BOCCIA F, MANZO R M, COVINO D, 2019. Consumer behavior and corporate social responsibility: An evaluation by a choice experiment [J]. Corporate Social Responsibility and Environmental Management, 26 (1): 97-105.

BAE K, et al., 2019. Does corporate social responsibility reduce the costs of high leverage? Evidence from capital structure and product market interactions [J]. Journal of Banking & Finance, 100: 135-150.

CORRIGAN C C, 2019. Deriving social benefits from mining through regulation: Lessons learned in South Africa [J]. The Extractive Industries and Society, 6 (3): 940-947.

CHENG Q, et al., 2019. Do corporate site visits impact stock prices? [J]. Contemporary Accounting Research, 36 (1): 359-388.

DYCK A, et al., 2019. Do institutional investors drive corporate social responsibility? International evidence [J]. Journal of Financial Economics, 131 (3): 693-714.

DAVIDSON R H, DEY A, SMITH A J, 2019. CEO materialism and corporate social responsibility [J]. The Accounting Review, 94 (1): 101-126.

EL GHOUL S, et al., 2019. New evidence on the role of the media in corporate social responsibility [J]. Journal of Business Ethics, 154 (4): 1051-1079.

GARCÍA-POZO A, MONDÉJAR-JIMÉNEZ J, SÁNCHEZ-OLLERO J L, 2019.

Internet's user perception of corporate social responsibility in hotel services [J]. Sustainability, 11 (10): 1-14.

GARCÍA-SÁNCHEZ I M, HUSSAIN N, MARTÍNEZ-FERRERO J, 2019. An empirical analysis of the complementarities and substitutions between effects of CEO ability and corporate governance on socially responsible performance [J]. Journal of Cleaner Production, 215: 1288-1300.

HONG X, et al., 2019. Do corporate site visits impact hedge fund performance? [J]. Pacific-Basin Finance Journal, 56: 113-128.

HARJOTO M A, ROSSI F, 2019. Religiosity, female directors, and corporate social responsibility for Italian listed companies [J]. Journal of Business Research, 95: 338-346.

JIANG F, et al., 2019. Corporate culture and investment-cash flow sensitivity [J]. Journal of Business Ethics, 154 (2): 425-439.

JOHN R N, JOHAN S, ABHISHEK V, 2019. Institutional investors and corporate social responsibility [J]. Journal of Corporate Finance, 58 (10): 700-725.

KIM H D, et al., 2019. Do long-term institutional investors promote corporate social responsibility activities? [J]. Journal of Banking and Finance, 101: 256-269.

KUCHARSKA W, KOWALCZYK R, 2019. How to achieve sustainability? Employee's point of view on company's culture and CSR practice [J]. Corporate Social Responsibility and Environmental Management, 26 (2): 453-467.

KIM W S, OH S, 2019. Corporate social responsibility, business groups and financial performance: a study of listed Indian firms [J]. Economic research - Ekonomska Istraživanja, 32 (1): 1777-1793.

KONG D, et al., 2019. Business strategy and firm efforts on environmental protection: Evidence from China [J]. Business Strategy and the Environment, 29 (2): 445-464.

LEE K J, 2019. The effects of social responsibility on company value: a real options perspective of Taiwan companies [J]. Economic research - Ekonomska istra? ivanja, 32 (1): 3835-3852.

LI Q, et al., 2019. Executives'excess compensation, legitimacy, and environmental information disclosure in Chinese heavily polluting companies: The moderating role of media pressure [J]. Corporate Social Responsibility and Environmental Management, 26 (1): 248-256.

NOFSINGER J R, SULAEMAN J, VARMA A, 2019. Institutional investors and corporate social responsibility [J]. Journal of Corporate Finance, 58: 700-725.

OH W Y, CHANG Y K, JUNG R, 2019. Board characteristics and corporate social responsibility: Does family involvement in management matter? [J]. Journal of Business Research, 103: 23-33.

POLEMIS M L, STENGOS T, 2019. Does competition prevent industrial pollution? Evidence from a panel threshold model [J]. Business Strategy and the Environment, 28 (1): 98-110.

SERVERA-FRANCES D, PIQUERAS-TOMAS L, 2019. The effects of corporate social responsibility on consumer loyalty through consumer perceived value [J]. Economic Research-Ekonomska Istra? ivanja, 32 (1): 66-84.

SU K, 2019. Does religion benefit corporate social responsibility (CSR)? Evidence from China [J]. Corporate Social Responsibility and Environmental Management, 26 (6): 1206-1221.

SEVILLA-SEVILLA C, et al., 2019. Before a hotel room booking, do perceptions vary by gender? The case of Spain [J]. Economic Research-Ekonomska Istra? ivanja, 32 (1): 3853-3868.

WAGNER-TSUKAMOTO S, 2019. In search of ethics: from Carroll to integrative CSR economics [J]. Social Responsibility Journal, 15 (4): 469-491.

ABUYA W O, ODONGO G, 2020. Poisoned chalice or opportunity for positive impact? an analysis of the impact of "inherited" corporate social responsibility (CSR) commitments in Kenya's titanium mining industry [J]. The Extractive Industries and Society, 7 (3): 1002-1010.

CHEN T, DONG H, LIN C, 2020. Institutional shareholders and corporate social responsibility [J]. Journal of Financial Economics, 135 (2): 483-504.

CHEN X, WAN P, 2020. Social trust and corporate social responsibility: Evidence from China [J]. Corporate Social Responsibility and Environmental Management, 27 (2): 485-500.

CHEN X, et al., 2020. Does corporate social responsibility matter to management forecast precision? Evidence from China [J]. Economic Research-Ekonomska Istra? ivanja, 33 (1): 1767-1795.

JIANG F, KIM K A, 2020. Corporate governance in china: A survey [J]. Review of Finance, 24 (4): 733-772.

QI L, WANG L, LI W, 2020. Do mutual fund networks affect corporate social responsibility? Evidence from China [J]. Corporate Social Responsibility and Environmental Management, 27 (2): 1040-1050.

WAN P, CHEN X, KE Y, 2020. Does corporate integrity culture matter to corporate social responsibility? Evidence from China [J]. Journal of Cleaner Production, 259: 1-13.

ZAID M A A, et al., 2020. Ownership structure, stakeholder engagement, and corporate social responsibility policies: The moderating effect of board independence [J]. Corporate Social Responsibility and Environmental Management, 27 (3): 1344-1360.

CHEN X, WAN P, SIAL M S, 2021. Institutional investors' site visits and corporate social responsibility: Implications for the extractive industries [J]. The Extractive Industries and Society, 8 (1): 374-382.

DONG X, et al., 2021. Doing extreme by doing good [J]. Asia Pacific Journal of Management, 38: 291-315.